문정공유고

이 책은 2019 · 2020년도 정부(교육부)의 재원으로 한국고전번역원의 지원을 받아
수행된 '권역별거점연구소협동번역사업'의 결과물임.

This work was supported by Institute for the Translation of Korean Classics - Grant funded by the Korean Government.

한국고전번역원 한국문집번역총서 / 단국대학교 동양학연구원

문정공유고 3

文貞公遺稿

민유중 閔維重 지음

최예심 권진옥 옮김

일러두기

1. 이 책의 번역은 한국고전번역원에서 간행한 한국문집총간 137집 소재《문정공유고(文貞公遺稿)》를 대본으로 하였다. 번역 대본의 원문 텍스트와 원문 이미지는 한국고전종합DB(http://db.itkc.or.kr)에서 확인할 수 있다.
2. 내용이 간단한 역주는 간주(間註)로, 긴 역주는 각주(脚註)로 처리하였다.
3. 대본의 본문과 원주의 구분이 명확하지 않은 경우는 역자가 임의로 조정하였다.
4. 한자는 필요한 경우 이해를 돕기 위하여 넣었으며, 운문(韻文)은 원문을 병기하였다.
5. 맞춤법과 띄어쓰기는 한글 맞춤법과 표준어 규정을 따랐다.
6. 이 책에서 사용한 부호는 다음과 같다.
   ( ) : 번역문과 음이 같은 한자를 묶는다.
   〔 〕: 번역문과 뜻은 같으나 음이 다른 한자를 묶는다.
   " " : 대화 등의 인용문을 묶는다.
   ' ' : " " 안의 재인용 또는 강조 문구를 묶는다.
   「 」: ' ' 안의 재인용을 묶는다.
   『 』: 「 」안의 재인용을 묶는다.
   《 》: 책명 및 각주의 전거(典據)를 묶는다.
   〈 〉: 책의 편명 및 운문·산문의 제목을 묶는다.

차례

문정공유고 제10권

서書

문정공유고

제8권

소차
疏箚

사천[1]의 일로 스스로 죄를 진술하는 소 임진년(1652, 효종3) 5월

以史薦事自列疏 壬辰五月

삼가 아룁니다. 신이 나이도 어리고 우매한 데다 성품마저 노둔한데 과분하게도 큰 성은을 입어 사국(史局)의 직임을 맡았기에[2] 항상 너무도 황공하여 몸 둘 바를 몰랐습니다. 마침 사국의 관료가 갖추어지지 않아 새로 천거하는데, 이 막중한 일을 신이 홀로 담당하게 되었습니다. 감당할 수 없다는 것을 잘 알지만 이 직임을 맡은 이상 감히 시간만 보내고 있을 수 없어 얕은 식견으로 함부로 두 사람을 먼저 천거하여 일찍이 사관을 거친 사람들과 삼공(三公), 본관의 당상에게 두루 고하니 모두 이의가 없었습니다. 이 때문에 규례에 따라 분향(焚香)[3]하고서 합좌(合坐)하여 인재를 뽑으려는 차에, 대론(臺論)이 전임 한림(翰林)들의 논의가 일치하지 않았는데도 지레 먼저 분향한 것으로 신의 죄안(罪案)을 삼고 심지어 신이 천거한 사람을 빼고자 한다는 이야기를 들었습니다. 신이 형편없는 일처리로 스스로 탄핵을 불렀으니 진실로 감히 번거롭게 여러 말을 아뢸 수 없지만, 그간의 곡절을 또한 어찌 밝으신 성상 앞에 숨길 수 있겠습니까.

1 사천(史薦) : 신임 사관(史官)을 뽑을 때에는 반드시 전임 사관의 천거를 통해 선발하는데 이를 사천 또는 비천(祕薦)이라고 한다.

2 신이……맡았기에 : 민유중은 당시 23세로, 3월에 예문관 검열, 4월에 대교에 제수되었다.

3 분향(焚香) : 예문관에서 한림의 새 후보자를 추천하여 황천(皇天)과 후토(后土)에게 분향하여 고하는 절차이다.

붓을 잡는 관원은 그 직임이 지극히 중합니다. 그런데 근래의 천진(薦進)이 간혹 형세에 구애되어 남의 지시를 받아, 오로지 한 시대의 인재를 제대로 선발하는데 뜻이 있지 않으니, 신은 일찍이 이를 병통으로 여겼습니다. 신처럼 가장 남의 아래에 있는 노둔한 자조차도 외람되게 이 직임을 맡았는데 어느 누군들 불가하겠습니까.

또한 신의 생각으로는 사람마다 신중하게 선발하지 않으면 장차 이런 폐단이 점차 번져 국가의 중임을 가볍게 만들까 두려웠기 때문에 감히 신이 알고 있는 김우형(金宇亨)과 김익진(金益振)을 천거하였습니다. 불행하게도 김익진이 갑자기 요절하였지만, 김우형은 시종신으로 출입하여 사람들이 모두 그의 문재(文才)를 알고 있습니다. 요컨대 두 사람의 마음가짐과 처신이 속된 선비의 부박한 행태를 하려고 하지 않았기에 신이 이러한 점을 취하여 믿고 의심하지 않았습니다.

두루 고할 때에 교리 이태연(李泰淵)이 김우형의 이름을 거론하며 "합당한 인물로 또 어찌 이 사람보다 나은 자가 없겠는가."라고 하였습니다. 신이 "사천(史薦)은 형세만 보아서는 안 되고, 한 사람의 생각으로는 또 널리 알기 어렵기 때문에 먼저 이 사람을 취했습니다."는 등의 말로 대답하였더니 이태연도 드러나게 막는 말이 없었습니다. 그런데 누가 이런 유언비어를 퍼트려 대관(臺官)이 들었는지 모르겠습니다. 그러나 신이 애초에 이미 함부로 생각하여 끝내 일을 그르쳤으니 허물이 누구에게 돌아가겠습니까. 그런데도 탄핵을 견디며 공무를 행하는 것은 실로 염치와 관련됩니다. 이에 감히 어리석음을 무릅쓰고 스스로 죄를 진술하니 신의 죄는 만 번 죽어 마땅합니다. 삼가 바라건대 밝으신 성상께서는 속히 파면하여 신의 죄를 바로잡으소서. 신은 지극히 황공하고 떨리는 심정을 금치 못하겠습니다.

정언을 사직하는 소 을미년(1655, 효종6) 12월

辭正言疏 乙未十二月

삼가 아룁니다. 어리석고 불초한 신이 백에 한 가지도 취할 점이 없는데 요행히 과거에 급제하여 마침내 벼슬아치 명부에 이름이 오르고 크나큰 은혜를 입어 근신(近臣)의 반열을 더럽혔습니다. 이미 무능함을 시험하여 성상께서 응당 알고 계시고 스스로도 감당할 수 없다는 것을 알기에 항상 위축되고 오그라들었습니다. 그런데 뜻하지도 않게 이번에 새로운 명이 멀리 내려와 언관의 직책을 제수하시니, 조정에서 미천한 신에게 무엇을 취하여 이처럼 잘못된 은혜를 내리는지 모르겠습니다. 신은 참으로 두렵고 떨려 몸 둘 바를 모르겠습니다.

신이 이미 지난달 19일에 공경히 소지(召旨)를 받들었으니 분수상 당일에 길을 떠나 대궐 아래 나아가 사례해야 마땅합니다. 그러나 마침 늙은 아비가 병든 데다 조모의 장례 기일이 임박한 탓에 절박한 개인 사정으로 성상의 명을 지체하고 거스르는 죄를 지었습니다.

또 신이 삼가 생각건대, 조정의 청탁(淸濁)은 시대의 성쇠(盛衰)가 관계되고 관직의 경중(輕重)은 사람의 현부(賢否)에서 비롯됩니다. 이 때문에 관직을 두어 직임을 나눌 적에 반드시 그 적임자를 택하는 것입니다. 재주와 능력을 헤아려 선발해야만 그 직임을 감당할 수 있으니, 윗사람은 헛되이 제수하지 않고 아랫사람은 함부로 나아가지 않은 뒤에야 선발하여 쓰는 도가 제대로 되고 직무를 비우는 걱정이 없게 될 것입니다. 백관에 미루어보건대 어느 한 관직도 그렇지 않음이 없는데,

하물며 대관(諫官)은 책임이 매우 중하여 임금의 덕을 바로잡아 보좌하고 공의(公義)를 이끌어 펼치며 관원의 부정을 규찰하고 정치의 시시비비를 가리니, 국가의 일에 모르는 것이 없어야 재상과 함께 전폐(殿陛) 사이에서 가부를 논할 수 있습니다. 만일 강직하고 정직하며 통민한 재주와 고원한 식견을 지닌 사람이 아니라면 비록 충성을 바치고자 하는 마음이 있더라도 시무를 마땅하게 처리하고 일을 말하는 책임을 다하여 한 시대의 여망에 부응할 수 없을 것이니, 어찌 신처럼 나이 어리고 학문이 어두워 본디 지식이 없는 자가 감당할 수 있는 바이겠습니까. 신을 심부름꾼에 임명하여 여러 집사의 말석에서 주선하게 한다면 그래도 혹 감당할 수 있지만, 굳이 대각의 자리에 두어 임금의 귀와 눈 역할을 맡긴다면 무딘 것을 가지고 예리하기를 구하고 노둔한 말을 채찍질하여 준마를 바라는 꼴이니 형세상 불가능하고 힘이 미칠 수 없습니다. 신이 이미 제 기량을 잘 알고 있으니 어찌 감히 차지해서는 안 될 자리를 함부로 차지하여 스스로 죄를 부르겠습니까. 신 자신의 낭패야 본디 말할 것도 부족하지만, 관직을 가볍게 만들고 조정에 욕을 끼치는 것은 어찌하겠습니까.

삼가 바라건대, 밝으신 성상께서는 어리석은 신의 심정을 굽어살피시어 속히 신의 직임을 체차하여 공적으로나 사적으로 다행하게 하소서.

사서를 사직하는 소 을미년(1655, 효종6) 12월

辭司書疏 乙未十二月

삼가 아룁니다. 신이 지난번에 외람되게 간관(諫官)에 제수되었는데, 허리 굽혀 성찰함에 감히 감당할 수 없었고 또 질병으로 인해 공무에 태만하였기 때문에 계사를 올려 스스로 탄핵하여 은혜로이 체차되었습니다. 성상의 은혜 덕분에 한가로이 지내며 편의대로 병을 조리하고 더욱 힘써 노력하여 훗날 보답할 바탕으로 삼으리라 생각하였는데, 뜻밖에 넘치는 은혜가 거듭되고 제수하는 명이 잇달아 내려와 신을 춘궁(春宮) 강관(講官)에 임명하였습니다. 신이 어떤 사람이기에 며칠 사이에 거듭 특별한 은수를 받는단 말입니까. 자신을 돌아봄에 부끄럽고 두려워 몸 둘 바를 모르겠습니다.

다만 신이 막 신의 재주로는 감당할 수 없다고 감히 언관의 직임을 사양하였는데, 지금 이 동궁을 보좌하고 돌보는 직임은 실로 국본(國本)이 관계된 만큼 그 직사로 말하면 도리어 더 중하니, 간관의 직임은 사양하고 이 직임을 받는 것은 의리상 마땅한 바가 아닙니다. 또 이조에서 상피(相避)의 혐의가 있는데도 의망할 때 우연히 살피지 못하여 잘못된 은혜가 내리게 되었으니, 신이 이에 더욱 다시 두렵고 부끄러워 감히 편안히 있을 수 없기에 지엄하신 성상께 이렇게 우러러 아룁니다. 삼가 바라건대 성상께서는 속히 신이 지니고 있는 직명을 개정하도록 명하여 국법을 보존하신다면 매우 다행이겠습니다.

이어 삼가 생각건대, 신은 나이도 어리고 학문도 어두워 아는 것이 없습니다. 이전에 과거 공부를 일삼아 말단으로 합격하여 사국(史局)

에 선발되고 곧이어 동궁을 모셨을 때엔 실로 자신의 재주가 어떠한지, 직사(職事)가 얼마나 중요한지 헤아리지 않고서 행렬 따라 무리를 이루며 그럭저럭 세월을 보냈습니다. 오늘날 지위가 오르고 나이가 듦에 학문은 진보하지 않았지만 자신에 대해 아는 것은 더욱 자세하니, 지난날을 돌아보건대 실로 마음에 부끄럽습니다. 지금 신이 나아가 조정의 명을 받들어 마음과 정성을 다하려니, 식견은 미치지 못하여 담장에 얼굴을 맞대고 선 것처럼 앞이 캄캄하고, 힘은 억지로 힘쓰기 어려워 걷는 것도 제대로 못할 정도로 노둔합니다. 그렇다고 물러나 은거하여 본래의 분수를 감수하자니, 거만한 행적에 관계되고 명을 태만히 한 죄가 쌓입니다. 신이 이 두 가지에 대하여 밤낮으로 생각하고 헤아려도 끝내 자처할 바를 모르겠습니다.

신의 어리석은 생각으로는 청관(淸官)의 높은 벼슬은 명망과 책임이 모두 중하니 비록 감히 다시 나아가 섞여 있을 수 없지만, 집사(執事)의 말석이나 낮은 한직이라면 개인적인 분수상 감당할 수 있고 공무에 있어서도 방치하지 않을 것이니 즉시 달려가서 부지런히 힘써 만에 하나라도 보답하기를 도모할 것입니다. 이는 실로 제가 평소에 마음속으로 정한 것이지, 감히 형식적으로 꾸미고 사양하는 것이 아닙니다. 혹여 성상께서 이에 대하여 오히려 다 살피지 못하시어 만일 신을 규례에 따라 예의상 사양하는 무리라고 여겨 곡진하게 포용하고 다시 은혜로이 제수한다면 마음에서 우러난 신의 간절한 심정이 도리어 거짓으로 귀결되어 평소에 품은 진실한 마음도 임금 앞에 우러러 드러낼 수 없겠기에 부득이 이것까지 아울러 아뢰니 참람한 죄를 더욱 피할 수 없습니다.

또한 신은 이뿐만이 아닙니다. 요행히 과거에 급제하여 일찌감치 벼슬살이하는 바람에 고인(古人)의 책을 읽지 못한 것이 많아 일상적으로 쓰는 문자도 더욱 졸렬하고 거칠어 수응하기 어렵습니다. 신이 어려서부터 지취(志趣)가 없어 경학(經學)에 힘을 다하지 못했기에 명색은 문사(文士)지만 그 업으로 삼은 바에 어긋나고 부족함이 또 이처럼 심하니, 비록 영화를 탐하여 함부로 나아가고 싶어도 어찌 동류배들의 수치가 되지 않겠습니까.

예전 선조조(宣祖朝)에 고신(故臣) 윤근수(尹根壽)가 과거 급제 초기에 한림원에 선발되자, 스스로 문학이 성취되지 못했다고 여겨 소장을 올려 사양하였습니다. 선조께서 특별히 그의 청에 따라 독서를 허락하였는데, 그 후 윤근수는 마침내 명신(名臣)이 되었습니다. 이는 지금까지도 벼슬아치 사이에서 아름다운 일로 전해집니다. 신의 재능이 이전 사람에게 매우 미치지 못하니 비록 성조(聖朝)의 배양의 은택을 입더라도 진실로 성취할 가망이 조금도 없습니다. 그러나 아랫사람을 이해하고 만물을 이루어 주는 성대(聖代)의 인(仁)에 또한 어찌 생성하고 교육하는 도가 없겠습니까.

신이 성상의 사랑을 입어 근신의 반열에서 모신 지 이미 여러 해가 되었습니다. 하늘과 땅처럼 덮어주고 감싸주는 은혜를 우러러 믿고서 감히 자애로운 성상을 스스로 멀리할 수 없기에 외람되이 개인적인 심정을 이렇게까지 번거롭게 아뢰니, 오직 바라건대 전하께서는 불쌍히 여겨 살펴주소서.

사서를 사직하고 겸하여 소회를 진술하는 소 병신년(1656, 효종7) 9월

辭司書兼陳所懷疏 丙申九月

삼가 아뢰니다. 신이 재주도 없고 학식도 없이 조정에서 녹을 훔쳐 청현(淸顯)과 근밀(近密)의 반열을 그간 함부로 차지하였습니다. 성은을 받음에 영광과 감격은 비록 깊지만 분수를 넘는 일이라 스스로 감당할 수 없음을 잘 알기에 돌아보고 반성하며 줄곧 두려워하고 있습니다. 어리석은 신의 생각에는, 단지 집사(執事)의 말단에 끼여 한산하고 긴요치 않은 부서에 들어가 신의 재주로 미칠 수 있는 일을 헤아려 분주하게 미천한 힘을 바치고 싶었습니다. 그런데 생각지도 않게 과분한 은혜가 거듭 내려 다시 동궁을 모시게 되니 잠잘 때나 깨어 있을 때나 놀랍고 두려워서 몸 둘 바를 모르겠습니다.

이어 생각건대, 신이 작년에 본직에 제수되었을 때 실정을 드러내어 소장을 올려 사직을 청하였고 또 여가를 얻어 독서하기를 청했는데, 자애로우신 성상께서 장려하는 말씀을 곡진히 내려주셨습니다. 이에 은혜를 받음이 두텁고 특별하여 두려움과 감격이 번갈아 지극하였으니, 장차 정신을 모으고 마음에 새겨 성상이 덕스러운 뜻을 우러러 체득하고, 때에 미쳐 스스로 힘써 경전의 가르침을 강마하여 몸을 닦고 단속하는 방도로 삼고 평생 보답하는 바탕으로 삼으리라 생각하였습니다. 그런데 화벌(禍罰)[4]을 겪은 목숨에 질병이 침입하고 괴롭혀 봄여름

4 화벌(禍罰) : 1653년(효종4)에 모친상을 당했던 일을 말한다.

사이에 몸져누워 겨우 목숨만 부지한 채 세월을 보내다 보니 이미 1년이 되었습니다. 황폐한 학문을 팽개치고 공부하지 않아 조금의 진보도 없으니 내면을 살펴봄에 부끄러워 남에게 할 말이 없습니다. 융숭한 은혜를 저버리고 심하게 성상을 속인지라 신의 마음이 저절로 부끄럽고 신의 죄를 스스로 알고 있으니 실로 이 사서의 직임을 거듭 받을 면목이 없습니다.

또한 신이 일찍이 정자(程子)의 말을 들으니, "어린 나이에 우수한 성적으로 과거 급제하는 것이 하나의 불행이요, 부형(父兄)의 권세에 기대어 높은 벼슬하는 것이 하나의 불행이다."라고 하였습니다. 돌아보건대 신이 벼슬길에 나아가기를 구한 것이 애초에 임금을 요순(堯舜)처럼 만들고 백성을 요순의 백성으로 만들려는 뜻이 있거나 펼쳐서 시행할 재주가 있어서가 아닙니다. 단지 글씨 쓰는 재주와 문장 짓는 솜씨로 요행히 과거급제하여 마침내 사사로운 이익으로 삼았고, 또 대대로 전해온 집안과 부형의 음덕으로 갑자기 화려한 벼슬에 올라 본래 제 것인 양 차지하였으니, 옛사람이 말한 불행의 경계를 신이 이미 범한 것입니다. 생각이 여기에 미치니 두렵고 부끄러워 몸 둘 곳이 없습니다. 진실로 조정에서 신의 실상을 따지고 신의 인물됨을 자세히 살핀다면 비록 가장 낮은 관직을 주더라도 오히려 그 직임을 감당하지 못할까 걱정할 것입니다. 더구나 차지해서는 안 될 이런 직임과 분수에 지나친 이런 총애를 4, 5년 이래 왕왕 함부로 차지하였으니, 비단 불초한 신이 전혀 감당하지 못할 뿐만 아니라, 명기(名器)가 가벼워지고 관방(官方)이 문란해지는 폐단이 이로 말미암아 시작되지 않았다고 장담할 수 없습니다.

신이 또 삼가 생각건대, 궁료의 선발은 예로부터 신중하였습니다.

가의(賈誼)가 한 문제(漢文帝)에게 고한 말[5]과 주자(朱子)가 송 효종(宋孝宗)에게 고한 것[6]이 모두 태자를 보익하는 것으로 급선무를 삼지 않음이 없습니다. 진실로 원자의 덕성을 훈도하는 것은 전적으로 좌우에 그 적임자를 얻느냐에 달려 있고, 좌우에 그 적임자를 얻는 것은 또 학식이 넓고 견문[7]이 많고 장엄하고 방정한 선비를 잘 선발하는데 달려 있을 뿐입니다.

생각건대, 우리 왕세자께서는 어린 나이에 세자 자리에 오르시고 품성이 숙성하시어 삼조(三朝)[8]의 여가에 경사(經史)에 힘을 쏟고 계십니다. 왕세자는 나라의 근본이고 만백성이 우러르는 분이니 보익하고 보호하는 도에 그 방도를 극진히 해야 하는데 마침내 학술도 허술하고 재주도 얕은 신으로 하여금 주연(胄筵)에 섞여 끼어서 그 좌우의 수를 채우게 하시니, 식자들의 비난은 돌아볼 겨를도 없거니와 어찌 맑은 조정의 수치가 되지 않겠습니까.

신이 이미 간절한 심정으로 상소하여 스스로 논열하였으나 처음에

5 가의(賈誼)가……고한 말 : 가의가 한 문제(漢文帝)에게 올린 상소에서 3대가 장구한 까닭은 태자를 잘 보도(輔導)했기 때문이고, 천하의 운명은 태자에게 달려 있기 때문에 주변 사람을 잘 선발하여 가르쳐야 한다고 하였다.《資治通鑑 卷14 漢紀 文帝 6年》

6 주자(朱子)가……고한 것 : 주자가 효종에게 올린 〈무신봉사(戊申封事)〉에서 시급히 시행해야 할 여섯 조목을 말하였는데, 태자를 바르게 인도하는 것을 첫 번째로 언급하였다. 《晦庵集 卷11 戊申封事》

7 견문 : 원문은 "問"인데 문맥에 따라 "聞"으로 바로잡아 번역하였다.

8 삼조(三朝) : 삼조봉양(三朝奉養)의 약칭으로, 자식이 어버이를 하루 세 차례 문안하는 것을 말한다. 주 문왕(周文王)이 세자 시절에 새벽, 낮, 저녁 등 하루에 세 차례씩 부친인 왕계(王季)를 문안했던 고사에서 온 말이다. 《禮記 文王世子》

는 승정원에서 막혔고, 계속하여 배릉(拜陵) 기일이 임박한 탓에 부득이 어리석음을 무릅쓰고 나아가 숙배하였습니다. 그러나 끝내 마음에 편안하지 못한 바가 있어 소장에 드러내어 아뢰어 존엄하신 성상을 번거롭게 하기에 이르렀습니다. 삼가 바라건대, 밝으신 성상께서는 신의 어리석은 충정이 거짓 사양에서 나온 것이 아님을 살피시어 속히 체차하여 미천한 분수를 편안하게 해 주소서.

신이 지금 스스로 위축되어 감히 직임을 담당할 수 없어 사직을 청하고 간절한 심정을 호소하여 면직되기를 기다리는 처지이니, 어찌 한마디 덧붙여 다른 일까지 언급할 수 있겠습니까. 다만 이 군신(君臣)의 의리는 천성에서 얻은 것이니, 충성은 바칠 것이 있고 분수는 막히는 바가 없습니다. 삼가 구구하게 나라를 걱정하는 정성으로 항상 마음속에 개탄하는 바가 있기에 죽음을 무릅쓰고 성상께 한 말씀 아뢰기를 청하니, 오직 밝으신 성상께서는 광망하고 참람한 신의 죄를 너그러이 용서하시고 조금 살펴주소서.

신이 삼가 근래 여러 도에서 올린 전후의 장본(狀本)을 보니, 재이(災異)에 대한 보고가 이루 헤아릴 수 없을 정도입니다. 그 중에 큰 것을 거론하면, "사나운 바람이 갑자기 일어 가옥을 무너뜨리고 들판을 뒤흔들어 사람과 동물이 날려갔다."고 하고, "우박이 갑자기 내려 죽거나 다친 사람이 또 백여 명이다."라고 하고, "큰 비로 강물이 불어나 빠져 죽은 농민이 40여 명이다."라고 하고, "밭에 쌓아둔 곡식이 저절로 발생한 화재로 모두 불탔다."라고 하고, 심지어 우레가 치고 바람이 불어닥쳐 성묘(聖廟)가 무너지고 방파제가 부서지고 수군(水軍)이 떠내려가 실종되었다고 합니다. 그간에 죽은 사람을 따져보면 이미 수천여 명에 이르니, 듣자니 마음이 놀라고 말하자니 뼛속까지 오싹합니다.

이는 실로 지난 역사에 없었던 바이고, 국조(國朝) 3백 년간 듣지 못했던 바입니다. 전하께서 즉위하신 이래로 재앙이 일어나지 않은 해가 없었지만 또한 오늘날처럼 참혹한 경우는 없었습니다. 설사 시대가 평온하고 나라가 다스려지며 만물이 편안하고 백성이 편안하여 모든 것이 믿을 만하고 우려할 만한 것이 하나도 없을지라도 상제(上帝)의 견책이 이토록 심하다면 군신 상하가 오히려 근심하고 두려워하면서 각기 분발하고 힘쓰기를 생각하여 하늘에 응답하고 국가의 운명을 기원하기를 도모해야 할 것입니다. 그런데 지금은 국세가 쇠약하고 시사(時事)가 어려워 계란을 포갠 듯이 위태롭고 한 가닥 실오라기처럼 아슬아슬하여 넘어지려다 겨우 보존되고 끊어지려다 요행히 이어지는 상황인데 하늘이 바야흐로 포악해져서 온갖 재앙이 이르니, 반드시 망하게 되리라는 근심과 보전하기 어려우리라는 염려는 밝은 지혜를 가진 사람을 기다리지 않아도 알 수 있습니다.

돌아보건대, 전하께서는 구중궁궐에서 묵묵히 있으면서 태연히 동요하지 않고, 신하들은 윗사람 비위 맞추는 것이 풍조를 이루어 해이하고 구차하게 지내면서 끝내 하늘을 감동시킬 만한 말이나 재앙을 그치게 할 만한 일이 하나도 없이 급하지도 않은 업무와 때에 맞지 않는 공사를 날마다 경영하여 힘쓰기를 그치지 않습니다.

아! 하늘을 공경하고 재앙을 그치게 하는 것은 진실로 다른 방법이 없습니다. 두려워하며 수양하고 반성하는 것이 바로 그 실질이며, 정전(正殿)에서 거처를 옮기고 반찬 가짓수를 줄이는 것이 바로 그 형식입니다. 실질이 결여됨에 형식 또한 따라서 폐해져 이 양자를 잊어버리고 조금도 놀라고 두려워하는 뜻이 없으니, 신이 감히 알 수 없습니다만 천재시변(天災時變)이 과연 두려워하기에 부족한 것입니까? 알면서도 두려워하지 않는 것을 두고 하늘을 무시한다고 하니, 하늘을 무시하고 고치지 않으면 하늘이 끊어버릴 것이니, 결국 국가가 장차 어느 지경에 이르겠습니까. 제비가 천막에 둥지를 틀면 그 형세가 오래가기 어렵고, 섶을 쌓아둔 곁에 불을 두면 머지않아 화재가 발생합니다. 생각이 여기에 이르니 어찌 마음이 아프지 않겠습니까.

천도(天道)는 심원하여 엿보고 헤아릴 수 없지만 인사(人事)에서 구하면 이치가 어긋남이 없습니다. 그러므로 "하늘을 잘 관찰하는 사람은 사람에 대해서도 잘 관찰한다."라고 하였습니다. 오늘날 재해가 일어난 이유에 대하여, 신이 감히 무슨 정치가 잘못되어 재해가 일어났는지 무슨 일에 대한 반응인지 말할 수는 없습니다. 다만 가만히 생각해 보건대, 전하의 마음속 깊숙한 곳에서 순수하고 성실하게 공부하여 자신의 사사로움을 제거하지 못한 탓에 마음이 드나듦이 연속되지 않고 끊어지고 잡아두고 놓아버림이 일정하지 않으며[9] 심지어 말하고 행동함에 있어서도 서로 어긋나고 전혀 진실함이 없으니, 한 근원에 병이 들어 만 갈래가 모두 잘못된 것입니다. 이로써 하늘을 섬기면 하늘이 흠향하지 않고 이로써 백성을 다스리면 백성이 믿어주지 않으니, 변고는 헛되이 생긴 것이 아니라 그 원인이 여기에 있습니다.

전하께서 재변을 당할 때마다 하교하여 자책하시기를, "차라리 죽어서 몰랐으면 좋겠다."라거나 "어찌 내 몸에 벌이 내리지 않는가."라거나 "내가 의당 허물을 고쳐 착하게 되겠다."라고 하시는 것을 신이 일찍이

9 마음의……않으며 : 《맹자》 〈고자 상(告子上)〉에 "잡으면 보존되고 놓으면 없어져서 드나드는 데에 일정한 때가 없고 어디로 갈지 방향도 알 수 없는 것은 오직 마음을 두고 하는 말이다.〔操則存, 舍則亡, 出入無時, 莫知其鄕, 惟心之謂與.〕"라고 하였다.

보았는데, 이는 참으로 간절한 말이며 근심하고 절박하게 여기는 말씀이었습니다. 어찌 전하께서 일부러 거짓말을 하여 한갓 보고 듣기에[10] 아름다움만 취하신 것이겠습니까. 신은 전하께서 하늘의 견책과 노여움을 만나 두려워하고 공경하여 마음에 맹세하고 입으로 말한 것이 진실하고 꾸밈이 없다는 것을 알고 있습니다. 이치는 참으로 그러하나 이 마음은 계속하기 어렵고 성상의 뜻은 쉽게 풀어져 세월이 조금 오래되고 변괴가 조금 그치면 한때 면려하던[11] 경계가 느슨해지려 하지 않아도 저절로 느슨해지고, 평소의 안일했던 생각이 일으키려 하지 않아도 저절로 일어납니다. 안으로 마음을 잡아서 보존하고 밖으로 시행하고 조치하는 것이 지난번에 이른바 두려워하고 공경하던 것과 크게 서로 어긋나니, 전하 스스로 자신의 마음을 속였을 뿐만 아니라, 비록 하늘을 속인 것이라 말하더라도 지나친 논의가 아닙니다. 내 마음을 속이는 것도 마음속에 부끄러워 편치 못한데, 하늘을 속이고서 어찌 그 허물을 모면하겠습니까. 선유(先儒)가 말하기를 "임금은 말을 꺼내기 어려운 것을 걱정하지 말고 그 말을 실천하기 어려움을 걱정하라. 말을 실천하기 어려움을 안다면 말할 적에 신중하지 않을 수 없다."라고 하였습니다. 신은 이 말을 여러 번 반복하여 음미하지 않은 적이 없는데 전하를 위하여 한번 말하고자 합니다.

신이 지난번에 낭관의 직임을 맡아 대궐에 숙직할 적에 드나드는

10 듣기에 : 원문은 "德"인데 《효종실록》 7년 9월 19일에 근거하여 "聽"으로 바로잡아 번역하였다.

11 면려하던 : 원문은 "刻"인데 《효종실록》 7년 9월 19일에 근거하여 "勵"로 바로잡아 번역하였다.

목수를 날마다 수십 명씩 보았는데, 이들을 통해 대궐 안에 상고(廂庫)를 짓는다는 말을 들었습니다. 당시 전하께서는 가뭄을 걱정하고[12] 재앙을 두렵게 여겨 정전(正殿)에서 거처를 옮기고 스스로 낮추고 계셨는데 또 한편에서는 역사가 일어나고 있었던 것입니다. 그 일이 매우 작아서 비록 외사(外司)를 번거롭게 하거나 백성의 힘을 들이지는 않았지만, 신은 전하의 마음에 공경하고 두려워하던 뜻이 곧바로 소홀해지고 사사로이 얽매인 것이 너무 지나쳐서 그 해가 반드시 점차 커져서 이보다 더 심한 일이 일어날 줄 알았는데, 얼마 뒤에 도감에서 수리하는 역사가 또 뒤따라 일어났습니다.

신이 들으니, 시기에는 완급이 있어 완급이 서로 빼앗으며, 일에는 경중이 있어 경중이 서로 이긴다고 하였습니다. 오늘날의 국세(國勢)는 참으로 급하다고 할 것인데 전하께서는 느긋하게 여기고, 오늘날 하늘의 견책은 절박하다고 할 만한데 전하께서는 소홀하게 여기면서, 오히려 어버이를 섬기는 도리는 구차하지 않아야 하고 토목 공사는 사치가 되지 않는다고 여기십니다. 어버이를 위하는 마음이 비록 크지만 하늘을 섬기는 도리도 작지 않습니다. 설령 자전(慈殿)께서 참으로 거처할 곳이 없다 하더라도 하늘의 경계를 어기고 백성의 마음을 거스르며 때에 맞지 않는 역사를 시작하기에 어렵습니다. 더구나 지금 자전께서는 임시로 별전(別殿)에 묵으신 지 이미 여러 해가 되었는데, 하루아침에 무슨 불편한 일이 있기에 천천히 한두 해 뒤를 기다리지 않고 굳이 오늘날에 독촉하여 완성하고자 해야 하겠습니까.

12 걱정하고 : 원문은 "鬫"인데 《효종실록》 7년 9월 19일에 근거하여 "悶"으로 바로잡아 번역하였다.

오늘날 하늘의 재앙을 근심하는 사람이 어찌 단지 전하의 한 몸뿐이겠습니까. 우러러 생각건대 자전께서는 한 나라의 모후(母后)이신데, 안위와 치란이 과연 누구 집의 일이기에 홀로 두려워하는 마음 없이 봉양 받는 즐거움을 편안히 누리겠습니까. 임금이 어버이를 섬기는 일이 편안한 거처에 모시는데 있을 뿐만이 아니니, 국가가 편안한 뒤에야 거처가 따라서 편안해지는 법입니다. 비록 넓은 집과 깊숙한 궁궐로 봉양하더라도 국가가 위태롭고 어지럽게 된다면 실로 오래도록 편안하게 모시는 도리가 아니니, 어찌 효라고 말할 수 있겠습니까. 의리의 경중이 이처럼 분명히 나뉘니, 어찌 성상께서 자전에게 효도하려고 하는데 신하들이 도리어 야박하게 하려는 것이겠습니까.

이 역사가 지난 겨울부터 시작되었는데 초봄에 정지하도록 명한 것은 실로 재앙을 두렵게 여긴데서 나온 것인 만큼 지금 도리어 다시 일으키는 것은 명분이 없습니다. 이는 오늘날의 재해가 봄철만큼 심하지 않다고 여겨서가 아니겠습니까. 또한 재이(災異)가 많다 보니 보고 듣는 데 익숙하고 마음과 뜻에 익숙하여 더 이상 두려워하는 경계가 없어 이처럼 전후로 차이가 있는 것이 아니겠습니까. 만일 지난날 중지했던 것을 하늘의 경고에 답하는 실상으로 여긴다면 오늘날 다시 일으킨 것이 어찌 전도되고 재단함이 없는 것이 아니겠습니까. 역사를 시작했다가 중지하고 중지했다가 다시 일으켜 이 일의 앞뒤가 대략 전하의 한 마음과 함께 출몰하니 재이를 두려워하고 재이를 소홀히 여기는 것도 이와 관계됩니다. 마음이 비록 은미하지만 드러나는 것은 매우 뚜렷하니, 아! 두렵습니다.

제사와 군대는 예가 다르며 군사와 국정은 모습이 다릅니다. 그런데 능침의 배알과 진법 훈련을 한꺼번에 둘 다 거행하여 능침에 내린 서리와 이슬에 슬픈 심정을 펴자마자[13] 교외에서 열병하여 갑자기 말 타고 돌진하는 재주를 시험하였습니다. 군대를 열병하여 위무(威武)를 드날리는 것이 비록 혹 통쾌하지만 선왕을 사모하고 슬픈 마음으로 능침을 살펴[14] 남은 슬픔이 있느니, 예(禮)[15]를 상고하고 의(義)를 생각하건대 인정과 예문에 어긋나는 듯합니다. 더구나 수레가 길에서 너무 빨리 달리고 시위(侍衛)가 뒤섞여 어지럽고 경필(警蹕)[16]에 절도가 없었으니, 길을 정리하여 출행할 적에 누가 이처럼 하였겠습니까. 발걸음을 친히 들어 들판에 강림함에 위의(威儀)가 소홀하고 간략하여 쳐다보는 자들이 놀랐습니다. 일국의 존귀한 임금이 어찌 그리도 스스로 경솔하십니까. 높은 언덕에서 말을 달리는 것을 원앙(袁盎)이 그 임금에게 간쟁하였고,[17] 격구(擊毬) 놀이하는 것을 한유(韓愈)가 주수(主帥)에

13 능침에……펴자마자 : 《예기》 〈제의(祭義)〉에 "서리와 이슬이 내렸을 때 군자가 그것을 밟으면 반드시 슬픈 마음이 일어나니, 이는 날이 추워서 그런 것이 아니다. 봄에 비와 이슬이 내려 땅이 축축해졌을 때 군자가 그것을 밟으면 반드시 두렵고 근심스러운 마음이 생겨 마치 죽은 부모를 다시 만날 것 같은 생각이 들게 된다."라고 하였다.

14 슬픈……살펴 : 《주자가례》 〈묘제(墓祭)〉에 "묘소를 세 번 돌면서 슬픈 마음으로 살핀다.〔環繞哀省三周〕"라고 하였다.

15 예(禮) : 원문은 "德"인데 《효종실록》 7년 9월 19일에 근거하여 "禮"로 바로잡아 번역하였다.

16 경필(警蹕) : 임금이 출입할 때 벽제(辟除)하여 잡인을 경계하는 것이다.

17 높은……간쟁하였고 : 한 문제(漢文帝)가 장안(長安) 동쪽 패릉(霸陵) 위에서 수레를 몰아 험한 비탈을 내달리려고 하자, 원앙이 말고삐를 잡고 간하기를, "신은 듣건대 천금을 가진 집 자식은 마루 끝에 앉지 않고 백금을 지닌 집 자식은 난간에 몸을 기대지 않으며, 성군은 위험한 것을 타지 않고 요행을 바라지 않는다고 하였습니다. 그런데 험한 산길을 고려하지 않고 달리다가 말이 놀라 수레가 넘어지면 폐하 자신의 몸이야 하찮게 보신다 하더라도 고조(高祖)와 태후(太后)를 장차 어찌하시겠습니까."라고 하

게 논하여 경계하였는데,[18] 오늘날의 신하들은 한 마디도 전하를 위하여 경계하는 자가 없으니, 어찌 전하의 마음이 여기에 얽매이고 좋아하기에 이를 거스르려는 자가 없어서가 아니겠습니까.

지금 신이 아뢰는 말이 누누하게 많은 정도가 아니지만, 이미 지난 일이니 말한들 무슨 보탬이 되겠습니까. 다만 전하께서 이로 인하여 느끼고 깨달아 더 깊이 살피고 경계하여 이미 지난 잘못은 돌이킬 수 없지만 그래도 중지할 수 있는 것은 속히 그만두시기를 바라니, 그렇게 된다면 성상께서 잘못을 고친 덕이 더욱 어떠하겠습니까. 이것이 이른바 "잘못을 고치면 잘못이 없을 때보다 더욱 빛난다."는 것입니다.

아! 나라의 운수가 불행하여 여러 번 큰 난리를 겪었는데 정축년(1637, 인조15)에 이르러 극도에 달하였습니다. 우리 선왕께서 만 백성을 인으로 덮어주시고 사방을 편안히 안정시켜 고요하게 진정시키고 인구를 늘려 재력을 축적하였습니다. 10년이 지난 뒤에 승하하시어 마침내 막중한 종묘사직과 국가를 아드님에게 맡기셨으니, 우리 전하께서 선대의 뜻과 사업을 계승할 바가 장차 다시 어떠하겠습니까.

옛날 무왕(武王)과 주공(周公)은 문왕(文王)과 왕계(王季)의 뜻을 이어 완성하여 만세토록 달효(達孝)라 일컬어졌습니다.[19] 지금 전하께서는 한 가지 정치를 시행할 적에도 응당 선왕의 뜻을 계승할 것을

였다.《漢書 卷49 袁盎傳》

18 격구(擊毬)로……경계하였는데 : 한유(韓愈)가 절도사 장건봉(張建封)에게 보낸 《상장복야제이서(上張僕射第二書)》에 나오는 내용으로, 몸을 상하게 할 수 있는 격구를 하지 말라고 간하는 글이다.

19 무왕(武王)과……일컬어졌습니다 : 《중용》 19장에 "무왕과 주공은 누구나 칭찬하는 효자시다.〔武王周公, 其達孝矣乎!〕"라고 하였다.

생각해야 하고, 한번 명을 내릴 때에도 응당 선왕의 사업을 계승할 것을 생각해야 합니다. 백성은 선왕께서 편안히 보호하고자 했던 바인데 오늘날의 민정(民情)은 날로 고통과 원망이 더해지고, 국가는 선왕께서 부흥시키고자 했던 바인데 오늘날의 국사(國事)는 날로 위태로워지고 있으니, 성상께서 선왕의 뜻과 사업을 계승하던 본심이 어디에 있습니까. 조용하고 한가한 시간에 깊이 생각하시면 틀림없이 탄식을 발하고 마음에 부끄럽게 여기시리라 생각됩니다.

위(衛)나라가 적인(狄人)에게 멸망 당했을 때 문공(文公)이 조읍(漕邑)에서 몇 해 동안 야영하였지만, 마침내 병거(兵車) 3백 승(乘)과 큰 암말 3천 마리를 갖추자 적인이 감히 다시는 엿보지 못했습니다.[20] 월왕(越王) 구천(勾踐)은 회계(會稽)에서 머물며 오(吳)나라에 신하 노릇하였지만, 10년 동안 백성을 증가시키고 재물을 비축하며 10년 동안 가르치고 훈련시켜 마침내 오나라의 궁실(宮室)을 연못으로 만드는 공을 이루었습니다.[21] 이것이 어찌 한때의 정신과 기력으로 갑자기

20 위(衛)나라……못했습니다 : 위나라가 적인(狄人)에게 패망하자 동쪽으로 황하를 건너 조읍(漕邑)의 들판에서 살다가 제 환공(齊桓公)의 구원으로 초구(楚丘)로 옮겨 갔다. 위 문공(衛文公)이 거친 베옷에 거친 명주로 지은 관을 쓰고서, 목재를 축적하고 농법을 가르치고, 물자를 유통시키고 공인(工人)을 우대하고 예교(禮敎)를 중시하고 학문을 권장하며, 관리에게 일을 처리하는 방법을 가르치고 능력이 있는 자를 임용하니, 원년에 30승이던 병거가 말년에는 300승으로 늘어났다고 한다. 큰 암말 3천 마리는 《시경》 〈정지방중(定之方中)〉“이 사람의 마음가짐이 진실하고 깊을 뿐만 아니라. 큰 암말이 3천 필이나 되도다.〔匪直也人, 秉心塞淵, 騋牝三千.〕”라고 하였다.

21 월왕(越王)……이루었습니다 : 춘추 시대에 오왕(吳王) 부차(夫差)가 월왕(越王) 구천(句踐)을 부초(夫椒)에서 크게 이긴 뒤에 오원(伍員)의 충고를 무시하고 월왕의 화의(和議)를 받아들이자, 오원이 사람들에게, “월나라가 10년 동안 인구를 증가시

힘쓸 수 있는 일이겠습니까. 위 문공이 거친 베옷을 입고 거친 명주로 만든 관을 쓴 것과 월왕 구천이 앉아서 쓸개를 맛보고 길을 가다가 개구리에게 경의를 표한 것[22]을 보면 두 임금은 꿋꿋하게 어려움을 참고 견디는 마음이 한 순간도 풀어진 적이 없었던 것입니다.

전하께서 보위에 오르면서부터 가장 먼저 군정(軍政)을 일으켜 크게 정비를 더하셨으니, 아! 전하의 뜻을 신이 또한 알고 있습니다. 어찌 위 영공(衛靈公)이 진법(陣法)을 물은 것[23]이나 양 혜왕(梁惠王)이 전투를 좋아하는 것[24]과 같을 뿐이겠습니까. 그러나 근본적인 계책을 생각하지 않고 말단의 일에만 구구하게 힘쓰시어 모든 조치가 마땅함을 잃고 호령이 매우 급박하여 백성이 국가에 친복(親服)하지 않음이 이

키고 재물을 비축하며 10년 동안 백성을 가르치고 훈련시킨다면, 앞으로 20년 뒤에는 오나라가 완전히 망하고 말 것이다.〔越十年生聚, 十年教訓, 二十年之外, 吳其爲沼乎.〕" 라고 하였는데, 과연 그 뒤에 월왕 구천이 오나라를 멸망시켰다.《春秋左氏傳 哀公元年》

22 월왕……표한 것 : 월왕 구천은 복수를 다짐하며 혹시라도 자신의 뜻이 해이해질까 걱정스러워 낮에는 쓸개를 매달아 놓고 이를 맛보고 밤에는 섶에 누워서 자면서 원한을 잊지 않았다. 또 수레를 타고 길을 가다가 성난 개구리를 보고 경례를 하자, 수레를 모는 자가 "어찌하여 개구리에게 경례를 하십니까?" 하니, 구천이 "개구리도 이와 같이 기개가 있으니 경례하지 않을 수 있겠는가."라고 하였다. 사람들이 이 말을 듣고서 "개구리도 기개가 있으면 왕이 저렇게 경례를 하는데, 더구나 용맹한 사람이겠는가."라고 하며 사기가 진작되었다고 한다.《史記 卷41 越王句踐世家》《韓非子 內儲說上》

23 위 영공(衛靈公)이……것 :《논어》〈위령공(衛靈公)〉에 "위나라 영공이 공자에게 진법에 대해 묻자, '제사 예절에 관한 일은 들은 적이 있습니다만, 군대에 관한 일은 아직 배우지 못했습니다.'라고 하고서 다음날 마침내 위 나라를 떠났다."는 내용이 있다.

24 양 혜왕(梁惠王)이……것 :《맹자》〈양혜왕 상(梁惠王上)〉에 "왕께서 전투를 좋아하시니, 전투를 가지고 비유하겠습니다."라는 구절이 있는데, 양 혜왕이 인정(仁政)을 베풀지 않고 전쟁 등을 통하여 국력을 키우려고 하자 맹자가 지적하여 한 말이다.

미 선왕조와 크게 다릅니다. 더구나 스스로 일개 장수의 능력을 본받아 도리어 일국의 존귀한 임금의 위엄을 손상시켰으니, 송(宋)나라 황제가 목마(木馬)로 인해 받은 비난[25]과 가깝지 않겠습니까. 그 밖에 한 때를 과시하고 한 시대를 문식하는 등 헛된 형식을 숭상하고 실질적인 쓰임이 없어 식자들의 논란이 된 것이 많습니다. 심지어 내사(內司)의 징수가 너무 가혹하고 공주의 집을 건축하는 비용이 너무 지나치며, 전지(田地)를 넓혀 이익을 차지하고 백성에게 빼앗아 재물을 축적하는 등 전하의 생각을 번거롭게 하는 자질구레한 일이 또 그치지 않고 두루 일어납니다. 신이 감히 알지 못하지만, 위 문공이 거친 베옷을 입고 거친 명주로 만든 관을 쓸 때나 월왕 구천이 쓸개를 맛보고 개구리에게 경의를 표하던 때에 그들도 자손을 위하여 사사로운 계획을 꾀함이 있었습니까?

무릇 마음은 두 갈래로 쓸 수 없으니, 만일 하나의 마음을 두 갈래로 쓴다면 그 가운데 분명 하나는 주(主)가 되고 하나는 객(客)이 될 것입니다. 신이 감히 알지 못하지만, 전하께서는 사사로움을 꾀하는 마음이 항상 주가 되고 나라를 위하는 마음이 항상 객이 되어 은미한 속에서 몰래 불어나고 자라서, 마침내 하늘의 재변도 두려워할 것이 못 되고 백성의 원망도 염려할 것이 못 된다고 여기는 데 이른 것입니까. 신은 이에 대하여 의혹이 없을 수 없습니다.

또 신이 들으니, 천하 모든 일의 근본은 임금의 한 몸에 달려 있으며 한 몸의 근본은 한 마음에 달려 있다고 하였습니다. 그렇다면 오늘날

25 송나라……비난 : 송 효종(宋孝宗)은 원(元)나라에 설욕하기 위해 대궐 뜰에 목마를 세우고 말타기와 활쏘기를 익혔다. 《宋史全文 卷26 宋孝宗》

재이를 불러들인 것은 모두 전하의 한 마음에서 연유하지 않은 것이 없으며, 그 재변을 사라지게 할 기틀 또한 전하의 한 마음에서 벗어나지 않습니다. 전하를 위한 계책은, 또한 전하로 하여금 본원을 맑게 하여 거짓 없이 순수하고 성실하게 하고, 정도(正道)에 전일하여 뜻이 다른 곳으로 가지 않게 하는데 불과합니다.

신이 미천한 몸으로 참람됨을 피하지 않고 감히 이처럼 성심(聖心)의 누(累)를 곧바로 진달하였습니다만, 그 마음속에서 공부하여 저절로 밝은 덕이 드러나는 것이라면 남의 말을 기다릴 것도 아니고 또한 남이 알 수 있는 바도 아닙니다. 진실로 전하께서 사람 때문에 말을 폐하지 않고서 마음속에서 살피고 헤아리시어 먼저 한 몸의 근본을 세워 만사의 표준으로 삼는다면 국가에 있어서도 매우 다행스런 일이며 백성에게도 매우 다행스런 일입니다.

정언의 체직을 청하는 소 병신년(1656, 효종7) 10월

乞遞正言疏 丙申十月

삼가 아뢰니다. 신이 지난번에 궁관(宮官)에 제수되어 소장을 올려 간절한 심정을 호소하여 위로는 은혜로이 체차되기를 바라고 아래로는 신의 분수에 따랐는데, 하찮은 정성이 성상께 이르지 못하여 윤허를 받지 못하였습니다. 안절부절 주저하다가 감히 성상의 명을 어기지 못하고 출사하여 직임을 살핀 지 겨우 며칠 되었는데, 뜻밖에 특별한 은혜가 거듭 내려 곧바로 간관(諫官)의 직임에 제수되었습니다. 제수되던 날 마침 숙직이라 어리석음을 무릅쓰고 나아가 숙배하였는데, 물러나 돌이켜 생각하니 감격스런 나머지 근심과 두려움이 더욱 심하였습니다. 이런 마음이 사라지지 않아 오래될수록 더욱 불안한지라, 감히 과분한 은혜를 영광으로 여기고 분수에 넘치는 관작을 행운으로 여길 수 없어 반드시 지엄하신 성상을 성가시게 하여 다시 실정을 아뢰니, 오직 밝으신 성상께서는 살펴주소서.

국가에서 대간(臺諫)을 둔 이유가 어찌 단지 인원을 갖추고 이름을 빌려 조정 반열을 따르게 하려는 것이겠습니까. 잘못을 고치고 그릇된 것을 바로잡아 임금의 덕을 도와 이끌기 위함이며, 시비를 쟁론하여 나라의 정사에 참여시키기 위함이며, 부정한 관원을 규찰하고 탄핵하여 조정의 기강을 정돈하고 엄숙하게 만들기 위함입니다. 그렇다면 그 직임이 한가롭지 않고 그 책임이 가볍지 않으니, 그 적임자를 택하지 않아서는 안 됩니다. 만일 강직하고 방정한 선비나 통민하고 박식한 능력을 지닌 자가 아니라면 위에서는 헛되이 제수해서는 안 되고 아래에서는 함부로 받을 수 없습니다. 지금 신은 학술이 허술하여 내면에 보존된 것이 없으니, 임금의 부족한 점을 보충하고 빠뜨린 것을 수습하여 성상의 덕을 보좌하고 싶어도 어찌할 수 있겠습니까. 식견이 얕고 사려가 짧아 매사에 흐리멍덩하니, 득실을 강론하여 시정(時政)을 돕고 싶어도 어찌할 수 있겠습니까. 사람이 미천하고 행동이 천박하며 기운이 졸렬하고 말이 어눌하여 자신의 몸도 다스리기 부족할까 걱정이니, 비록 두루 남은 힘을 미루어 남을 책하고 싶어도 또한 할 수 없습니다. 이 세 가지 중에 하나도 할 수 있는 것이 없는데, 성상께서는 어리석은 신에게서 어떤 점을 취하여 이처럼 은혜로이 제수하셨는지 모르겠습니다.

또 신은 항상 높은 벼슬을 사양했으나 도리어 높은 벼슬자리를 차지하였고, 또 독서하고 싶다고 청했으나 실로 독서의 유익함이 없었으니, 나아가고 물러나는데 기준이 없고 말과 실상이 서로 부합하지 않습니다. 이로써 임금을 섬기면 진실함이 없고, 이로써 관직에 거하면 공적을 드러낼 수 없습니다. 생각이 여기에 미침에 부끄러워 몸 둘 곳이 없으니, 맑은 조정에서 견책을 받지 않은 것만도 다행입니다. 비록 평범한 백관 자리라도 그 직임을 감당하지 못할까 두려운데, 더구나 임금의 귀와 눈 역할을 하는 이 직임은 일반 관직에 비할 바가 아니고 시사의 어려움이 평소와 다른데 못난 신으로 하여금 언관의 직임을 함부로 차지하게 하여 장차 무슨 말을 듣고 무슨 일을 얻어 총명하고 살피기 좋아하는 전하의 덕을 넓히고자 하십니까. 신 한 몸의 낭패야 진실로 걱정할 것도 없습니다만, 신중하게 선발하는 도에 어찌 손상이 없겠습니까. 신이 이미 스스로 재주를 헤아림에 전혀 감당할 수 없는데, 또한 한 가지 일이 있어 더욱 마음에 편치 못합니다. 상하가 교제하는 의리에 관련된 일이라 감히 머뭇거리고 묵묵히 있을 수 없어 다 아뢰고자 합니다.

신이 지난번에 보잘것없는 정성으로 이치에 맞지 않는 견해를 외람되게 진달하여 성궁(聖躬)의 과실과 성심(聖心)의 누(累)를 대략 논하면서 처음부터 끝까지 하늘을 두려워하고 재이(災異)를 두려워해야 한다고 말하였습니다. 이것이 여러 신하들이 아뢰지 않은 말이고 전하께서 듣기 싫어하는 말이며, 지위를 벗어나 말하는 혐의가 있고 성상의 위엄을 범하는 죄가 있음을 신이 알지 못한 것은 아니었지만, 주제넘은 근심이 실로 마음속에 절박하고 하찮은 정성을 스스로 억누를 수 없어 감히 보잘 것 없는 미천한 몸으로 전하께 구구하게 바란 것이 깊고 간절할 뿐만이 아니었습니다. 비록 자애로우신 성상께서 즉시 성찰하시고 받아들였지만 듣고서 시행했다는 실상은 전혀 들리지 않으니, 신은 삼가 스스로 근심스럽고 의구심이 듭니다.

어리석은 신이 생각건대, 천재(天災)의 유행이 국가에 대대로 있었지만 천재를 만나 두려워한 자는 항상 흥하였고 무시하고 편안하게 여긴 자는 항상 망하였습니다. 하늘의 부지런한 경고가 전적으로 사랑하는 뜻에서 나왔지만 경시하고 태만함이 심하면 스스로 멸망하는데 이릅니다. 이 때문에 현명한 군주는 재해가 있는 것을 다행으로 여겨 덕이 날로 진보하였고, 용렬한 군주는 재해가 없는 것을 경사로 여겨 덕이 날로 손상되었습니다. 지난 역사에서 살펴보고 옛 일에서 징험하면 변이(變異)가 나타난 것은 대부분 나라의 운명이 끊어지기 전이었고, 두려워하는 마음은 천심(天心)이 불쾌하게 생각할 때 스스로 드러났습니다. 이른바 변이라는 것은 우연히 출현하거나 막연하게 징조가 없는 것이 아니라, 오행(五行)이 어긋나고 육기(六氣)가 손상된 것이며 인사(人事) 때문에 일어나고 국가의 운명이 관계된 바입니다. 그 이른바 두려워한다는 것은 마음과 넋이 겁을 내어 놀라고 염려하여 스스로 풀이 죽는 것이 아니라, 하늘의 노여움을 두려워하고 시대의 어려움을 걱정하며 자신의 허물을 자책하고 정사의 잘못을 생각하여 마음에 새기고 뜻을 가다듬으며 지난날을 경계삼아 앞으로 삼가는 것입니다. 어찌 낙담하여 부질없이 앉아 있는 것이 두려워하는 것이겠으며, 태연하게 아무 일도 안하는 것이 수양하고 반성하는 것이겠습니까. 이는 진실로 견책을 내보이는 것이 하늘의 돌보심이고 위엄을 두려워하는 것이 사람의 본정이지만 서로 함께하는 사이에 실로 하나의 이치에 부합하며 감응하는 사이에 두 가지 길이 용납되지 않습니다.

요즈음 서남(西南) 지방의 재이가 매우 참혹하였습니다. 하늘의 견책이 이처럼 심하니 이는 반드시 성상의 마음에 흠이 있거나 성상의 몸에 과실이 있거나 조치와 시행이 그 방도를 잃었거나 정책과 법령이 마땅함을 잃은 데서 기인한 것입니다. 이러한 병폐를 전하께서는 비록 스스로 깨닫지 못하시나 하늘은 혁혁히 굽어보시고 털끝만한 것도 모두 비추니, 변이는 헛되이 생기지 않고 반드시 그 허물이 있어 생깁니다. 사람이 잘못을 고해주어도 옛사람은 오히려 기뻐하였는데, 하물며 높고 밝은 하늘이 차근차근 가르쳐줌이 이처럼 간절하다면 전하에게 다행한 일이니 어찌 그저 기뻐하고 말 뿐이겠습니까. 전하께서는 당연히 공경하고 두려워하며 반성하고 조심하며 분발하여 힘쓰고 새롭게 도모하여 하늘의 마음에 응답하고 나라의 운명을 기원해야 합니다. 그런데 이러한 것을 생각하지 않고 한결같이 이전의 습관에 따라 마음속에서는 안일하고 사치한 생각이 번갈아 일어나고, 밖에서는 성대한 의식과 연회가 날마다 펼쳐지는데, 바른 언론을 일체 물리치고 격분하고 성냄에 사기(辭氣)가 매우 사나워 상하가 막히고 분위기가 참담하여 모든 관료들이 해이해지고 온 조정이 실색하게 하였습니다. 그렇다면 성심(聖心)의 누(累)와 성궁(聖躬)의 잘못이 이보다 큰 것이 없으니 오늘날 몹시 근심스럽기로는 도리어 천재(天災)가 거듭 일어나는 것보다 심합니다.

이에 신은 전하께서 생각을 바꾸어 깨달으며 두려워 어쩔 줄 몰라하면서 가만히 허물을 가려내어 묵묵히 하늘의 뜻을 구해야 한다고 생각합니다. 이미 지나간 일과 실수는 말을 해도 돌이킬 수 없고 후회해도 미칠 수 없으니, 그렇다면 오직 지난 일에서 징계하여 이후를 신중히 행하여 바람과 우레처럼 신속하고 엄격하게 선행을 따르고 잘못을 고치는 덕[26]을 드러내야 합니다. 과연 입 밖에 낸 말은 사마(駟馬)로도 쫓아갈 수 없으니,[27] 내뱉은 말에 흠이 있으면 지체 없이 속히 후회하는 단서를 개진하여 신하들의 마음을 편안하게 해주고 사방의 의혹을 풀어주어야 합니다. 또 반드시 토목 공사를 적합한 시기가 아니라고 여기는 것은, 진실로 재변의 발생이 전후로 다름이 없는데도 한 해 안에 이미 정지했다가 다시 거행하여 일을 일으키고 시행함이 재단

26 바람과……덕 : 《주역》 〈익괘(益卦) 상(象)〉에 "바람과 우레가 합해진 것이 익괘이니 군자가 그것을 본받아 선행을 보면 그것을 따르고, 잘못이 있으면 고친다.〔風雷, 益, 君子以, 見善則遷, 有過則改.〕"라고 하였다.

27 입……없으니 : 말이 한 번 입에서 나오면 그 전파가 너무 빨라 사마(駟馬)로 달려도 따라잡을 수 없다는 뜻이다. 《논어》 〈안연(顔淵)〉에 극자성(棘子成)이 "군자는 진실하면 그만이지, 어찌 문채를 낼 필요가 있겠는가."라고 말하자, 자공(子貢)이 "애석하도다. 선생의 말씀이 군자답기는 하나 사마로도 혀를 따라잡지 못할 것이다."라고 한 데서 온 말이다. 사마는 네 필의 말이 끄는 빠른 수레를 말한다.

함이 없이 전도되고 재해를 두려워하고 재해를 소홀히 여기는 것 또한 이와 관계되기 때문입니다. 사람들의 마음이 불안한 데에서 하늘의 뜻을 점칠 수 있으니, 이 때에 빨리 중지하도록 명해야 합니다. 역사가 이미 이루어진 것은 제쳐둔다 하더라도 공역(工役)이 완성되지 않은 것은 지금 그칠 수 있으니, 그렇게 하면 성상께서 진실함으로 하늘을 대하는 도리에 크게 빛이 있어 원근의 사람들이 듣고서 모두 "우리 전하의 마음이 하늘을 공경하고 재앙을 두려워하는데 전일하여 천륜(天倫)의 지극한 정에 관계되는 일조차도 중지시켰다."라고 말할 것이니, 인심(人心)을 감발시키고 의기(義氣)를 격동시키는 일에 도움이 됨이 더욱 어떠하겠습니까. 이와같이 한 뒤에 신하들에게 자문하여 치도(治道)를 강론하여 오직 백성의 고통을 보살피고 나라의 근본을 배양하는 것을 급선무로 삼는다면 종전의 잘못은 마치 눈이 햇빛에 드러나듯이 얼음이 봄에 풀리듯이 저절로 남김없이 녹아 없어지고, 치우치고 얽매였던 병통과 번거롭고 자잘한 염려 또한 다시는 마음속에 싹트지 않을 것입니다.

또 전하께서 일찍이 재이를 두려워하는 마음이 없지 않았지만 신하들의 거센 부딪침 때문에 곧바로 소홀하였고, 전하께서 일찍이 잘못을 뉘우치는 마음이 없지 않았지만 신하들의 거센 부딪침 때문에 곧바로 버리셨으니, 이는 참으로 정성을 쌓아서 바로잡지 못한 신하들의 죄입니다. 그러나 전하께서는 어찌 남에 대한 노여움으로 인하여 대번에 재변을 두려워하고 잘못을 뉘우치는 자신의 본심을 잃을 필요가 있겠습니까. 신하들이 한 가지 훌륭한 말을 올림에 전하께서 따르신다면 이 훌륭한 말은 전하에게서 나온 것이며, 신하들이 한 가지 훌륭한 계책을 올림에 전하께서 그것을 채용하신다면 이 훌륭한 계책은 전하에게 있는 것입니다. 여러 사람의 말을 모으고 여러 훌륭한 계책을 합하여 전하의 덕을 성취시킨다면 이는 흙덩이가 태산을 더 높이고 조그마한 시내가 바다를 이루는 것과 같으니, 그 유익함이 어찌 적겠습니까.

신이 지난번 상소에서 누누이 진달한 것이 대체로 여기에서 벗어나지 않지만 말이 거칠고 졸렬하며 성의가 부족한 탓에 우러러 성상의 마음을 깨끗하게 하고 성상의 덕을 되돌리지 못하여, 신이 성상께 아뢴 말은 한갓 종이 위의 부질없는 말이 되고, 전하께서 신에게 들은 말은 한바탕 겉치레가 되고 말았습니다. 처음부터[28] 지금까지 크게 경책하지 않고 크게 분발하지 않아 구중궁궐 안에선 뉘우치고 깨달으며 수양하고 반성하는 실상을 듣지 못했고, 조정에서는 단지 안일하고 해이한 풍조만 볼 뿐입니다. 상하가 서로 따라서 평소의 일처럼 걱정 없이 태연하게 지내고 토목 공사가 또 이와 시종 함께하니, 이와 같은 기상과 규모로 어찌 하늘에 응답하고 재이를 그치게 하여 위망(危亡)의 화란을 구제할 수 있겠습니까.

돌아보건대, 신의 이 말은 애당초 신의 억견(臆見)이 아니라, 중외의 사람들이 함께 이야기하는 바이며 어리석은 자나 지혜로운 자나 함께 걱정하는 바입니다. 그런데 전하께서는 슬쩍 보고 대충 들어서 일찍이 유념하지 않고 전혀 시행하지 않으시니, 이것이 사람 때문에 말을 폐하는 것[29]에 가깝지 않겠습니까. 이미 그 말을 쓰기에 부족하다

28 처음부터 : 원문은 "如"인데 《효종실록》 7년 10월 8일에 근거하여 "始"로 바로잡아 번역하였다.

29 사람……것 : 《논어》 〈위령공(衛靈公)〉에 "군자는 말을 잘한다고 해서 그 사람을

고 여기셨다면 또한 장차 어찌하여 그 사람을 언관의 자리에 두어 또 말하게 시키는 것입니까. 신이 비록 은혜를 품고 감격하여 어리석은 충정을 다 바치고 싶지만, 다시 무슨 말로 전하의 기대에 부응할 수 있겠습니까. 신의 이 용렬하고 비루한 실상과 혼미한 식견은 신 스스로도 분명히 알고 있고 성상께서도 모두 통촉하고 계시니, 차지해서는 안 될 자리에 하루라도 함부로 앉아 직임을 방치하는 죄를 불러서는 안 됩니다. 이것이 신이 부끄럽고 두려우며 답답하고 위축되어 감히 명을 받들지 못하고 반드시 체차되기를 청해야 마음이 편안할 수 있는 이유입니다.

삼가 바라건대, 밝으신 성상께서는 신의 간절한 심정이 실로 마음 깊은 곳에서 나온 것임을 헤아리시어 속히 직명을 체차하여 미천한 분수를 이루어 주신다면 매우 다행이겠습니다.

등용하지 않으며, 사람이 마음에 들지 않는다고 해서 그 말까지 버리지 않는다.〔君子不以言擧人, 不以人廢言.〕"라고 하였다.

지평을 사직하는 소 정유년(1657, 효종8) 2월

辭持平疏 丁酉二月

삼가 아룁니다. 신이 타고난 기질이 허약하여 몸에 병이 깊은데다 겨울을 지낸 이래로 몸이 손상되어 고통이 더욱 심해졌습니다. 두 차례 성랑(省郎)에 제수되어 분주하게 일하는 수고를 바치지 못하였고, 한 차례 간관에 올라 성상의 명에 달려가는 공손함을 이루지 못했기에 명을 어기고 태만히 한 죄가 날로 쌓이고 죄가 날로 깊어져 자나 깨나 근심하고 두려워 공손히 견벌을 기다리고 있었습니다. 그런데 뜻하지도 않게 성상께서 너그러이 용서하시고 오히려 기억하고 돌보시어 임금의 귀와 눈 역할을 하는 사헌부의 직임을 못난 신에게 거듭 내리셨습니다. 두터운 은혜를 입음에 황송하고 감격스럽기 그지없으나, 사람이 미천하여 감당할 수 없고 죄과는 커서 용서받을 수 없기에 명을 듣고는 배회하고 방황하며 감히 곧바로 나아가지 못하였습니다. 그런데 마침 국옥(鞫獄)이 있어 소패(召牌)가 내려옴에 어리석음을 무릅쓰고 나아가 숙배하느라 사직을 청할 겨를이 없었고, 또 성상의 체후가 미령한 때에 감히 대뜸 사사로운 심정으로 조용히 조섭하시는 성상을 번거롭게 할 수 없어 애써 직무를 수행한 것이 이미 여러 날이 되었습니다. 그러나 절박한 충심[30]이 사라지지 않고 오래될수록 더욱 불안하여 끝내 묵묵히 있을 수 없기에 감히 죽음을 무릅쓰고 아뢰니, 오직 밝으신 성상께서는 불쌍히 여겨 살펴주소서.

30 충심 : 원문은 "裏"인데 문맥에 따라 "衷"으로 바로잡아 번역하였다.

삼가 생각건대, 신이 과분하게도 큰 교화를 입어 밝은 조정에 자취를 의탁한 지 따져보면 지금 7, 8년이나 오래되었습니다. 그간에 제수된 직임이 매번 분수를 넘는 자리였는데 정사에 조금 도움이 되는 작은 공효가 일찍이 조금도 없었습니다. 신의 나이는 옛사람이 강사(强仕)하던 나이[31]에 한참 못 미치고, 관직에 함부로 오름은 실로 어린아이에게 관직을 갖추게 했다는 경계[32]를 범하였으니, 자신을 돌아보며 생각해보건대 어찌 부끄러운 줄 모르겠습니까. 게다가 성품이 본래 억세고 졸렬하여 변통할 줄 모르고 사체(事體)에 어둡고 이해(利害)에 어두워 아무데도 쓸모없이 우활하고 허술하여 임금을 가까이 모시는 반열에 합당하지 않기에 일찍이 미관말직에 종사하여 순식간에 엎어지는[33] 재앙을 피하기를 바랐습니다. 그러나 미천한 정성이 성상께 이르지 못하고 평소의 분수를 지키지 못하여 한번 언관의 직임에 나아감에 허물과 후회가 많았는데, 도리어 시정(時政)을 함부로 논하고 대신(大臣)을 호되게 질책하여 정승들이 불안해하고 성상의 교지가 잇달아 내리기까지 하였습니다. 어리석은 식견과 광망한 말이 하는 일마다 긁어 부

31 강사(强仕)하던 나이 : 40세를 말한다. 《예기》 〈곡례 상(曲禮上)〉에 "나이 40세를 강이라고 하니 이때에 벼슬에 나선다.〔四十曰强而仕.〕"라고 하였다.

32 어린아이에게……경계 : 자질이 부족한 사람에게 벼슬 준 데 대한 경계이다. 《소학》 〈경신(敬身)〉에, 공보문백(公父文伯)의 어머니 경강(敬姜)이 한탄하며 말하기를 "노나라는 망하겠구나. 어린아이로 하여금 관직을 갖추게 하고서 이를 알지 못하였다.〔魯其亡乎! 使童子備官而未之聞耶.〕"라고 하였다.

33 순식간에 엎어지는 : 《국어(國語)》 〈주어 하(周語下)〉에 "높은 지위는 실로 순식간에 엎어지고, 맛 좋은 음식은 실로 독약이다.〔高位寔疾顚, 厚味寔腊毒〕"라는 구절이 있다.

스럼을 만들고 가는 곳마다 가로막히면서도 감히 충성을 바치고자 하는 정성을 곧장 억누르지 못하고 품고 있는 생각을 반드시 아뢰는 의리를 따른 것은, 단지 크고 작은 말 할 것 없이 모두 관리의 책임을 메울 수 있다는 것만 알고서 그 혈기가 날카롭게 드러나고 언어가 경솔한 것을 깨닫지 못해서이니, 손해가 이미 많아 끝내 임금 앞에서 올바르지 못하다는 이름을 받았습니다. 지금까지도 성상의 말씀이 눈에 선하게 떠오르니 마음이 부끄럽고 얼굴이 붉어지며 하늘을 우러러 두렵고 땅을 굽어봄에 조심스러워 줄곧 송구한 마음으로 몸 둘 바를 모르겠습니다.

신의 개인적인 분수와 의리로는 오로지 허물을 돌이켜 반성하며 몸을 단속하고 품행을 닦아 신령한 하늘의 도움으로 성급한 성질을 변화시켜야 하니, 그렇게 된다면 뒷날 혹 훈목(薰沐)[34]의 은혜를 갖추어 조정 벼슬아치의 수치를 면할 수 있을 것입니다. 그런데 어찌 몇 개월 사이에 버려두지 않고 옮겨 제수하여 평상시 별 일 없던 사람처럼 다시 언관의 직임을 내리실 줄 생각이나 했겠습니까. 자범(子犯)이 문공(文公)에게 고하기를, "신의 죄가 많으니, 신도 이를 알거늘 하물며 주군이 모르시겠습니까."라고 하였으니,[35] 지금 신의 형편없는 실상이 진실로

34 훈목(薰沐) : 향냄새를 옷에 배게 하고 머리를 감아 몸을 깨끗이 한다는 말로, 점차 감화되어 동화되는 것을 뜻한다.

35 자범(子犯)이……하였으니 : 자범은 진 문공(晉文公)의 외삼촌인 호언(狐偃)이다. 진 문공이 일찍이 망명 생활을 마치고 진(秦)나라의 힘을 빌려 자기 나라로 돌아갈 적에 황하 가에 이르러 호언이 지니고 있던 옥벽(玉璧)을 문공에게 주면서 "신이 주군의 말고삐를 잡고 주군을 따라 천하를 돌아다니는 동안 저지른 죄가 매우 많습니다. 신도 그것을 알고 있거늘 더구나 주군이 모르겠습니까. 청컨대 신이 여기서 도망갈 수 있게

이미 성상의 안목을 피할 수[36] 없을 터인데 죄를 더하지 않고 은혜가 또 뒤따랐습니다. 비록 덮어주고 실어주는 천지의 위대함으로 한 물건도 버리지 않는 아름다운 덕[37]을 입은 것이지만, 신에게 있는 일말의 염치를 차마 함부로 무너뜨릴 수 없습니다. 영화와 총애에 탐하여 뻔뻔스러운 얼굴로 사헌부의 직임에 오르는 것은 의리상 감히 할 수 없는 일이거니와 성상께서 세속을 독려하는 방도에 있어서도 신으로 하여금 지키는 바를 잃게 하여 거듭 맑은 조정에 수치를 끼치게 해서는 안 됩니다.

삼가 바라건대, 밝은 성상께서는 속히 신의 직임을 체차하여 공적으로나 사적으로 다행하게 하소서.

해 주소서."라고 하자, 문공이 "앞으로 내가 외삼촌과 마음을 같이하지 않을 경우에는 저 흰 강물이 알고 있으리니, 저 강물을 두고 맹세하겠습니다.〔所不與舅氏同心者, 有如白水.〕"라고 하고서 그 옥벽을 황하에 던져 버렸다.《春秋左氏傳 僖公24年》

36 피할 수 : 원문은 "近"인데 문맥에 따라 "逃"로 바로잡아 번역하였다.

37 아름다운 덕 : 원문은 "微"인데 문맥에 따라 "徽"로 바로잡아 번역하였다.

부수찬을 사직하는 소 무술년(1658, 효종9) 10월

辭副修撰疏 戊戌十月

삼가 아뢥니다. 신이 외람되게도 형편없는 몸으로 오랫동안 근신(近臣)의 반열을 차지한 탓에 분수가 지나치고 사단이 따라서 발생하였습니다. 국법으로 논하면 사형에 처해야 마땅하건만 너그러운 은혜로 곡진히 용서하여 변방 막료(幕僚) 자리에 두어 벼슬아치 자리에 끼게 하셨습니다.[38] 이는 노여움이 아니라 가르침이니,[39] 감격이 어찌 끝이 있겠습니까. 관차(官次)에서 직임을 수행한 지 한 해가 지나기도 전에 특지(特旨)로 소환하여 예전처럼 수록하시고, 천만 뜻밖에 성상의 총애가 거듭되어 갑자기 신을 경악(經幄)의 직임에 두시니, 명을 듣고는 깊은 골짜기에 떨어진 것처럼 두려움에 떨었습니다.

무릇 논사(論思)의 책임은 진실로 용렬하고 비루한 자가 감당할 바가 아니고, 신이 저지른 큰 죄는 또한 용서할 수 있는 작은 잘못이 아닙니다. 게다가 신으로 인해 견책을 받은 자들이 모두 죄적(罪籍)에 속해 있는데 유독 이 수범(首犯)만 치우치게 총애를 입어 발탁되었습니다. 신은 안으로 염치(廉恥)를 살피고 밖으로 공의(公議)를 돌아봄

38 국법으로……하셨습니다 : 민유중은 1657년(효종8)에 오두인(吳斗寅)과 함께 낭선군(朗善君) 궁노(宮奴)의 치죄(治罪) 문제로 체직되어 경성 판관(鏡城判官)에 제수되었다.

39 노여움이 아니라 가르침이니 : 《시경》 〈반수(泮水)〉에 "얼굴빛을 화락하게 하고 웃으시니, 성냄이 아니라 가르치심이도다.〔載色載笑, 匪怒伊教.〕"라고 한 데서 온 말로, 경성 판관에 임명한 것이 벌을 주기 위한 것이 아니라 가르치는 의미라는 뜻이다.

에 마음이 부끄럽고 얼굴이 붉어져 용납할 데가 없는 듯하니, 실로 감히 나아가 명을 받들어 평상시 별 일 없던 사람처럼 행세할 수 없습니다. 그런데 소패(召牌)가 내려와 의리상 지체 없이 달려가야 하기에 감히 대궐 아래에 나와 엎드려 어리석음을 무릅쓰고 스스로 죄를 진술하니, 신의 처지가 이미 몹시 낭패스럽고 참람한 죄 또한 피할 길이 없습니다.

삼가 바라건대 자애로우신 성상께서는 속히 신의 직임을 체차하여 관직을 중하게 하고 미천한 분수를 편안하게 해 주신다면 매우 다행이겠습니다.

부교리를 사직하는 소 기해년(1659, 효종10) 1월
辭副校理疏 己亥正月

삼가 아룁니다. 신이 지난번에 경기 교외에서 삼가 성지(聖旨)를 받드니, 신을 간직(諫職)에 제수하여 역말을 타고 올라오라는 명이었습니다. 신이 마침 병들고 또 처지가 위축된 관계로 소명(召命)에 나아갈 수 없어 글을 지어 전해 올리고는 명을 거스른 죄에 해당하는지라 삼가 견책을 기다리고 있었습니다. 그런데 뜻하지도 않게 자애로우신 성상께서 곡진히 헤아려 신의 사직을 윤허하시고는 며칠 지나지 않아 계속 새로운 명을 내려 다시 논사(論思)의 반열에 두셨습니다. 신은 놀랍고 두려운 심정으로 주저하며 이러지도 저러지도 못하고 있으니 실로 몸 둘 바를 모르겠습니다.

삼가 생각건대, 신이 지극히 어리석고 비루하여 전혀 볼만 한 것이 없는데도 외람되게 큰 은혜를 입어 청화직(淸華職)을 두루 역임하였으니, 이는 진실로 애초에 바라지도 않았던 것이요, 미천한 분수가 감당할 수 없는 바였습니다. 작년에 지은 죄[40]는 신이 실로 수범(首犯)인데, 시끄러운 사단이 더욱 불어나 여러 신하들에게 누가 미쳤습니다. 그런데 한꺼번에 견벌을 받을 적에는 신이 오히려 가벼운 형률을 받고, 과오를 용서하여 거두어 부를 적에는 신이 유독 다른 사람보다 앞섰습니다. 생성시켜주는 성상의 덕에 감격스러움이 끝이 없지만, 개인적인

40 작년에 지은 죄 : 1657년(효종8)에 낭선군(朗善君) 궁노(宮奴)의 치죄(治罪) 문제로 발생한 사건이다.

의리를 생각함에 어찌 부끄럽지 않겠습니까. 미천한 신이 자처할 도는 오직 숨어 살면서 허물을 반성해야 하고 다시는 맑은 조정을 더럽혀서는 안 되지만, 일찍이 관직(館職)에 올라 사직을 허락 받지 못했기에 감히 번거롭게 다시 아뢸 수 없어 마지못해 반열에 나아갔습니다. 그러나 신의 구구한 마음은 끝내 편안하지 못한 바가 있어 스스로 하고(下考)를 맞아 벗어나기를 바랐으니 실로 어쩔 수 없는 사정에서 나온 것입니다. 그런데 생각지도 않게 전조(銓曹)의 신하가 상주하여, 파직되어 산관(散官)이 된 여러 사람을 서용시키기를 청하면서 신의 이름을 그 속에 섞어 넣었고, 심지어 격외(格外)로 수록하라는 명까지 있었으니, 처벌은 행해지지 않고 직명이 또 따라서 더해졌습니다. 신이 대체 어떤 사람이기에 이렇게 까지 특별한 은수를 치우치게 받는단 말입니까.

다만 생각건대, 국가에서 중시하는 것이 전최(殿最)[41]이고 사대부가 힘쓰는 것은 염치인데, 지금 신에게 닥친 상황은 위로는 공법(公法)에 관계되고 아래로는 염치에 관계됩니다. 공법이 한번 무너지면 그 폐단을 막기 어렵고, 염치를 한번 잃으면 스스로 설 수 없습니다.

삼가 들으니 전조의 신하가 비록 의망할 사람이 부족하다는 이유로 수록하기를 계청했다지만 사대부의 도리는 염치를 우선으로 여기는 법인데, 함께 견책된 자들이 풀려나지도 않았는데 그가 어찌 감히 벼슬시키자고 아뢴단 말입니까. 중신(重臣) 중에서도 "전최법(殿最法)은 금석처럼 변할 수 없는 법이니 무너뜨릴 수 없다."고 말하는 자가 있습

41 전최(殿最) : 관원들의 근무 성적을 심사하여 우열을 매기던 일로서 상(上)을 최(最), 하(下)를 전(殿)이라고 하였다. 매년 6월과 12월 두 차례에 걸쳐 시행하였다.

니다. 신이 비록 형편없는 사람이지만 또한 심장이 있으니, 어찌 그저 은총을 다행으로 여기고서 어리석음을 무릅쓰고 구차하게 나아가 일개 염치를 모두 잃은 사람이 되겠습니까. 만약 신이 나아가 명을 받들고서 태연히 직무를 수행한다면 이는 신이 죄를 통하여 은혜를 사고 파직을 구하여 나아가기를 매개한 것이요, 오늘의 간절한 말 또한 거짓으로 꾸며대는 것이 되고 맙니다. 사리로 따져 보건데 어찌 이럴 리가 있겠습니까. 마음속에 사정이 절박하여 잠자코 있을 수 없기에 무릅쓰고 존엄을 범하여 이렇게 번거롭게 호소하오니 신의 죄가 만 번 죽어 마땅합니다.

삼가 바라건대, 밝으신 성상께서는 신의 직명을 속히 개차하여 공적으로나 사적으로 다행스럽게 하소서.

헌납 및 겸사서를 사직하는 소 기해년(1659, 효종10) 2월

辭獻納及兼司書疏 己亥二月

삼가 아룁니다. 신이 죄를 지은 몸으로 치우치게 총애를 받아 격례(格例)를 벗어나 외람되이 수록되었으니, 처지가 편안하지 못하여 두려움에 몸 둘 바를 모르겠습니다. 지난번 관직(館職)에 제수되었을 때 소장을 올려 간절한 심정을 진달하였으나 체차되는 은혜를 입지 못하였고, 간관(諫官)에 제수되어서는 여러 날 정고(呈告)하였으나 승정원에서 막혔으니, 신의 진퇴가 이미 지극히 낭패스럽습니다. 그런데 뜻밖에 이번에 새로운 명이 갑자기 내려오고 또 춘방(春坊)의 직임을 겸하여 제수하셨습니다. 스스로 생각건대, 미천한 신이 어찌하여 밝으신 성상께 이런 대우를 받았단 말입니까.

임금의 눈과 귀 역할을 하는 대간(臺諫)의 직임과 세자를 보좌하고 인도하는 주연(胄筵)의 책임은 모두 국가의 중요한 임무이니, 비록 그 적임자를 택하여 제수하더라도 감당할 수 없을까 걱정인데, 더구나 한 사람의 몸에 아울러 더해졌으니 말해 무엇하겠습니까. 신의 용렬하고 비루한 몸으로는 하나도 이미 분수에 넘치는데 둘을 어찌 감당하겠습니까.

또 신이 삼가 생각건대, 전최법(殿最法)은 금석처럼 변할 수 없는 국법입니다. 종전에 어찌 인재가 부족한 때가 없었겠습니까마는 파격적으로 죄명(罪名)을 씻어주었다는 것은 들은 적이 없는데, 신의 몸에서 떳떳한 법이 무너져 훗날 막을 수 없는 폐단을 열었습니다. 사체(事體)로 따져 보건대 시행에 마땅함을 잃었다고 할 수 있거니와 중신(重

臣)의 계사에 그 뜻이 몹시 엄하니 공의(公議)를 알 수 있습니다.

신이 처한 상황이 실로 염치에 관련되니 감히 맑은 조정의 반열에 얼굴을 들고 있어서는 안 되지만, 소패(召牌)가 내려와 의리상 지체 없이 달려가야 하였기에 부득이 어리석음을 무릅쓰고 숙배하였습니다. 그러나 구구한 심정이 끝내 편안하지 못한 바가 있기에 감히 실정을 드러내어 우러러 성상께 번거롭게 아뢵니다.

삼가 바라건대, 밝으신 성상께서는 곡진히 살피시어 신의 본직과 겸직을 아울러 체차하여 공적으로나 사적으로 다행하게 하소서.

논계가 상세하지 못하다는 이유로 체직을 청하는 소
기해년(1659, 효종10) 2월

以論啓欠詳乞遞疏 己亥二月

삼가 아룁니다. 어제 탑전에서 신이 아뢴 바는,

"환자에 모곡(耗穀)[42]을 갖추어 내는 것은 창고 속에서 쥐가 먹어 없어진 것과 출납할 때 뜰에 떨어뜨려 축난 것에 대비하기 위한 것입니다. 1말〔斗〕마다 1되〔升〕의 모곡을 거두는 것은 그 법을 만든 본래의 뜻이 이와같은데 불과하여 비록 혹 여러 해 동안 거두지 않았더라도 거두어들일 때에는 단지 그 해의 모곡만 거둘 뿐입니다. 그런데 지금은 그렇지 않아 각 고을에서는 거두지 못한 수에다 으레 해마다 모곡을 거두고 다시 그 모곡에다가 모곡을 더하여 9년도 되기 전에 이자와 본곡(本穀)이 같아져 징수할 때에 한결같이 독책하니 백성의 고통[43]은 우선 말할 겨를도 없고, 이른바 매년 법 이외로 거둔 모곡도 끝내 각 고을의 사적인 용도로 쓰이고 회계 장부 속에 들어가지 않습니다. 본 수량의 포흠이 많이 쌓이는 것이 실로 여기에서 기인하니 어찌 한심하지 않겠습니까. 더구나 작년 기근으로 인하여 각 고을에서 거두어야 할 환상곡을 조정에서 등급을 나누어 줄여서 거두도록

42 모곡(耗穀) : 각 고을 창고(倉庫)에 저장한 양곡을 봄에 백성에게 대여했다가 추수 후 받아들일 때 말(斗)이 축나거나 창고에서의 손실을 보충하기 위하여 10분의 1을 첨가하여 받는 곡식이다.

43 고통 : 원문은 "萃"인데 본서 권7 〈청환상미봉곡축년출모가록지폐각별통혁계(請還上未捧穀逐年出耗加錄之弊各別痛革啓)〉에 근거하여 "瘁"로 바로잡아 번역하였다.

특별히 허락하였기 때문에 거두지 못한 곡식 수가 저절로 많아졌으니, 만약 또 종전에 거두지 못난 곡식까지 아울러 이후에 거두어들일 때에 여전히 잘못된 규례를 따라 해마다 모곡을 내게 하여 추가로 기록하고 강제로 거둔다면 국고에는 실제 들어오는 것이 없고 백성에게 끼치는 폐해만 막심할 것입니다.

이른바 '번질〔反作〕'[44]이란 각 고을에서 거두지 못하고 민간에 흩어져 있는 것을 이미 거두었다고 혼칭(混稱)하고 그 장부로만 되돌려놓는 것입니다. 이 때문에 거둔 바의 모곡을 응당 납부하여 해조에서 알고 있습니다. 이번에 논한 것은 회계 장부 속에서 거두지 못한 곡식에 대하여 각 고을에서 매년[45] 사사로이 모곡을 첨가하는데도 해조에서 알지 못하는 것을 가리킨 것이니, 이는 참으로 이른바 공적인 일을 빙자하여 개인적인 이익을 도모하는 것입니다. 청컨대 지금부터 각 도에 공문을 보내어 엄격하고 분명하게 통지하여 법 이외로 매년 모곡을 거두는 폐단을 통렬히 끊어버리고 이어 영원한 법식으로 삼으소서."

라는 내용이었습니다. 신의 뜻이 대체로 이러한데, 주서(注書)에게 써서 전할 때에 문자를 매우 자세히 살펴 쓰지 못하여 '가을을 기다려 거둔다.'는 뜻을 착오로 '농사가 조금 풍년이 들기를 기다린다.'라고 쓰는 바람에 "승정원은 살펴서 아뢰라"라는 하교를 초래하였으니, 신

44 '번질〔反作〕: 추수 끝난 후 환곡을 상환하는데, 영세 농민이 환곡을 상환하지 못하면 지방관리가 공모하여 다 상환받은 것처럼 문서를 허위로 작성하여 상부에 보고하고 그 이득을 나누어 착복하는 것을 말한다.

45 매년 : 원문은 "每平"인데 문맥에 따라 "每年"으로 바로잡아 번역하였다.

은 참으로 황송하여 어찌할 바를 모르겠습니다.

이 일이 이미 윤허를 받았으니 즉시 통지하고 이전의 계사에서 분명치 않은 부분은 고쳐 바로잡아야 합니다. 삼가 바라건대 밝으신 성상께서는 신의 소장을 내려 거행할 조목으로 삼으시고, 이어 신의 직임을 체차하여 주사(奏事)를 잘못 올린 죄를 다스리신다면 매우 다행이겠습니다.

엄교로 인하여 직명 삭탈을 청하는 소 기해년(1659, 효종10) 4월

因嚴敎乞削職名疏 己亥四月

삼가 아룁니다. 신이 형편없는 몸으로 과분하게 언관의 직임을 맡았기에 성상께서 정신을 가다듬고 도모하는 이러한 때에 일에 따라 극진히 논하여 만에 하나라도 도움이 되고자 생각하였습니다. 그러나 성품이 본래 거칠고 졸렬하여 전혀 따지고 헤아리지 못한 탓에 그간에 논한 것이 자질구레한 일을 가리지 못하였고 연석(筵席)에 입대하여 또 다시 망발하는 바람에 동료들의 공격으로 시끄러운 사단이 일어나고 성상의 견책을 받음에 말뜻이 지극히 엄중하였으니, 신은 참으로 두렵고 부끄러워 어찌 할 바를 모르겠습니다. 실로 다시 대간(臺諫)의 반열에 들어갈 면목이 없는지라 소명(召命)이 내려옴에 무릅쓰고 나아갈 수 없습니다. 그런데도 지니고 있는 직명에 대해 아직도 처분이 없기에 부득이 죽음을 무릅쓰고 존엄하신 성상께 번거롭게 아룁니다. 또한 신이 이 일에 대하여 삼가 마음속에 개탄하는 바가 있고 이 일은 실로 나라의 체모와 관련되니, 또한 어찌 감히 말을 다하지 않겠습니까.

신이 김좌명(金佐明)이 그 아비의 장례를 참람하게 지냈다는 말을 들은 지 이미 여러 날인데, 동료들 사이에 또한 언급한 적은 있지만 정확한 내용을 알 수 없어 바로 탄핵하지 않았습니다. 마침 입직한 뒤에 비로소 상세한 말을 들었으나 국기(國忌) 재계일(齋戒日)이라 감히 간통(簡通)을 보내지 못하고, 다음날 아침 주연(胄筵)에서 시강

(侍講)을 마친 뒤에 갑자기 소대(召對)를 받들게 되었습니다. 그간 일의 형편상 실로 여러 관원들과 말을 주고받기 어려웠고 먼저 아뢰고 나중에 통지한 전례가 있었습니다. 더구나 이 일은 공의(公議)가 모두 놀라는 바로서, 반드시 논평하여 바로잡기를 그만 둘 수 없는 사안이었습니다. 다행히 용안을 가까이하여 전계(前啓)를 아뢴 뒤에 이어 신이 들은 바를 차례로 논열하였으니, 본시 마음속에 품은 생각을 반드시 진달하는 의리에서 행한 것이지, 어찌 급급하게 한 것이겠습니까.

또 논사(論事)의 체모는 응당 그 일의 시비를 보아야 할 뿐, 규례의 유무나 일의 경중은 모두 따져서는 안 됩니다. 신하가 수도(隧道)를 쓰는 것은[46] 예법으로 보아 참람한 행위이고 국법으로 보아 처벌할 일입니다. 신이 논한 것은 단지 법을 살펴 발론하여 개장(改葬)하기를 청한 것이니, 또한 덕으로 사람을 사랑한 뜻에서 나온 것이지, 고식적인 의도에서 나온 것은 아닙니다.[47]에서 나온 것입니다. 그가 비록 무지하여 함부로 행동했더라도 명분을 범함이 이보다 더 큰 것이 없으니, 비단 언관이 탄핵해야 마땅할 뿐만이 아니라 전하께서도 깊이 미워하는 바입니다.

46 신하가……것은 : 김좌명(金佐明)이 그 부친 김육(金堉)을 장사지낼 적에 수도(隧道)를 썼다. 수도는 묘도(墓道)와 같은 말로, 장사를 지낼 적에 관을 묻기 위하여 경사지게 묘혈(墓穴)로 낸 길을 말한다.

47 덕으로……아닙니다 : 사람을 사랑하는 것은 대의(大義)에 입각하여 올바른 방법으로 해야 한다는 뜻이다.《예기》〈단궁 상(檀弓上)〉에 "군자는 덕으로 사람을 사랑하고, 소인은 고식적으로 사람을 사랑한다.〔君子之愛人也以德, 細人之愛人也以姑息.〕"라고 하였다.

다만 근래에 재신(宰臣)이 논박 당하는 일이 드물고 사대부가 참람한 예를 쓰는 것이 익숙한지라, 사람들이 제도를 참람하는 것이 놀랄 일임은 알지 못하고 도리어 탄핵 당하는 것을 의아하게 생각하니, 어찌 섬뜩하게 한심하지 않겠습니까.

신이 그간 탑전에서 아뢴 바가 미처 통지하지 못한 것이 한둘이 아니었는데, 동료들의 배척이 김좌명에게 있지 않고 신에게 있는 것은 또한 유독 어째서입니까? 신이 사람이 미천하고 성의가 얕아 상하에서 믿음을 받지 못하여 죄를 자초하고 나라의 기강만 어지럽혀 그런 것입니다. 이 사태가 훗날 일어날 간사한 짓의 시작점으로 귀결됨에 미쳐서는 이것은 참으로 신하된 자의 극악한 죄이고 명분과 의리의 크게 누가 되니, 신은 참으로 두렵고 부끄러워 더욱 용납될 곳이 없습니다. 삼가 바라건대 밝으신 성상께서는 신의 본직과 겸직을 아울러 먼저 삭출하시어 함부로 말한 죄를 다스리신다면 매우 다행이겠습니다.

또 신이 그저께 대궐에 나아가 인피(引避)할 때에 정언(正言) 여민재(呂閔齊)가 전계(前啓)를 전하기 위하여 또한 대청(臺廳)에 나왔습니다. 신은 여민재와 아직 회례(會禮)를 행하지 않았기에 벽[48]을 사이에 두고 앉았습니다. 하리(下吏)가 와서 "정언은 일제히 피혐하기를 기다렸다가 한꺼번에 처치하고자 한다."라고 말하기에, 신이 그 하리에게 말하기를,

"오늘 이미 밤이 깊었는데 만약 피혐 계사에 대한 비답이 내려오기를 기다려 처치한다면 본래 대단치도 않은 일을 가지고 새벽까지 끌게 될 것이니 극히 온당하지 못하고, 또 승정원에 물어보니 유문(留

48 벽 : 원문은 "辟"인데 문맥에 따라 "壁"으로 바로잡아 번역하였다.

門)[49]의 일을 누차 계청하기 어렵다고 한다. 내가 물론(物論)을 기다리는 대관(臺官)으로서 그대로 궐내에 머물며 처치를 기다린 뒤에 정언과 함께 궐문을 나간다면 그 사이의 사체(事體)와 거조가 모두 전도되고 낭패스러울 것이다. 이러한 뜻을 반드시 정언에게 넌지시 말하여 전계만 전하게 한다면 괜찮을 듯하다."

라고 하였습니다. 신은 비답을 받은 뒤에 의금부[50]로 물러나 선전관이 문을 열기를 기다렸습니다. 얼마 뒤에 들으니 여민재가 이미 전계를 전했다가 '사체를 잃었다'는 옥당 관원의 말 때문에 도로 그 계사를 찾아가고 곧이어 인피했다고 하는데, 지금 여민재는 일을 회피했다는 탄핵을 받기에 이르렀습니다. 그러나 그가 전계만 전한 것이 꼭 신의 말에서 연유하지 않았다고 할 수 없으니, 신이 경솔하게 말하고 함부로 행동한 것이 실로 마음에 편안하지 못합니다.

근래 언관의 직임을 맡은 자들은 비록 일이 옳더라도 관여하고 싶지 않을 경우엔 일부러 자질구레한 일을 찾아서 구차하게 모면할 계책을 세웁니다. 여민재의 경우는 정황이 본래 이렇지도 않은데 신의 말 때문에 잘못 탄핵을 당했으니, 신이 실로 부끄럽습니다. 이것까지 아울러 죄를 진술하여 책벌을 받기를 원합니다. 신은 두려워 죄를 기다리는 지극한 심정을 금할 수 없습니다.

49 유문(留門) : 정해진 시간에 궐문을 닫는 것이 원칙이지만 특별한 사정이 있을 경우 궐문 닫는 것을 유보하는 것을 말한다.

50 의금부 : 원문은 "禁廊"인데 문맥에 따라 "禁廊"으로 바로잡아 번역하였다.

진정을 아뢰어 체직을 청하는 소 기해년(1659, 현종즉위) 7월
陳情乞遞疏 己亥七月

삼가 아뢰옵니다. 나라에 큰 슬픔이 있고 아직 대례(大禮)를 마치지 않아 상하가 경황없이 당황하고 애통해하는 심정이 끝이 없습니다. 오늘날 대소신료들은 오직 슬픔을 머금고 진정을 다하여 분주하게 일을 수행할 뿐, 이밖에 일신상의 개인적인 의리는 말할 겨를이 없습니다. 신이 비록 지극히 어리석지만 어찌 이를 모르겠습니까. 다만 신은 심하게 무고를 당하여 처지가 몹시 불안한데도 전후로 은혜를 받아 줄곧 부끄럽고 위축되었으니, 실로 다시 근신(近臣)의 반열에 들어갈 면목이 없습니다. 이에 감히 어리석음을 무릅쓰고서 엄려(嚴廬)에서 말씀하지 않는 때[51]에 번거롭게 아뢰오니 신의 죄는 만 번 죽어 마땅합니다.

신이 일찍이 선왕조(先王朝)에서 함부로 일은 논하여 동료들 사이에 이미 시끄러운 소란을 초래한 적이 있었는데, 이후 조영한(曺漢英)이 스스로 해명한 상소를 보니 장황하게 날조하고 제멋대로 신을 헐뜯어 못하는 말이 없었습니다. 사람이 하는 말이 어찌 이렇게까지 심하단 말입니까. 마침 신이 명을 받들어 외방에 나갔다가[52] 돌아오지 않았을

51 엄려(嚴廬)에서……때 : 임금이 거상(居喪)하는 것을 말한다. 엄려는 임금이 국상(國喪) 때에 거처하는 여막(廬幕)이다. 《논어》 〈헌문(憲問)〉에, 고종이 양암(諒陰)에서 3년 동안 말하지 않은 일이 거론하여 그 까닭을 "임금이 죽었을 때에는 백관들이 자기의 직책을 총괄하여 3년 동안 총재의 명을 듣는다."라고 하였다.

52 신이……나갔다가 : 저자는 1659년(효종10) 4월에 영남우도 염찰사로 나갔다.

때라, 구구한 심정을 끝내 선왕께 드러낼 수 없었습니다. 생각이 여기에 미치니 마음이 찢어집니다. 그때의 상황에 곡절이 있음은 조정 관료들 사이에서도 모두 알고 있으니, 신이 오늘날 시끄럽게 스스로 해명하여 맑은 조정 사대부의 기풍에 누를 끼치고 싶지 않습니다. 그러나 그의 상소 가운데 이른바 "중한 권세에 의지하여 협박하였다."[53], "부화뇌동하여 안팎이 되었다"[54]는 등의 말은 모두 소인배의 극악한 태도이며 신하로서의 큰 죄입니다. 밝으신 성상께서 위에 계시고 공의(公議)가 민멸되지 않았는데, 조한영이 무엇에 근거하여 이런 제목(題目)으로 거리낌 없이 남을 무고하는지 모르겠습니다. 신의 평소의 언행이 남에게 미덥지 못하여 스스로 멸시를 받고 조정에 욕을 끼친 것이니, 신의 몸에 돌이켜 구해봄에 스스로 부끄러울 뿐 누구를 탓하겠습니까. 진실로 감히 염치를 무릅쓰고서 시종신의 반열을 다시 더럽힐 수 없습니다.

삼가 바라건대, 밝으신 성상께서는 신의 간절한 심정을 살피고 신의 낭패스런 사정을 헤아리시어 속히 신의 직임을 체차하시고, 이어 신의 죄를 다스려 사람들의 말에 답하신다면 매우 다행이겠습니다.

53 중한……협박하였다 : 조영한이 상소에서 지적한 '중한 권세'란 당시 이조 판서로 있던 송시열(宋時烈)을 가리켜 한 말이라 하여 송시열이 이로 인하여 사직을 청하였다. 《孝宗實錄 10年 4月 19日, 24日》 협박은 원문은 "脅持"인데 《효종실록》에 근거하여 "脅持"로 바로잡아 번역하였다.

54 부화뇌동하여 안팎이 되었다 : 조영한(曺漢英)의 상소에 "서로 부화뇌동하여 안팎이 되었다.〔互爲和附, 相與表裏〕"라고 하였다. 《孝宗實錄 10年 4月 19日》

일을 논하는 소 신축년(1661, 현종2) 11월

論事疏 辛丑十一月

삼가 아룁니다. 신이 지난번에 외람되이 동료들의 뒤를 따라 감히 거칠고 졸렬한 말을 아뢰어, 나라에 충성하고 백성을 사랑하는 구구한 마음으로 실로 품은 생각을 반드시 진달하는 의리를 따랐습니다. 성상의 비답을 받드니, 취할 것이 없다고 여겨 배척하지 않으시고 도리어 너그러이 용납하고 장려하여 말씀하셨으니, 지극히 황송하고 감격스러워 도리어 더욱 부끄럽고 두렵습니다.

그러나 생각건대, 신들이 누누이 진술한 말이 한두 가지에 그치지 않지만, 그 중 강학(講學) 한 절목은 실로 임금의 덕이 닦이는지 닦이지 않는지와 치도(治道)의 성쇠[55]에 관련되니, 현재의 급선무와 임금에게 고하는 제일의(第一義)가 의당 여기에서 벗어나지 않습니다. 이 때문에 상세하게 말하고 간절하게 경계하여 간곡하게 바라는 정성으로 성상께서 관심을 두시기 바랐습니다.

그런데 뜻밖에도 밝으신 성상께서는 이에 대하여 흔쾌하게 받아들이지 않고 불평스러운 말투로 질병을 핑계하시고 또 '어쩔 수가 없다.〔末如之何〕'고 말씀하시어 마치 견고하게 막아 다시는 말하지 못하도록 하는 것처럼 하셨습니다. 신은 이 말씀을 들은 이후로 당혹스럽고 근심스러워 자나 깨나 마음이 편치 않으니 성상의 뜻이 무엇인지 모르겠습니다. 좋아하기만 하고 그 말뜻을 찾지 않거나 겉으로만 따르고

55 성쇠 : 원문은 "迂隆"인데 문맥에 따라 "汚隆"으로 바로잡아 번역하였다.

허물을 고치지 않는 것도 오히려 성인(聖人)이 경계하셨는데,[56] 애초에 이미 좋아하지도 않고 따르지도 않는다면 또 어찌 그 말뜻을 찾고 허물을 고치기를 바라겠습니까. '어쩔 수 없다'라는 말은 즉 자포자기[57]로, 어쩔 수 없다고 버려두고서 끝내 할 수 없다고 하는 말이니, 명주실 같은 말씀[58]이 어찌 대번에 여기에 이르렀단 말입니까. 실로 아랫사람들이 밝으신 성상께 평소 기대하던 바가 아닐 뿐만 아니라 또한 어찌 밝으신 성상께서도 전부터 마음에 기약하던 바이겠습니까. 이를 두고 '나라를 잃을 수 있는 한 마디'[59]라고 하더라도 지나치지 않을 것입니다.

경연의 신하는 직분상 성상 가까이 있으면서 날마다 문안하는 반열

56 좋아하기만……경계하셨는데 : 《논어》 〈자한(子罕)〉에 "바르게 깨우쳐 주는 말을 따르지 않을 수 있는가. 그러나 허물을 실제로 고치는 것이 중요하다. 부드럽게 타이르는 말을 좋아하지 않을 수 있는가. 그러나 그 말의 참뜻을 찾아내는 것이 중요하다. 좋아하기만 하고 그 말의 참뜻을 찾지 않거나 겉으로만 따르고 허물을 실제로 고치지 않는다면 그런 사람은 나도 어쩔 수가 없다."라는 구절이 있다.

57 자포자기 : 원문은 "自盡自棄"인데 문맥에 따라 "自暴自棄"로 바로잡아 번역하였다.

58 명주실 같은 말씀 : 임금을 조서나 말을 뜻하는데, 임금의 말은 실오라기처럼 가늘어도 나와서 미치는 영향이 굵은 동아줄과 같다는 뜻이다. 《예기》 〈치의(緇衣)〉에 "왕의 말은 실오라기 같아도 일단 나오면 굵은 명주실처럼 되고, 왕의 말은 굵은 명주실 같아도 일단 나오면 밧줄처럼 된다.〔王言如絲; 其出如綸; 王言如綸. 其出如綍.〕"라고 한 데서 온 말이다.

59 나라를……마디 : 노 정공(魯定公)이 공자에게 "한마디 말로 나라를 잃는다고 하는데 그런 말이 있습니까?"라고 묻자, 공자가 "한마디 말로 그 같은 결과를 예측할 수는 없습니다만, 사람들 말에 '나는 임금이 된 것이 즐거운 게 아니라 내가 말을 하면 아무도 어기지 않는 게 즐거울 뿐이다'라는 말이 있는데, 임금의 말이 옳아서 어기는 이가 없다면 좋지 않겠습니까만, 임금의 말이 옳지 않는데도 어기는 이가 없다면 한마디 말로 나라를 잃는데 가깝지 않겠습니까."라고 대답하였다. 《論語 子路》

에 나아가니, 어찌 옥체가 미령한 줄 모르고 감히 행하기 어려운 청을 쉬지 않고 떠들겠습니까. 진실로 강학의 일은 하루가 급하지만 질병은 때때로 중단이 있기 때문입니다. 비록 조용히 요양하실 때에는 위의(威儀)를 갖추어 경연을 열기 어렵지만, 때때로 침전(寢殿)에 강관(講官)을 불러서 경사(經史)를 토론하고 시무(時務)를 하문하여 맑고 밝은 정신을 일깨우고 답답하고 막혔던 것을 소통시킨다면 마음을 다스리고 학문에 힘쓰는 방도에 도움이 없지 않고, 겸하여 옥체를 보중하는 방도에도 도움이 있을 것인데, 전하께서는 무엇을 꺼려서 하지 않으십니까?

삼가 생각해보건대, 전하께서 즉위하신 지 오래되고 태평시절에 익숙하여 뜻을 세움이 견고하지 못하고 학문을 추구하는 뜻이 독실하지 못하기에 이런 말들이 귀에 들어오는 것을 싫어하여 자신도 모르게 자만하는 목소리와 얼굴빛[60]을 해이하고 나태하던 차에 드러내신 듯합니다. 조정에 있는 신하들이 놀라 당혹하여 어찌할 줄 모를 뿐만 아니라, 사방에 전파되면 또한 신민들의 기대하는 마음을 꺾어버리기에 충분하니, 신은 삼가 전하의 말씀을 사마(駟馬)로 따라잡을 수 없음[61]이 애석합니다.

지난 병신년(1656, 효종7) 봄에 효종대왕(孝宗大王)께서 옥체가 미령하여 오랫동안 경연을 정지하였습니다. 당시 경연의 신하가 차자를

60 자만하는 목소리와 얼굴빛 : 《맹자》 〈고자 하(告子下)〉에 "자만하는 음성과 얼굴빛이 사람을 천 리 밖에서 막는다.〔訑訑之聲音顔色, 距人於千里之外.〕"라고 한 데서 온 말이다.

61 전하의……없음 : 53쪽 주27 참조.

올려 경계를 아뢰자 선왕께서 답하기를,

"재이(災異)가 매우 심해 밤낮으로 걱정스럽고 두려우니, 어찌 내가 한가로이 누워 병 조리할 때이겠는가. 다만 감기와 찬바람 때문에 아직껏 신하들을 접견하지 못하여 매우 답답하였다. 지금 차자의 말을 보고서 내 마음이 후련하니 어찌 기쁘지 않겠는가. 차자의 내용 중에 '마음속에 품은 생각을 진달하려는 모든 대소신료는 경연을 여는 날 들어와서 직접 아뢰게 해달라.'[62]는 말은 더욱 절실하니, 즉시 시행하지 않을 수 없다. 승정원으로 하여금 통지하여[63] 시행하게 하라."

라고 하셨으니, 아! 성인의 말씀이 참으로 위대합니다. 질병의 괴로움을 잊고 허심탄회하게 받아들이는 도량을 넓혀 마음에 경책하고 말씀에 드러낸 것이 사람들의 마음을 감동시키고 흥기시키기에 충분하니 임금과 신하 사이의 정의가 부합된 것을 더욱 상상할 수 있습니다. 어찌 오늘날 본받아야 할 일이 아니겠습니까.

제왕의 정치는 자신을 닦는 데 근본을 두고, 자신을 닦는 공부는 반드시 학문에 의지합니다. 학문의 길은 다름이 아니라 의리를 강명(講明)하여 참으로 알고 힘껏 행하여 저절로 뜻이 성실해지고 마음이 바루어져 몸이 닦여지지 않음이 없는데 있으니, 그렇다면 천하와 국가를 다스리는데 들어서 적용할 뿐입니다.[64] 만일 성리(性理)의 학문에 침잠

62 마음속에……해달라 : 이 내용은 한국문집총간 129집에 수록된 《노봉집(老峯集)》 권2 〈옥당이 재이로 인하여 경계를 아뢰고 어진 이를 불러 강학하기를 청하는 차자〔玉堂因災陳戒請講學招賢箚〕〉에 실려 있다.

63 통지하여 : 원문은 "悉"인데 《효종일기(孝宗日記)》 7년 2월 20일에 근거하여 "委"로 바로잡아 번역하였다.

하여 체인하지 않는다면 실제 일을 할 때에 무슨 수로 사변(事變)을 제재할 수 있겠습니까.

타고난 자질이 비록 아름답더라도 학문이 아니면 성취할 수 없고, 재주와 식견이 비록 높더라도 학문이 아니면 채우고 넓힐 수 없습니다. 이 때문에 옛 명철한 왕은 도와 덕이 온전히 갖추어져 그 언행이 의리에 모두 맞더라도 오히려 학문에 종사하고 털끝만큼도 자만하는 마음이 없었으니, 고종(高宗)에게 뜻을 겸손하게 하고 수시로 민첩하게 하는 공부가 있었고,[65] 성왕(成王)에게 계속하여 밝혀 광명함에 이른 효과가 있었던[66] 이유입니다.

전하께서는 세자 시절부터 일찌감치 학문에 매진할 줄 알았고 또한 시대의 유현(儒賢)을 얻어 빈사(賓師)의 지위에 두셨습니다.[67] 그 훌륭하게 훈도하고 올바르게 이끌어줌이 상(商)나라와 주(周)나라 이

64 학문의……뿐입니다 : 《대학》 경문 1장에 "사물의 이치가 이른 뒤에 앎이 지극해지고, 앎이 지극해진 뒤에 뜻이 성실해지고, 뜻이 성실해진 뒤에 마음이 바르게 되고, 마음이 바르게 된 뒤에 몸이 닦여지고, 몸이 닦여진 뒤에 집안이 단속되고, 집안이 단속된 뒤에 나라가 다스려지고, 나라가 다스려진 뒤에 천하가 평안해진다."라고 하였다.

65 고종(高宗)……있었고 : 은(殷)나라 고종이 부열(傅說)에게 가르침을 줄 것을 청하자 부열이 말하기를, "오직 학문은 뜻을 겸손하게 해야 하니, 힘써서 수시로 민첩하게 공부하면 그 닦여짐이 올 것입니다.〔惟學遜志, 務時敏, 厥修乃來.〕"라고 하였다. 《書經 說命下》

66 성왕(成王)이……있었던 : 《시경》 〈경지(敬之)〉에 "나 소자가 총명하고 공경하지는 못하지만, 일취월장하여 학문을 계속하여 밝혀 광명함에 이르고자 한다."라고 하였는데, 이는 주 성왕(周成王)이 제사 지낼 때에 스스로 격려하여 지은 시이다.

67 한……두셨습니다 : 유현(儒賢)은 송시열(宋時烈)을 가리키는데, 그는 세자시강원 찬선(世子侍講院贊善)을 지냈다.

래로 이런 적이 없었으니, 의당 진실한 마음으로 학문을 좋아하여 그만두고자 해도 그만둘 수 없어[68] 부지런히 힘쓰고 태만하지[69] 않아 자신도 모르는 사이에 닦여졌습니다. 그런데 즉위하신 이래로 이러한 뜻이 이어지지 못하여 연영전(延英殿)[70]의 강독이 점차 드물어지더니 요사이엔 전각이 닫혀지고 말았습니다. 이대로 나가다가 습관이 일상이 된다면 몸이 어찌 닦여지고 나라가 어찌 다스려지겠습니까.

전하께서 한창 젊으시어 혈기가 왕성하시니, 이러한 때에 덕을 증진시키고 학업을 닦지 않고서 허송세월로 시기를 놓친다면 뜻은 세월과 함께 멀리 가버리고 일은 마음과 서로 어긋날 것이니 끝내 성취하는 바가 장차 다시 어떠하겠습니까. 이때에 이르러선 전하께서 비록 후회하시더라도 이미 돌이킬 수 없습니다. "세월은 냇물처럼 흘러가 한 번 가면 다시 돌아오지 않는다."는 주자(朱子)의 말씀이 참으로 천고에 진실하고 절실한 말입니다.

더구나 임금의 한 마음은 모든 정무를 처리하느라 함양에 전일하기 어렵고 발하여 사용함은 많으니, 하루 동안에 본체가 담연(湛然)하고 선단(善端)이 드러날 때가 거의 없다시피 하고 조금 있으며, 수고롭고 분잡한 해로움은 어느 때고 그렇지 않음이 없습니다. 만약 학문을 힘써

68 그만두고자……없어 : 《논어》 〈자한〉에 안연(顔淵)이 공자의 도를 찬미하여 우러러볼수록 더욱 높고 뚫을수록 더욱 견고하지만 자신을 박문약례(博文約禮)로 잘 이끌어 준다고 하면서 "공부를 그만두려고 해도 그만둘 수 없어 이미 나의 재주를 다하였다.〔欲罷不能，旣竭吾才.〕"라고 하였다.

69 태만하지 : 원문은 "忘"인데 문맥에 따라 "怠"로 바로잡아 번역하였다.

70 연영전(延英殿) : 당(唐)나라 장안(長安)에 있는 대명궁(大明宮) 안 편전으로, 정례적인 때가 아닌 경우에 천자가 대신을 소대(召對)하던 곳이다.

본원을 맑게 하고 신하들을 인견하여 총명을 넓히지 않은 채 궁궐 깊숙이 처해서 자주 만나지 않고 서책도 가까이 하지 않는데, 궁녀와 환관, 아첨하는 시신(侍臣)이 좌우에서 친밀하게 모시고, 의복이나 어가(御駕), 완호물(玩好物)이 뜰 앞에 펼쳐져 있어 눈을 즐겁게 하고 마음을 좀먹고 뜻을 빼앗고 덕을 해치는 것이 또 분분히 공격한다면 올바른 천리(天理)가 끝내 저 사사로운 인욕(人欲)을 이기지 못하여 갈수록 고질화되고 점점 퇴락하여 마침내 선왕(先王)의 큰 도를 믿지 않고 세속의 비루한 말을 편안하게 여기게 되고, 단정한 선비의 곧은 말을 즐거워하지 않고 아첨하고 설만한 행동을 좋아하는데 이르게 될 것이니, 오늘날의 근심이 참으로 여기에 있습니다. 모르겠습니다만, 밝으신 성상께서도 일찍이 이에 대하여 생각하신 적이 있으신지요?

아! 우리나라가 변란을 겪으면서 망해가는 나라를 보존하였으니, 뒤집히는 운수와 어렵고 힘든 시기는 고금에 일찍이 없었던 일이요 임금과 신하들이 차마 말할 수 없는 것입니다. 불타고 남은 찌꺼기를 수습하고 위태로운 국운을 부지하여 백성을 안정시키고 강토를 보유한 것은 모두 인조대왕(仁祖大王) 덕분입니다. 우리 효종대왕에 이르러서는 강개한 심정으로 분발하여 대업을 세우기를 도모하며 노심초사하여 정신을 갈고 닦아 호령을 내는 것이 맹렬하고 신속하며 규모가 원대하여 거행하지 않은 일이 없었습니다. 거의 하늘이 순함을 도와[71] 종묘사직이 거듭 빛났는데 하늘이 우리나라에 복을 내리지 않아 천년의 한으로 남고 말았으니, 이것이 충성스런 신하와 뜻있는 선비가 길이 통곡하

71 하늘이 순함을 도와 : 《주역》 〈계사전 상(繫辭傳上)〉에 "하늘이 돕는 것은 순함이다.〔天之所助者, 順也〕"라고 하였다.

고 천하 후세가 응당 깊이 슬퍼하는 이유입니다.

지금 전하께서는 선왕께서 물려주신 어렵고도 큰 왕업을 받고 선왕께서 진작하여 일으키던 대업의 뒤를 이어받았습니다. 온 나라 신민들이 목을 빼고 발꿈치를 들고서 모두 선왕이 지녔던 뜻을 전하께 기대하고 선왕이 하셨던 일을 전하께 구하고 있으며, 또한 국가의 치란과 흥망의 기미와 종묘사직의 안위와 영욕의 조짐이 모두 전하의 몸에 관련되어 있습니다. 이러한 때에 전하께서 급급하게 일하시어 위로 하늘에서 오르내리는 선왕의 영령을 위로하고 아래로 우러러보고 기대하는 중외 백성의 정성에 부응함이 응당 다시 어떠해야 하겠습니까.

그런데 보위에 오르시어 정사를 살피신 지 3년이 지났건만 아직까지 전대(前代)의 공렬을 계승하고 한 시대를 경책할 만한 하나의 정령(政令)이나 상벌을 듣지 못했습니다. 장구한 계책에 어둡고 큰 계획에 소홀하며 구습을 따르는데 익숙하고 적극적으로 시행하는데 게을러 사무는 폐기되는 대로 두고 다스릴 방법을 생각하지 않고 기강은 무너지는 대로 두고 진작할 방도를 생각하지 않으셨습니다. 도량이 만물을 진정시키고 대중을 포용하기에 충분한데도 온갖 선(善)을 겸하여 거두고 대중의 말을 널리 채납하지 못하고, 총명이 은미한 것을 살피고 어두운 곳을 비추기에 충분한데도 사정(邪正)을 구별하여 승진시키고 퇴출시킴을 분명하게 보이지 못하셨습니다. 현자를 등용하여 끝까지 쓰지 못하고 처음 그대로 이어가지 못하여 조정에는 덕이 있는 원로가 없고 초야에는 훌륭한 사람이 은둔해 있으며, 양(陽)이 줄어들고 음(陰)이 자라나며 사(私)가 이기고 공(公)이 폐해져서 원기(元氣)가 쭈그러들고 요사한 기운이 성행하였습니다. 이로 말미암아 기상이 시들고 거조가 느슨하여 윗사람이 아랫사람을 다스리고 아랫사람이 윗사람을 받듦에 있어 관직에 태만하여 빈둥빈둥 세월을 보내면서[72] 오직 눈앞에 큰 화란이 없는 것을 다행으로 여기고 천명(天命)과 인심(人心)이 믿기 어렵다는 것은 알지 못하니, 아! 이 무슨 꼴입니까.

오늘날 대소신료들 가운데 그 누군들 공손하고 부지런하게 일을 수행하고 법을 두려워하며 공무를 봉행하던 선조(先朝) 때의 신하가 아니겠습니까. 그런데도 풍습이 크게 변하여 한결같이 이 지경에 이르렀으니 이것은 누가 그렇게 만든 것입니까? 조금 식견이 있거나 의리상 나라를 잊지 않는 자들은 모두 깊이 근심하고 길이 탄식하면서 답답하고 안타깝게 여깁니다. 만약 이를 그치지 않아 다시 어찌해 볼 도리가 없다면 명예와 절조를 아껴 세상과 맞지 않는 사대부들은 반드시 모두 전하의 조정에 벼슬하기를 즐거워하지 않아 기미를 살펴 떠날 것이고, 비루하고 용렬한 무리들이 장차 조정에 발을 붙이게 될 것입니다.

전하[73]께서 한가로운 여가나 을병(乙丙)[74] 사이에 한번 조용히 생각하고 깊이 성찰해 보신다면 신의 말을 기다리지 않아도 또한 반드시 깜짝 놀라고 개연히 상심하실 것입니다. 만일 이러하다면 전하[75]께서 어찌 그저 편안하려는 마음만 품고서 조종(祖宗)이 국가를 맡긴 중한 뜻을 생각하지 않을 수 있겠습니까. 오늘 전하께서 해야 할 일이 선왕의 법도를 지키고 왕업을 보전할 계책을 세워야 할 뿐만이 아니건만,

72 세월을 보내면서 : 원문은 "揭日"인데 문맥에 따라 "愒日"로 바로잡아 번역하였다.

73 전하 : 원문은 "下"인데 문맥에 따라 "殿下"로 바로잡아 번역하였다.

74 을병(乙丙) : 을야(乙夜)인 오후 10시와 병야(丙夜)인 오후 12시 사이를 이른다. 이 시간은 임금이 정무를 끝내고서 취침 전에 독서하는 시간이다.

75 전하 : 원문은 "下"인데 문맥에 따라 "殿下"로 바로잡아 번역하였다.

전하께서 자임하고 다스리는 바가 이처럼 비루하고 소략하다면 신은 어느 때나 진작하기를 바랄 수 있으며 어느 때나 사업을 이룰 수 있을지 모르겠습니다.

진실로 바라건대, 전하께서는 뜻을 분발하여 통렬히 각고로 노력하시고 지난 일을 깊이 생각하여 앞일을 더욱 힘쓰시고 본원(本源)을 배양하여 치도(治道)를 확장하시어, 성학(聖學)을 날로 새롭게 하고 성덕(聖德)을 날로 무성하게 하여 강건한 결단으로 날마다 지시하고 강직한 논의를 날마다 들으시어 조정의 기강을 진작시켜 시들고 나태한 풍습을 씻어버리고 국세의 회복을 도모하여 쇠망하고 위태로운 화란을 구제하심으로써 백성의 마음을 수습하고 하늘의 명을 이어서 우리의 억만 년 무궁한 왕업을 추락시키지 않으신다면 매우 다행이겠습니다.

또 신이 삼가 근래의 일에 개탄스러운 점이 있어 대략 아뢰고자 합니다. 아! 나라의 운수가 불행하여 4년 동안 가뭄과 홍수의 재해를 입어 여러 도에 참혹한 기근이 들었습니다. 공사(公私) 간에 비축된 곡식이 탕갈되어 남은 것이 없어 앞으로 진휼의 어려움이 올 봄보다 배나 심하니, 전하께서 날마다 여러 신하들을 접견하여 좋은 방책을 두루 묻더라도 오히려 구제하기 어려울까 걱정입니다. 그런데 도리어 직접 재량하지 않고 부지런히 물어 논의하지 않아 유사(有司)는 단지 문권(文卷)에만 의지하고 처분은 단지 상투적일 뿐, 아직까지 백성의 마음을 감동시키고 백성의 귀를 놀라게 할 만한 절박하고 노심초사하는 뜻이나 슬퍼하며 백성을 불쌍히 여기는 하교를 보지 못했습니다. 설령 일을 맡은 신하가 마음을 다해 규획하여 모두 실정과 사리에 맞게 하더라도 전하께서 무관심하게 있고 뜻을 두지 않아서는 안 되는데, 하물며 또 반드시 그렇지도 않으니 어떻겠습니까.

신이 지방의 형편을 들으니, 재해를 입은 정도에 비록 경중의 차이는 있지만 기근이 들기는 매한가지라고 합니다. 개괄해서 말하면, 겨울 이전엔 겨우 혹 지탱하더라도 설을 쇤 뒤에는 필시 모두 뿔뿔이 흩어져 도망할 형편이고, 재해를 가장 심하게 입은 곳은 이미 가을 무렵부터 이곳저곳 떠돌아다니며 전답을 지키지 못하는 백성이 왕왕 있다고 합니다. 아! 임금은 부모이고 백성은 자식인데, 어찌 부모가 매우 가까이 있으면서 자식의 거처와 생사를 모를 수 있단 말입니까.

신은 바라건대, 전하께서 여러 도의 감사에게 하유하여 민간의 실상을 살펴서 계속 보고하도록 시켜서 먼 지방 동네의 일이 모두 전하 눈앞에 환히 드러나게 하여 굶주린 기색을 눈으로 보는 것처럼 느끼고 근심하고 탄식하는 소리를 귀로 듣는 것처럼 느끼시어 하루하루 지속하고 언제나 이를 생각하여 백성을 어루만지고 구제할 대책에 모든 방도를 강구하신다면 아마 백성의 부모된 책임을 저버리지 않을 수 있을 것입니다.

또 마땅히 덕음(德音)을 크게 내려 여러 도에 누차 유시(諭示)하여 그들로 하여금 성상의 마음을 본받아 힘을 다해 두루 구휼하도록 시켜서 상하가 서로 힘써서 반드시 백성의 어려움을 구제하고 백성의 목숨을 살리려고 마음먹는다면 일이 실제 효과가 있어 백성이 의지할 바가 있을 것이고 굶어죽은 시체가 골짜기를 메울 근심을 조금이나마 구제할 길이 있을 것입니다. 이는 선왕조에서 이미 시행한 일입니다. 일찍이 선왕조 때에 유음(諭音)이 빈번하고 지성으로 슬퍼하시자, 당시 관찰사와 수령이 감동하여 스스로 힘쓰지 않음이 없었고, 가난한 백성과 어리석은 백성도 모두 눈물을 흘리며 서로 전하며 성상의 덕을 칭송하고 떠받들었으니, 은택이 사람을 감동시키는 것이 그 효과가 이러합니다.

또 봄에 환곡을 꾸어주고 가을에 거둬들이는 것은 백성을 위한 제도라 더구나 이런 흉년에 더욱 폐할 수 없지만, 재해를 당한 고을의 곤궁한 백성은 형편상 필시 납부할 수 없을 것입니다. 게다가 갚으라고 매질하면서 독촉하고 다그친다면 살 곳을 잃고 떠돌다 쓰러지지 않는 자가 드물 것입니다. 신의 생각으로는, 의당 재해를 입은 고을은 우선 독촉을 멈추게 하여 백성의 마음을 위로하고, 경기(京畿)의 바닷가 고을은 혹독하게 재해를 입은 것이 삼남(三南) 지방과 다름이 없으니 또한 일체 너그럽게 면제해야 합니다.

신이 또 들으니, 진휼청이 기근을 구제할 자금이 부족한 관계로 또 벼슬을 팔아 곡식을 모으려고 이미 재결을 얻어 시행하고 있다고 합니다. 작년의 일을 식자들이 이미 한심하게 여기고 있는데, 오늘날에 다시 잇따라 시행해서야 되겠습니까. 작상(爵賞)을 가볍게 시행해서는 안 된다고 옛사람이 말한 것이 많습니다. 어찌 덕 있는 자에게 명하는 작위를 도박하듯 여겨서 재물을 구하는 길을 열어서야 되겠습니까. 통정(通政)이나 가선(嘉善)처럼 명목만 있는 직첩이라도 이미 쇠퇴한 세상에서 어쩔 수 없이 시행한 일인데, 더구나 가설(加設)이라고 칭하여 정직(正職)을 팔도록 허락하는 것은 진위가 분별되지 않고 명호(名號)가 실로 같으니, 무슨 수로 귀한 이를 귀하게 여기고 높은 이를 높여서 백성을 다스릴 수 있겠습니까.

가령 파는 것이 적고 얻는 것이 많더라도 차마 이처럼 거지나 하는 짓을 하여 나라의 체모를 손상시킬 수 없는데, 더구나 올해 정한 곡식 수는 지난해보다 줄어들어 곡식 값은 더욱 비싸고 벼슬 값은 더욱 싸서 얻은 것이 그 잃은 것을 보충할 수 없습니다. 그 이해를 따져보면 그다지 알기 어렵지 않거니와 근본 원칙을 어지럽히고 규범을 무너뜨린 것이라면 작은 일이 아니니, 옛사람이 말한 "푸른색과 붉은색 관복 입은 사람이 서리와 뒤섞이고, 금장(金章)과 자수(紫綬)가 하인들에게 널리 시행된다."라는 것으로 거울삼을 수 있습니다.

비단 이것만이 아닙니다. 이런 무리들이 한번 작명(爵名)을 얻으면 더욱 바라는 마음이 생길 것인데, 시일이 오래 지나 부정한 길이 점차 열리면 반드시 연줄을 타고 함부로 벼슬하여 조정 반열을 더럽히는 자가 있을 것이니, 미연에 방지하는 뜻으로 볼 때 더욱 미리 생각해야 합니다.

국가가 비록 기근을 구제하는데 급급하여 비록 다른 것을 따질 수 없지만, 공자(孔子)는 오히려 "식량은 없앨지라도 신의는 없앨 수 없다."고 하였는데,[76] 작명의 중함이 신의에 비하여 도리어 가볍겠습니까. 신의 생각으로는, 의당 속히 진휼청에 명하여 벼슬을 파는 일을 중지하게 하여 나라의 체모를 무겁게 해야 하니, 그렇게 하신다면 매우 다행이겠습니다. 신은 지극히 절박하고[77] 두려운 마음을 금할 수 없습니다.

76 공자(孔子)는……하였는데 : 자공(子貢)이 정치에 대해 묻자, 공자가 "양식을 충분하게 하고 군대를 충분히 기르면 백성이 신뢰할 것이다.〔足食, 足兵, 民信之矣.〕"라고 대답하였다. 자공이 부득이해서 버려야 한다면 무엇을 먼저 버려야 하는지 묻자, 먼저 군대를 버리고, 다음으로 양식을 버려야 한다고 하면서 "예로부터 사람은 누구나 죽기 마련이지만, 백성은 신의가 없으면 존립할 수 없다.〔自古皆有死, 民無信不立.〕"라고 하였다.《論語 顔淵》

77 절박하고 : 원문은 "厲"인데 일반적인 용례에 근거하여 "切"로 바로잡아 번역하였다.

옥당에서 올린 차자 신축년(1661, 현종2) 12월

玉堂箚 辛丑十二月

삼가 아룁니다. 신들이 삼가 보건대, 조정 관료들 사이에선 예양(禮讓)의 풍도가 크게 허물어지고 대각(臺閣)에서는 체례(體例)가 점점 무너져 기상이 날로 구차해지고 풍속이 날로 투박해지니, 이는 식자들이 일찍이 한심하게 여기던 바입니다. 지난번에 사헌부의 많은 관원들이 이조에 대하여 추고(推考)를 청했다가 그들이 인피하자 도리어 구제하였으니, 마치 딴 사람이 말한 것처럼 앞뒤가 서로 어긋납니다.

논핵하는 계사에 말이 분명하지 않고 곧바로 지척(指斥)하지 못한 것은 장관의 책임이지만, 동참한 사람이 모르고서 따랐다면 이는 식견이 혼미한 것이고, 알고서 따랐다면 이는 논의가 통일된 것입니다. 애초에 이견이 없었다가 나중에 다른 말을 하니, 이런 거조는 실로 맑은 조정의 아름다운 일이 아닙니다.

지평 원만리(元萬里)가 지난번에 충공 감사(忠公監司) 김휘(金徽)의 장계를 이유로 인피까지 하였는데 분노한 말이 많고 드러나게 배척하였습니다. 김휘도 소장을 올려 변론하고 배척하는데 분노에 차서 상대를 모욕하고 말이 비루하고 추잡하여 구구절절 비할 데가 없었습니다. 사체(事體)를 헤아려 볼 때 서로 따질 필요가 없는 일이었는데, 원만리가 다시 기세등등하게 많은 말을 늘어놓아 부끄러움도 없이 서로 앙갚음하면서 추잡한 말이 오고갔으니 둘 다 똑같은 부류입니다.

그 잘못을 따지자면 어찌 경중이 없겠습니까마는 서로를 공경하는 사대부의 도리를 손상시킨 점은 양쪽이 실로 똑같을 뿐이니, 공의(公

議)에 있어선 아울러 탄핵해야 마땅합니다. 그런데 사헌부의 계사에서 김휘만 치우치게 책망하였으니, 조정의 시비가 이처럼 흐리멍덩해서는 안 될 듯합니다. 여론이 떠들썩한 지 오래인데도 언관의 직임을 맡은 신하들이 괴상하게 여기지 않고 해이하게 세월을 보내며 한 마디도 없으니, 서로 바로잡아주는 풍도[78]가 이로부터 씻은 듯이 사라졌습니다. 지금에 와서 인혐하는 것은 더욱 의미가 없습니다. 논해야 할 일이면 논해야지 어찌 시기의 늦고 빠름에 구애되겠으며, 논할 수 없다면 그냥 두어야지 여론과 무슨 관계가 있습니까. 시비의 기준을 스스로 정하지 못하고 남의 말에 따라 이랬다저랬다 하여 구차하기 그지없고 교묘하게 죄를 면하려는 형적입니다.

청컨대, 집의 정계주(鄭繼冑), 장령 박증휘(朴增輝)과 여증제(呂曾齊), 헌납 송시철(宋時喆), 정언 이동명(李東溟)과 이유상(李有相)을 아울러 체차하시고 지평 원만리와 충공 감사 김휘는 모두 파직하소서.

본관(本館)에서 막 이지익(李之翼)을 나추(拿推)해서는 안 된다는 뜻을 차자에 언급하여 진달하였는데, 조금 뒤에 들으니 의금부에서 이미 심문했다고 하니, 신들은 경악을 금치 못하겠습니다. 명령이 내렸을 때 혹 사리에 합당하지 못한 점이 있을 경우 대각(臺閣)과 근시(近侍)의 신하들이 서둘러 바로잡는 것은 우리 임금으로 하여금 타당치 못한 일이 털끝만큼도 없게 하고자 해서일 뿐입니다. 본관에서 차자로 진달하는 것이 비록 대관(臺官)의 논집(論執)과는 차이가 있지만, 비

78 서로 바로잡아주는 풍도 : 조정의 관리들이 서로 가르쳐 잘못을 바로잡는 것이다. 《서경》 〈윤정(胤征)〉에 "관사는 서로 바로잡아주고 백공들은 맡은 일을 가지고 간하라.〔官師相規, 工執藝事以諫.〕"라고 하였다.

지(批旨)가 내려오기 전에는 유사(有司)가 거행해서는 안 됩니다. 그런데 조금도 의심하거나 어렵게 여기지 않고 관습대로 공초(供招)를 받았습니다. 이런 길이 한번 열리면 이후의 폐단을 막기 어려우니, 청컨대 의금부 당해 당상을 체차하소서.

또 신들이 삼가 마음속에 개탄하는 바가 있으니 이에 대해 아뢰겠습니다. 지난번 차자를 올린 이후로 오늘까지 8일 동안 공손하게 처분을 기다렸으나 오랫동안 비답이 없으니, 신들은 의혹되고 답답하여 그 까닭을 모르겠습니다.

삼가 생각건대, 근래 옥체가 미령하신 가운데 또 자전(慈殿)의 체후가 좋지 못하여 근심하고 약시중 드느라 혹 여기에 미칠 겨를이 없으셨으리라 생각합니다. 그러나 정무의 재결(裁決)을 전폐하는데 이르지는 않았으니, 유독 일을 논한 근신(近臣)의 차자에 대해서는 어찌하여 지시하는 한 말씀을 내려주지 않으십니까. 비록 차자의 말이 거칠고 졸렬하여 채용하기에 부족하지만, 근래의 절실하고 급한 폐단에 대하여 한두 가지 진달하였습니다. 말씀드린 내용이 대부분 궁액(宮掖)에 관련된 일이라 성상께서 싫증나고 괴로워 듣고 싶지 않은 것이 아니겠습니까. 아니면 혹 신들의 의견을 따라주거나 거부할 때 불편한 바가 있어 선불리 가부를 보이지 싶지 않은 것입니까? 과연 그렇다면 신들이 밝으신 성상께 기대하는 바가 매우 아닙니다. 신들은 감히 소인의 심보로 맑고 밝은 전하의 마음이 이처럼 사사로움에 치우친 잘못이 있다고 함부로 의심할 수 없습니다.

신들이 일찍이 들으니, 조종조(祖宗朝)에선 유신(儒臣)과 간신(諫臣)의 계사와 차자에 대하여 그날로 비답이 내려오고 하루를 경과한 적이 없었다고 합니다. 이것이 수백 년간 유래되어 이미 전례(典例)가 되었으니, 임금과 신하 사이에 서로 진실하게 신뢰했던 것을 여기에서 알 수 있습니다. 어찌 오늘날 마땅히 준수하여 어기지 말아야 할 일이 아니겠습니까.

신들이 외람되게도 용렬하고 비루한 몸으로 경연에 입시하여 비록 날마다 좋은 계책을 올려 성상의 덕을 보좌할 수는 없지만, 임금을 사랑하는 구구한 마음으로 오직 일에 따라 경계를 올려 임금의 부족한 점을 보충하고 빠뜨린 것을 수습하던 옛사람의 의리를 저버리지 않기를 생각하였으며, 또한 성상께서 천근한 말을 깊이 살펴서[79] 총명을 더욱 넓혀 여러 정사에 결함이 없고 여론이 막히지 않기를 바랐습니다. 지금 전하께서는 마음에서 우러나온 신들의 말에 대해서도 오히려 성심(誠心)을 열고 받아들이지 못하니, 초야에 있는 소원한 사람이 비록 진달하는 바가 있더라도 장차 어찌 너그럽게 용납하기를 바라겠습니까.

지난 역사를 차례로 살펴보건대, 상주하는 글에 답하지 않은 것이 대부분 쇠퇴한 말세에 있었고 성대한 세상에서는 그런 말을 듣지 못했으니, 신들은 성상께서 쇠퇴한 이 말세의 자취를 따르기를 더욱 바라지 않습니다. 전하께서 즉위하신 이래로 시행하신 정령(政令)이 크게 잘못되거나 부족한 것은 없지만 깊은 궁궐에서 편안하게 지내시느라 뜻과 기운이 나태하고 게을러 사무 처리가 일체 지체되고 소장에 대한 비답이 여러 날 지체되어, 사람들로 하여금 마음을 분발하여 일에 나아가지 않고 느슨하고 풀어져서 더 이상 나아가 힘쓰지 않게 하여 점차

79 천근한……살펴서 : 《중용장구》 제6장에 "순임금이 묻기를 좋아하고 천근한 말을 살피기를 좋아하였다.〔舜好問而好察邇言〕"라고 하였다.

기강이 무너지고 풍속이 쇠약해지고 말았습니다. 전하께서 만약 분발하여 큰일을 할 뜻을 두셨다면 어찌 이 지경에 이르렀겠습니까. 이것이 아랫사람들이 깊이 근심하고 몰래 탄식하면서도 날로 잘못되어가는 국사(國事)를 구하지 않는 이유입니다. 더구나 지금은 기근과 전염병으로 백성들이 다 죽게 되어 원망하는 소리가 멀리서부터 가까이 이르고 있습니다. 군신상하는 의당 노심초사하여 구제할 계책을 도모해야 하는데, 마침내 태평하고 풍요로운 시절처럼 편안하게 지내면서 전혀 놀라지 않으니, 만약 이것을 그치지 않는다면 신들은 천명(天命)을 믿을 수 없고 민심(民心)을 지킬 수 없어 끝내 국가가 어느 지경에 이르게 될지 두렵습니다. 신들이 삼가 애석하게 여깁니다.

삼가 바라건대, 전하께서는 신들의 말을 참람하다고 여겨 배척하지 마시고 깊이 유념하여 국가의 대업에 소홀함이 없게 하신다면 매우 다행이겠습니다.

차자에 대한 비답으로 인해 편안하지 못하여 인책하고 이어 또 경계를 아뢰는 옥당의 차자
玉堂因箚批未安引罪仍又陳戒箚

삼가 아룁니다. 신들이 어제 차자를 갖추어 근래 여러 신하들의 잘못을 논척하고 겸하여 경계의 말씀을 아뢰어 임금의 부족한 점을 보충하고 빠뜨린 것을 수습하는 의리를 본받았는데, 어리석은 충심이 복받쳐 말을 절제할 줄 몰랐기에 스스로 참람함을 알아 공손히 견책을 기다렸습니다. 그런데 뜻밖에도 성상께서 너그러이 용서하고 받아들이시어 신들의 청을 흔쾌히 따라주시고, 또 이끌어 깨우치시고 수고로이 가르치시어 상하 간에 막혔던 정을 환하게 열어주셨습니다. 열 줄의 윤음(綸音)[80]은 노여움이 아니라 가르침이었으니, 마치 두꺼운 구름이 비로소 풀려 다시 하늘의 해를 보는 듯하였습니다. 신들이 공경히 받들고 소리 높여 읽노라니 황송하고 감격스럽고 기뻐 마음이 풀렸습니다. 비록 엄한 질책을 받았지만 은혜로운 말씀 아님이 없었으니, 마치 자식이 엄부(嚴父)에게 견책을 받은 것과 같은지라, 자신의 직분을 닦지 못한 것을 자책하고 끝없는 자애로움에 더욱 감격하였습니다.

다만 신들의 말이 졸렬하고 서투른 탓에 완곡하게 표현하지 못하여

80 열 줄의 윤음(綸音) : 임금의 전교를 말한다. 열 줄〔十行〕은 후한 광무제(後漢光武帝)가 지방관에게 친필로 쓴 조서를 내릴 때마다 하나의 목간(木簡)에 열 줄씩 쓴 데서 유래하였다.

성상의 마음을 이끌어 물 흐르듯이 간언을 수용하는 아름다움을 드러내지 못하고, 도리어 성상의 마음을 격노시켜 사지(辭旨)에 드러낸 뜻이 모두 화평한데서 나오지 못하게 하였습니다. 심지어 "어둡고 용렬하다"[81]는 등의 말씀은 더욱 신하된 자가 감히 들을 말이 아니니, 신들의 죄가 이에 이르러 더욱 피할 곳이 없습니다.

그러나 삼가 생각건대, 신들이 차자에서 아뢴 것은 실로 충성스런 마음에서 나온 것이니, 어찌 감히 기세등등하게 큰소리치면서 지나치게 과격하고 화평하지 못하여 임금으로 하여금 실정이 아닌 말을 듣게 하고서 강직함에 가깝다는 이름을 스스로 취하겠습니까.[82] 신하가 임금을 섬기는 의리는 임금의 말에 맞장구치고 임금의 뜻을 따르는데 있지 않습니다. 임금에게 바라는 것이 감히 크지 않을 수 없고 임금에게 면려하고 경계하는 것이 감히 극진하지 않을 수 없으니, 이것이 선한 일을 아뢰고 어려운 일을 권하는 공경이 신하된 도리의 큰 절조가 되는 이유입니다.

신들이 성상께서 궁액(宮掖)의 일에 과연 치우치고 얽매이는 사심(私心)이 있어 신들의 말을 듣기 싫어하여 가부를 보이고 싶어 하지

81 어둡고 용렬하다 : 《승정원일기》 현종 2년 12월 6일 비답에 "내가 비록 어둡고 용렬하여 도무지 식견이라고는 없지만 어찌 그대들이 이것으로 나를 의심할 줄 생각이나 했겠는가."라는 내용이 있다.

82 어찌……취하겠습니까 : 《승정원일기》 현종 2년 12월 6일 비답에 "어찌 그대들의 생각이 나의 마음에 미치지 않고 궁액(宮掖)의 일을 크게 의심하여 이렇게 까지 기세등등하게 큰소리치면서 전혀 화평한 기상이 없을 줄 생각이나 했겠는가 …… 또 실정이 아닌 말을 받고서 부끄럽고 두려워 용납될 곳이 없을 듯하니 다시 무슨 말을 하겠는가."라는 내용이 있다.

않는다고 곧장 말한 것이 아니라, 다만 깊은 근심과 지나친 우려가 이르지 않는 바가 없기에 혹 그럴지 모른다는 염려로 감히 성상께 경계를 올린 것입니다. 그 충심을 따져보건대 결단코 다른 뜻은 없습니다. 만약 성상께서 조용히 살피고 너그러이 용서하신다면 어찌 상하 간의 정의(情意)가 미덥지 못하다는 탄식이 있겠습니까.

우(禹)가 순(舜)임금을 경계하기를, "단주((丹朱)처럼 오만하지 마소서. 그는 오로지 태만하게 놀기를 좋아하고 오만하고 포악한 짓을 저질렀습니다."[83]라고 하였습니다. 순과 같은 분이 임금이고 우와 같은 분이 신하인데도 오히려 태만하게 노는 것과 오만하고 포악한 행동을 경계하면서 우는 꺼리지 않고 말하고 순은 그르다고 여기지 않았으니, 군신(君臣)간에 어찌 이와같은 것을 돌아보지 않겠습니까.

또 신들이 삼가 비답의 말씀을 읽으니, "며칠을 조금 기다려서 한번 면대하여 상하 간에 서로 막힌 의심을 풀려고 하였다."라고 하시고, 이어 "일마다 이러하니 생각하던 바가 겉치레가 되어버렸다."라고 말씀하셨습니다.[84] 신들이 어리석은 탓에 생각이 여기에 미치지 못하여 외람되게도 스스로를 소외시키고 말이 대부분 참람하여 점점 사이를 막아 성상의 좋은 생각을 겉치레로 만들고 말았으니, 신들은 이에 부끄럽고 두려워 더욱 어찌할 바를 모르겠습니다. 설사 신들이 전하의 뜻을

83 단주((丹朱)처럼……저질렀습니다 : 《서경》 〈익직(益稷)〉에 나오는 내용이다. 단주는 요(堯)임금의 아들로, 제위(帝位)를 물려받지 못했다.

84 또……말씀하셨습니다 : 《승정원일기》 현종 2년 12월 6일 비답에 "며칠을 기다려 조금 말을 할 수 있게 되면 한번 면대하여 상하 간에 서로 막힌 의심을 풀려고 하였다 ……참으로 질병 때문에 일마다 이러하니 생각하던 바가 겉치레가 되어버렸다."라는 내용이 있다.

알지 못하고 함부로 말한 것이 있어도 이는 단지 전하를 사랑하는 충심일 뿐이니, 만약 다시 신들의 잘못으로 인하여 신하들을 불러 만나는 일을 그만두신다면 목이 메인다고 음식을 먹지 않는 것에 가깝지 않겠습니까. 부디 오늘부터 마음을 돌리시고 이로 인해 확충하여 신하들을 불러 치도(治道)를 물으신다면 덕업(德業)의 성취를 어찌 헤아릴 수 있겠습니까.

또 신들이 금림(禁林)[85]의 자리를 채우고 있어 성상을 가까이 모시고 있으니, 어찌 옥체가 근래에 더욱 더 미령하여 상주하는 문서를 처리하는데 어려움이 있는 것을 모르겠습니까. 그러나 생각건대 제왕의 병 치료는 일반 백성과 다릅니다. 만약 단지 궁궐 깊숙이 계시면서 조용히 조섭하기만 하고 기무(機務)를 가까이 하기 싫어한다면 원수(元首)가 번잡하여 만사가 모두 무너질 것이니,[86] 그 관계된 바가 실로 작은 일이 아닙니다. 선정신(先正臣) 이이(李珥)가 일찍이 선묘(宣廟)에게 진언하기를,

> "임금이 만약 질병을 핑계하여 공론(公論)을 막고 인심(人心)을 어겨 나라의 안위를 돌보지 않는다면 임금에게 병환이 있을 때가 바로 국가가 위태롭고 망할 때인 것입니다. 예로부터 간언을 막은 임금이 한둘이 아니었지만 병으로 핑계 대었다는 임금은 듣지 못했습니다."

라고 하였습니다. 아! 이이의 이 말이 어찌 임금을 사랑하는 마음이

85 금림(禁林) : 한림원(翰林院)의 별칭으로, 여기서는 홍문관을 가리킨다. 민유중은 1661년 8월에 홍문관 교리에 제수되었다.

86 원수가……것이니 : 《서경》 〈익직(益稷)〉에 "임금이 체통 없이 번잡하면 신하들이 게을러져서 모든 일에 무너질 것이다.〔元首叢脞哉, 股肱惰哉, 萬事墮哉.〕"라고 하였다.

적어서 그런 것이겠습니까. 그 생각이 심원하고 그 말이 간절하니 고식적으로 임금을 대하고자 하지 않은 것입니다. 전하께서 참으로 이이의 말을 취하여 오늘날의 약석(藥石)으로 삼으신다면 신들의 천박한 말 따위는 마침내 성상의 뜻을 두기에 부족할 것입니다.

또 성상의 하교에서 이른바 "옥당의 차자는 대간(臺諫)의 계사와 차이가 있으니, 어찌 그 정계(停啓)를 기다림이 있겠는가."라는 말씀은 신들도 그렇게 생각합니다. 그러나 신들이 의금부에 대해 논한 것은 단지 차자에 대한 비답을 기다리지 않고 지레 먼저 심문한 잘못에 있습니다. 일을 논하는 신하는 실로 일을 말하는 책임이 있으니, 국가에서 이들을 대우함이 또한 대각과 같습니다. 본관(本館)에서 쟁집(爭執)하는 일이 있는데 비답이 내리지 않았다면 성상께서 본관의 의견을 따르실지 거부하실지 감히 예측할 수 없는 만큼 유사(有司)가 거행할 수 없는 것이 사체상 마땅합니다. 한때의 잘못을 깊이 질책해서는 안 되겠지만 이후의 폐단에 대해서는 염려하지 않을 수 없습니다. 이는 비단 신들의 의견만 이와같은 게 아니라, 삼가 들으니 외부의 논의도 모두 잘못이라고 여긴다고 하니, 또한 성상께서 오히려 뒷날의 폐단을 막는 방도를 상세히 살피지 못하신 듯합니다.

오늘날 신들이 자처할 길은 단지 허물을 반성하고 견책을 기다려야 할 뿐이니 감히 다시 아뢰어서는 안 됩니다. 그러나 절박한 심정을 억누를 수 없어 감히 다시 존엄하신 성상께 모두 드러내니, 신들의 죄는 처벌해야 하지만 신들의 정성은 용서할 만합니다. 혹 특별히 밝게 살피시어 채택하는 은혜를 내리신다면 신들이 비록 형벌을 받을지라도 더불어 영광스러울 것입니다. 신들이 이미 지엄한 비답을 받고서 두려움에 떨고 있으니 감히 무릎쓰고 근신의 반열에 앉아서 죄를 무겁게 할 수 없습니다.

삼가 바라건대, 밝으신 성상께서는 속히 신들의 직임을 삭탈하시고 이어 신들의 죄를 다스리신다면 매우 다행이겠습니다.

대간의 처치에 동료의 의견이 일치하지 않음으로 인하여 동료들과 함께 연명하여 올린 사직소

因臺諫處置僚議不一與同僚聯名辭職疏

삼가 아룁니다. 신들이 얼마 전에 명을 받들어 대궐에 나아가 동료들과 함께 양사(兩司)의 처치를 상의하였는데, 부교리 오시수(吳始壽)와 부수찬 홍주삼(洪柱三) 등은 이민구(李敏求)[87]를 서용하라는 명을 환수하도록 논하는 것을 과중하다고 여기고 정창도(丁昌燾)의 말[88]을 옳다고 여겨 이로써 그 시비를 단정하고자 하여 신들의 의견과 크게 달랐습니다. 반복하여 상의해도 끝내 합치되지 않고 동료들 사이에 의견이 반으로 나뉘었으니, 사체로 헤아려보건대 처치하기 어려운 점이 있었습니다. 이에 성상을 번거롭게 하고 말았으니 그 죄를 피할 길이 없습니다.

신들이 이어 삼가 생각건대, 오늘날 이민구를 구원하는 자들 또한 어찌 이민구의 죄가 위로 종묘사직과 관계되어 귀신과 사람이 함께 분개하고 미워하는 것임을 모르겠습니까. 다만 난리가 끝난 지 오래되

87 이민구(李敏求) : 1589~1670. 본관은 전주(全州), 자는 자시(子時), 호는 동주(東州)·관해(觀海)이다. 병자호란 때에 강도 검찰부사(江都檢察副使)로 부임하였다가 성이 함락되자, 그 책임으로 정배되었다가 풀려나고, 현종2년(1661) 11월에 서용하라는 명이 내렸다.

88 정창도(丁昌燾)의 말 : 정창도는 이민구가 폐고(廢固)된 지 30년이 지났다고 하면서 서용의 환수를 청하는 논의를 중지하자고 주장하였다. 《顯宗改修實錄 2年 12月 13日》

어 사람들이 안일함에 빠지고 국법이 한번 흔들려 기율(紀律)이 점차 느슨해진 데다 편벽되고 사사로이 보호하려는 계책이 또 따라서 그 사이에서 분주하게 힘을 썼기 때문에 마침내 영원히 죄적(罪籍)을 씻어 다시 벼슬아치 반열에 끼우는데도 당연하게 여기고 괴이하게 여기지 않는 것입니다. 아! 이것은 무엇 때문입니까?

강화도의 변고는 지금 생각하여도 차마 말할 수 없는 점이 있으니, 온 나라 사람들이 누구나 주먹을 불끈 쥐고 이를 갈면서 일을 맡았던 사람에게 감정을 풀기를 생각하였습니다. 이민구가 홀로 형벌을 면한 것이 비록 한때의 너그러운 법에서 나온 것이지만, 심대부(沈大孚)가 논한 "이민구가 살아있는 것은 김경징(金慶徵)의 원통함이다."라는 등의 말[89]은 사의(辭意)가 엄하고 의리가 정당하여 지금까지 전송되니, 당시의 공의(公議)를 또한 알 수 있습니다. 죽음을 면한 것도 오히려 형정(刑政)을 그르친 것이니 그렇다면 서용의 명을 환수하라는 논의를 과중하다고 할 수 있겠습니까. 이민구의 죄가 전후로 경중의 차이가 없건만 시대가 바뀌고 일이 지나감에 따라 점차 용서하여 죄 없는 보통 사람처럼 되었으니, 신들은 나라의 기강이 이로 말미암아 더욱 무너져 임금을 잊고 나라를 저버린 무리들이 끝내 징계하고 두려워하는 바가 없게 될까 두렵습니다.

죄의 경중에 관계없이 모두 용서받음은 경사로운 일에 은혜를 베푸

89 심대부(沈大孚)가……말 : 《인조실록(仁祖實錄)》 16년 3월 22일에 이와 관련한 심대부의 상소가 실려있다. 김경징(金慶徵, 1589~1637)은 병자호란 때에 강도 검찰사(江都檢察使)에 임명되어 이민구와 함께 부임하였다가 성이 함락되자, 그 책임으로 탄핵받아 사사(賜死)되었다.

는 국가의 전례이고 시비를 논열하여 정당하게 귀결시키기를 힘쓰는 것은 법을 지키는 대각(臺閣)의 체모이니, 단지 논하는 바가 어떠하냐에 있을 뿐, 어찌 일찍이 사면에 관련됨이 있겠습니까. 선대 조정에서 서용하라고 명했다가 곧바로 중지했던 것이[90] 어찌 공론을 억지로 거스를 수 없고 대죄를 가볍게 용서할 수 없기 때문이 아니겠습니까.

일반적으로 말하면 서용하는 한 가지 일이 작은 일 같지만 그 대체를 말하면 관계된 바가 매우 중합니다. 오늘날 대신(臺臣)의 쟁집이 실로 나라 사람들의 말에서 나왔는데도 아직까지 윤허하지 않으시어 여론이 오래도록 답답하게 여기고 있습니다. 논사(論思)의 직임을 맡아 아침 저녁으로 헌가체부(獻可替否)[91]하는 자는 참으로 진달하고 개도하여 성상의 마음을 돌려야 마땅한데, 도리어 한편의 구차한 논의를 따라서 시비를 이렇게까지 흐리멍덩하게 만들 줄 어찌 생각이나 했겠습니까. 신들이 이미 남들 입을 따라 구차하게 그들과 함께하지도 못하고, 또 자신의 견해를 세워 힘껏 공의(公議)를 부지하지도 못하여 양사의 많은 관원의 처치를 점점 지연시켰으니, 그 잘못을 논하면 단지 용렬하여 직임을 제대로 수행하지 못한 정도에서 그치지 않습니다.

삼가 바라건대, 밝으신 성상께서는 굽어살펴 속히 신들의 직임을 체차하신다면 매우 다행이겠습니다.

90 선대……것이 : 효종 1년에 이민구를 서용하라는 명이 있었으나 신하들의 반대로 명을 거두었고, 효종 8년에도 같은 일이 있었다.

91 헌가체부(獻可替否) : 가(可)한 것은 아뢰고 불가(不可)한 것은 버린다는 뜻으로, 행해야 할 일은 과감히 진언하고 행해서 안 될 일은 그만두도록 간쟁하는 것을 말한다.

변방의 일로 소회를 아뢰는 소

以邊事陳所懷疏

삼가 아뢰옵니다. 이시술(李時術)이 죄 없이 죽음을 당하는 것은[92] 오늘날 군신(君臣)이 모두 불쌍히 여기고 원통하게 여겨 어떻게라도 살리고자 생각하는 바입니다. 다만 저 짐승처럼 모진 마음을 지닌 자들은 완고하기만 하고 순하지 않아 이치로 깨우칠 수 없고 말로 쟁변할 수 없습니다. 성상의 지극히 정성스럽고 인자한 마음이 사람을 감동시키기 충분하였지만 조사하고 심문할 때에 이미 구제할 수 없었고, 여러 신하들이 주고받은 논설이 혹 받아줄 법 하였으나 또 문자로 주선하지 못했습니다. 한 가지 해명하면 곧바로 역경을 만나 이런저런 문제가 잇달아 생겨 갖가지로 공갈하니 이치에 꿀리고 형세에 눌려 마음대로 할 수 없는 형편입니다. 일이 이미 이 지경에 이르러 더 이상 어찌할 수 없는 형편이지만, 인(仁)으로 덮어주어 아랫사람을 불쌍히 여기는 전하의 마음으로 이 무고한 사람을 불쌍히 여겨 그를 위해 주선하고자 모든 방법을 동원하실 것입니다. 만약 교외에 친림하여 전송할 때에 이 일을 언급하여 '율명(律名)이 지극히 중하여 비록 의논하기 어렵지만 그 본래의 실정을 따져보면 실로 용서할 만한 점

92 이시술(李時術)이……것은 : 원문은 "李時述"인데 《현종실록(孝宗實錄)》에 근거하여 "李時術"로 바로잡아 번역하였다. 1662년(현종3) 5월 의주부의 백성들이 국경을 넘어 나무를 벤 사건에 대한 책임을 물어 청나라 사신들이 의주 부윤 이시술이 벌목을 허락했다고 교수형의 죄로 단정하였다.《顯宗實錄 3年 5月 15日, 16日, 17日, 19日, 20日, 22日, 23日, 25日》

이 있으니, 오직 조사한 사신이 세밀히 살펴 용서하는데 달려 있다.' 라고 말씀하신다면, 저들이 이미 감안(勘案)을 거친 터라 다시 죄율을 낮출 리는 없겠지만 조사할 때에 이미 성상께서 불쌍하게 여기는 뜻을 내보였고 귀국길을 전송할 때에 거듭 간곡하게 부탁한 만큼 자기 나라에 돌아가 보고할 때 반드시 이곳의 실상을 권력자에게 전할 것이니, 은연중에 도움이 되는 바가 실로 문자로 전하는 것보다 만 배나 클 것입니다.

신이 또 생각건대, 국경에 대한 일은 비록 작은 다툼이라도 환란이 쉽게 일어납니다. 더구나 파수 지역 밖이 우리 국경 안이고 의주(義州) 백성이 전적으로 섬에서 초목을 채취하고 있으니, 비록 다시 금령을 날로 엄하게 시행하더라도 그 왕래를 근절할 방도가 없습니다. 반드시 이번 기회에 강 중류로 파수를 옮겨 설치해야만 피차의 경계가 분명해져서 간사한 백성이 넘나들지 못할 것이니, 설혹 훗날 뜻밖의 일이 생기더라도 우리가 저들에게 떳떳하게 내세울 말이 있을 것입니다. 지난번에 등대(登對)하여 성상의 말씀을 들음에 이에 대한 언급이 있었으니 이는 참으로 심원한 생각합니다.

신의 생각으로는, 의당 별도로 하나의 문건을 만들어 사신이 가는 길에 부쳐서 곡절을 상세히 진술하고 이어 파수를 바꾸어 설치할 것을 청한다면 이 목전에 닥친 우환을 없앨 뿐만 아니라 또한 뒷날을 염려하는 방도에도 알맞으리라 생각됩니다.

경작한 부분에 대해서는 옛 사실을 상고하건대 그 유래가 이미 오래되어 오늘 시작된 일이 아니니 또 굳이 숨길 필요가 없습니다. 숨기더라도 저들 또한 귀가 있는 터라 필시 알지 못할 리 없으니, 이 일까지 아울러 솔직하게 실상을 진술하는 것이 해로울 것이 없을 듯합니다.

삼가 바라건대, 성상께서 심사숙고하시어 신의 말을 옳게 여기신다면 진청(陳請)하는 뜻을 미리 청나라 사신에게 언급하는 것이 또한 사의(事宜)에 합당할 것입니다. 신이 근신의 반열에 있는지라 품은 생각이 있으면 반드시 성상께 아뢰어야 하기에 감히 짧은 소를 지어 면대(面對)를 대신합니다. 신은 지극히 두려운 심정을 가누지 못하겠습니다.

응교를 사직하는 소
辭應敎疏

삼가 아룁니다. 신이 거듭 죄를 짓고서 요행히 형벌은 면했으나 실정을 드러내지 못하고 죄명을 씻기 어려워 하늘을 우러르고 땅을 굽어봄에 너무도 불안하고 송구하여 부끄럽고 두려운 마음으로 용납될 곳이 없었으니, 오직 자취를 감추고 분수를 지켜 옛 잘못을 갚으려는 생각으로 간혹 은혜로이 제수되어도 감히 직임에 나아가지 않았습니다. 뜻하지 않게 성상의 선발[93]로 염찰(廉察)하라는 명이 내려옴에 진실로 비천한 자가 함부로 감당할 직임이 아니었지만 엄밀한 일이라 번거롭게 사양할 수 없어 억지로 나아가 공경히 명을 받들어 보통 사람처럼 행세했으나 마음속으로 스스로 살펴봄에 부끄러움이 이미 많았습니다. 그런데 이번에 또 성상의 자애를 지나치게 입어 예전처럼 수록되어 참람한 죄를 용서받고 논사(論思)의 직임에 제수되었으니, 신이 대체 어떤 사람이기에 이런 특별한 은수(恩數)를 얻는단 말입니까. 명을 듣고는 놀라고 두려워 마치 깊은 골짜기에 떨어진 듯하였습니다.

삼가 생각건대, 신이 외람되게도 용렬한 몸으로 일찍부터 큰 은혜를 입어 성상을 가까이 모시면서 오랜 세월을 보냈습니다. 지극히 두터운 은혜를 받고서 보답할 방도가 없어 항상 감격스러운 마음으로 분골쇄신하기를 사양하지 않은데다 고집스럽고 어리석은 성품을 고치지 못하

93 성상의 선발 : 원문은 "眷簡"인데 문맥에 따라 "睿簡"으로 바로잡아 번역하였다.

여 간언할 일이 있으면 앞뒤 따지지 않고 아뢰는 바람에 위로는 군부(君父)에게 죄를 얻고 아래로는 동료들의 비난을 불러 스스로 낭패를 취했으니 오히려 또한 누구를 탓하겠습니까.

지난번에 서필원(徐必遠)의 상소에 나온 사리에 어긋난 말[94]은 실로 세교(世教)에 관계되지만 조정의 시시비비가 일찍 정해지지 못한 탓에 그 여파와 여세가 일마다 소란을 보태어 대각이 텅 비고 기상이 무너졌습니다. 신이 이러한 때에 마침 언관의 직임을 맡아 근심스럽고 개탄스러운 심정을 억누르지 못하고 직책에 따라 함부로 잘잘못을 드러내는 바람에 더욱 성상의 노여움을 일으켜 스스로 큰 죄에 빠졌습니다.[95] 지엄하신 성상의 말씀은 신하가 차마 들을 바가 아니었으니, 지금 생각해도 마음이 떨리고 뼈가 시립니다. 신이 자처할 도리는 응당 허물을 반성하고 성상의 위엄을 두려워하면서 견책을 기다리는 일 뿐입니다. 어찌 털끝만큼이라도 영화를 탐하고 명예에 연연하여 얼굴을 들고서 함부로 나아갈 뜻이 있겠습니까. 그런데 뜻하지 않게 크나큰 천지가 한 물건도 버리지 않고 성인의 도량이 지나간 일을 탓하지 않아 지난 죄를 씻어 없애주어 다시 옛 직임에 두셨습니다.[96] 성은을 받음에 감격

94 서필원(徐必遠)의……말 : 1663년(현종4) 11월에 수찬 김만균(金萬均)이 자신의 조모가 병자호란에 죽었으므로 의리상 청나라 사신을 영접할 수 없다고 사직상소를 올리자, 당시 승지로 있던 서필원이 부모의 원수와는 다르다고 하면서 사직소를 물리쳤다. 그후 송시열이 상소하여 복수의 의리는 5세에 이른다는 주자(朱子)의 말을 인용하여 김만균을 구원하자, 당시 함경도 관찰사로 있던 서필원이 상소하여 송시열과 대립하였다.

95 신이……빠졌습니다 : 민유중은 당시 사헌부 집의로서 서필원을 극력 논죄하다가 엄한 하교를 받고 체직되었다.《顯宗實錄 5年 5月 12日》

이 실로 깊으니 명에 달려가 힘을 펴는 것이 분수에 있어 마땅한 일입니다. 그러나 신은 지은 죄가 이미 커서 허물을 감추기 어려우니 비록 서관(庶官)에 종사시키더라도 나라의 체모를 손상시킬까 두려운데, 하물며 임금을 가까이 모시며 경연에 출입하는 이런 직임에 나아간다면 부끄러움을 잃고 관직을 더럽힐 것이요, 국가에서 징계하는 도가 또 따라서 어긋날 것입니다. 공적으로나 사적으로 둘 다 손상되고 제수하거나 제수 받음이 모두 잘못되어 맑은 조정에 누를 끼치는 것은 작은 일이 아닙니다.

또한 신의 개인적인 의리상 편안할 수 없는 것이 여기에 그치지 않습니다. 당시 서필원의 상소에서 신에 대하여 "뜻이 같았다가 갑자기 달라졌다.", "칼을 들고서 방에 들어왔다."라고 말하였으며, 심지어 "어찌 스스로 부끄럽지 않겠는가." 라는 등의 말로 드러나게 신을 지척하였으니[97] 신은 실로 놀랍고 의아하여 그 이유를 알 수 없었습니다.

신은 서필원과 평소에 교분이 깊었고 항상 논의할 적에 의견이 달랐던 적이 드물었는데 이 일에 대해서만은 신의 생각이 그와 달랐습니다. 처음 쟁변할 때부터 이미 모순이 많았지만 면전에서 논란할 때에 그가 먼저 당초 계청한 것이 잘못이었다고 인정하였기에 신도 그가 본인의 잘못을 아는 것이 기뻐 즉시 신이 그를 지나치게 엄하게 꾸짖은 것을 사과했을 뿐, 의견의 본원에 있어서는 끝내 일치하지 않았습니다. 그렇

96 다시……두셨습니다 : 원문은 "復別舊躔"인데 문맥에 따라 "復列舊躔"으로 바로잡아 번역하였다.

97 서필원의……지척하였으니 : 서필원의 이 상소는 한국문집총간 121집에 수록된 《팔곡유고(六谷遺稿)》 권3 〈사함경감사소(辭咸鏡監司疏)〉에 실려 있다.

다면 이른바 '처음에는 같았다가 나중에 달라졌다'는 것은 과연 무엇을 가리켜 그런 것입니까? 서필원이 필시 허언을 만들어 남을 공격하지는 않았을 것이니, 말을 대충 들은 데다 이미 오래전에 있었던 일이라 분개한 마음에 당시의 말을 정확하게 기억하지 못해서 그런 것이 아니겠습니까. 반복하여 생각해보아도 의혹이 불어납니다. 설령 신의 의견이 애초에 서필원과 같았다가 나중에 깨달았다고 하더라도 응당 그 잘못된 점을 고치고 그 옳은 점을 따라야 할 것인데, 더구나 논한 바가 본래 같은 않았습니다.

신이 이 일에 대하여 감히 다 말할 수 없는 것은 방안에서 나눈 개인적인 대화를 성상의 귀에 모두 이르게 해서는 안 되고 또 주절주절 스스로 변명하여 사체(事體)를 손상시키고 싶지 않기 때문입니다. 그러나 조용히 본말을 생각해보면 평소 신의 몸가짐이 이미 남들에게 믿음을 받지 못한 데다 일에 따라 논열할 적에 또 개인적인 교분을 돌아보지 않은 탓에 신 자신은 욕을 먹고 대석(臺席)은 수치를 받게 된 것입니다. 신의 죄가 여기에 이르러 또 한층 배가 되었으니, 장차 무슨 면목으로 다시 조정에 서겠습니까.

또 신이 명을 받들어 어사로 나갔을 적에 이산(理山)과 태천(泰川) 고을 두 수령의 탐학이 가장 심하여 백성이 편안히 살 수 없는 것을 목도하였고, 염문(廉問)의 체제는 비록 불법을 저지른 문서를 포착하지 못해도 많은 백성이 떠들썩하게 전하여 죄상이 드러난 경우는 으레 모두 봉고(封庫)한다고 일찍이 들었기 때문에 경솔하게 행하고 다시 의심하지 않았습니다. 그런데 삼가 들으니 지난번 경연에서 다른 도의 어사 서계(書啓)로 인하여 성상께서 "문서를 포착하지 못하고 지레 먼저 봉고한 것은 잘못이다."라고 말씀하셨다고 합니다. 혼매한[98] 신 또한 이미 이를 범하였으니 듣고서는 두려워 어찌할 바를 몰랐습니다.

신이 걸맞지 않은 직임을 맡아 하는 일마다 문제가 발생하여 예전의 죄와 새로운 잘못이 층층이 더해졌으니, 신이 비록 모든 말을 다하여 낱낱이 아뢰고 싶어도 스스로 해명하기 어렵고, 전하께서 비록 누차 너그러이 용서하고 싶어도 할 수 없습니다. 맡은 직임이 청화직(淸華職)이니 더욱 죄를 지은 사람이 하루라도 함부로 맡을 바가 아닙니다. 신의 처지가 이에 이르러 더욱 위축되기에 인으로 덮어주시는 성상께 애달프게 호소하지 않을 수 없습니다.

삼가 바라건대, 밝으신 성상께서는 신의 위태롭고 간절한 심정을 굽어살펴 특별히 신을 파직하여 전례(典例)를 중하게 하고 미천한 분수를 편안하게 해주신다면 매우 다행이겠습니다. 신은 지극히 두려운 심정을 가눌 수 없습니다.

98 혼매한 : 원문은 "昏昧"인데 문맥에 따라 "昏昧"로 바로잡아 번역하였다.

전라 감사를 사직하는 소
辭全羅監司疏

삼가 아룁니다. 어제 신을 전라도관찰사 겸 병마수군절도사 순찰사(全羅道觀察使兼兵馬水軍節度使巡察使)로 삼는 교지를 받드니, 전혀 뜻밖의 은혜와 격례(格例)를 벗어난 일에 명을 듣고는 깊은 못에 떨어진 듯이 놀랍고 두려웠습니다.

신이 삼가 생각건대, 작(爵)은 세속을 권면하는 것이고 관(官)은 능력 있는 이에게 맡기는 것입니다. 공업(功業)이 없는데 함부로 주면 권면하고 징계하는 도가 어긋나고, 재주도 없는데 함부로 차지하면 직무를 방치한다는 비난이 일어나니, 위에서는 진실로 가벼이 베풀어서는 안 되고, 아래에서도 요행으로 벼슬에 올라서는 안 됩니다. 전혀 남에게 미치지 못하는 지극히 어리석은 신이 일찍 과거에 급제하여 화려한 관직을 두루 거쳤으니, 함부로 차지함이 이미 지극하고 분수가 이미 넘칩니다. 두 조정의 보살핌은 천지처럼 큰데 미천한 신의 보답은 티끌만큼도 없으니 은혜를 저버림이 이미 오래되었습니다. 지금까지 맑은 조정에 발을 붙이고 주벌을 면한 것만도 이미 너그러이 용서하신 것인데, 쓰임에 적합한 무슨 작은 장점이 신에게 있기에 특별한 은혜를 마구 베풀어 이토록 높이 발탁하신단 말입니까. 신은 참으로 감격하고 당황스러워 이렇게 된 이유를 모르겠습니다.

방백의 직임은 한 지방 군민(軍民)을 다스리는 일과 풍기와 법도를 지키는 책임을 전적으로 맡긴 자리이니, 깨끗한 명성과 높은 명망, 밝은 견식과 통달한 재주를 지닌 자가 아니면 결코 여러 고을을 진압하고 온갖 일을 기획할 수 없으니, 제대로 선발했는지 못했는지는 실로 국체(國體)의 경중과 관련됩니다. 이 때문에 예로부터 비록 품계를 건너뛰어 발탁하는 일이 있더라도 반드시 재능이 이미 드러나고 명망과 실상이 모두 성대한 사람을 기다렸으니, 어찌 일찍이 신처럼 엉성하고 쓸모없는 자가 이런 선발에 뽑힌 적이 있겠습니까.

당당한 성조(聖朝)에 인재가 부족할 리 없건만 자급을 따지지 않고 인물의 기량을 헤아리지 않고 이런 중대한 직임을 전혀 비슷하지도 않는 사람에게 주시니, 성상의 감식이 오히려 통촉하지 못한 바가 있어 이처럼 잘못된 은혜가 내린 것이 아니겠습니까. 경솔하게 베푸는 잘못과 요행으로 벼슬에 오르는 폐단이 지금부터 열리게 될까 두렵습니다.

더구나 신이 조정에서 벼슬한 이래로 대부분 근신(近臣)의 반열에 있었던 터라 외방을 다스리는 일에 익숙하지 못합니다. 그 민정(民情)과 군무(軍務)에 실로 몽매한데 하루아침에 갑자기 분분한 관찰사의 직임을 맡는다면 재능이 억지로 될 리 없고 힘이 감당할 수 없어 끝내 국사를 망치는 지경에 이를 것이니, 신이 자신을 헤아림이 진실로 이미 자세하고 분명합니다. 지금 만약 영화와 총애를 탐하여 나아가 명을 받들어 자신의 능력을 헤아려 직임에 처하고 분수에 따라 은혜를 갚는 신하의 의리를 어기고 인재를 등용하는 성상의 총명에 누를 끼치고 직책을 맡기는 국가의 중요한 일을 가볍게 만든다면 관계된 바가 작지 않으니, 신 한 몸의 낭패에 그칠 뿐만이 아닙니다. 이것이 신이 서성이고 주저하면서 감히 발탁의 은혜를 입은 것을 행운으로 여기지 않고 기필코 담장을 따라 달아나고픈 소망[99]을 이루고자 하는 이유입니다.

99 담장을……소망 : 벼슬을 받고 황공하여 사양하는 것을 말한다. 공자의 선조 정

제수하는 명이 내려옴에 몸 둘 곳이 없어 사가(私家)에서 움츠리고 엎드려 공경히 공의(公儀)를 기다렸습니다. 그러나 논박하여 바로잡는 조처가 아직까지도 잠잠하고 하루라도 직임을 지니는 것이 더욱 황공하고 외람되기에 감히 진심을 쏟아 슬피 호소하여 곧장 스스로 아룁니다. 삼가 바라건대, 밝으신 성상께서는 특별히 살피시어 속히 성명(成命)을 거두어 관직을 중하게 하고 미천한 분수를 편안하게 하신다면 공적으로나 사적으로 매우 다행이겠습니다.

고보(正考父)의 정(鼎)에 새겨진 명(銘)에 "첫 번째 벼슬을 받자 머리를 숙였고, 두 번째 벼슬을 받자 몸을 굽혔고, 세 번째 벼슬을 받자 허리를 굽히고서 담장을 따라 달아났다.〔一命而僂, 再命而傴, 三命而俯, 循牆而走.〕"라는 구절이 있다. 《春秋左氏傳 昭公7年》

하직인사 이전에 선영에 성묘하고자 청하는 소
乞未辭陛前往省先墓疏

삼가 아룁니다. 용렬하고 쓸모없는 신이 분수에 맞지 않는 자리에 발탁됨에 영광과 감격이 비록 깊었지만 두려워 몸 둘 곳이 없었습니다. 이에 진심을 쏟아 소장을 올려 성명(成命)을 거두시길 바랐으나 성상의 비답이 지나치게 너그러워 신의 요청을 허락하지 않으셨습니다. 신이 어찌 성상의 융숭한 은혜를 받들어 따르기 어렵고, 맡기신 중임을 결코 감당할 수 없음을 모르겠습니까마는 은혜를 품고 의리에 두려워 어리석음을 무릅쓰고 숙배하였으니, 분주한 수고를 바쳐서 보답하고자 생각하여 감히 더 이상 사양하는 글을 올려 지엄하신 성상을 번거롭게 할 수 없었습니다. 다만 신에게 개인적으로 절박한 사정이 있어 억누를 수 없기에 분의(分義)를 잊고 위엄을 범하여 삼가 이렇게 슬피 호소합니다.

삼가 생각건대, 신의 부모의 무덤이 충주(忠州)에 있으니 부모님이 돌아가신 뒤로 추모해도 미칠 수가 없어 오직 왕래하고 성묘하면서 망극한 심정을 조금 폈습니다. 그러나 조정에서 관직에 얽매여 때맞추어 성묘하지 못했기에 멀리 선영이 시야에 들어오거나 서리와 이슬이 누차 바뀔 때면[100] 온갖 감정이 서로 얽혀서 항상 선민(鮮民)의 고통[101]

100 서리와……때면 : 《예기》 〈제의(祭義)〉에 "서리가 내리면 군자가 이를 밟음에 반드시 서글픈 마음이 드니, 날이 추워서 그런 것이 아니다. 봄에 비와 이슬이 내려 땅이 축축해지면 군자가 그것을 밟음에 반드시 섬뜩하게 두려운 마음이 생겨 마치 죽은

이 간절하였습니다. 지난번에 의정부 사인으로 있으면서 해조(該曹)에 문서를 올려 다행히 은혜로운 휴가를 얻어 미천한 소망을 거의 이룰 수 있었습니다. 그런데 미처 고향으로 출발하기 전에 새로운 명이 갑자기 내려와 개인적인 계획에 차질이 빚어졌으니 놀라고 두려운 심정을 더욱 진정할 수 없습니다.

신이 계묘년(1663, 현종4)부터 3년 동안 성묘하지 못했고, 이번에 또 명을 받고 멀리 나갔다가 임기를 마치고 돌아온다면 또 1년의 시일이 지나야 하니, 이것이 어찌 정리상 감당할 수 있는 바이겠습니까. 더구나 신이 불효의 죄가 쌓여 녹봉으로 봉양을 마치지 못했기에 제수하는 명이 내릴 때마다 슬픔이 배나 심하였습니다. 게다가 이러한 총질(寵秩)은 실로 정해진 법도를 넘어서는 은혜이니, 선영에 성묘하여 은혜와 광영을 밝게 드러내고 싶은 것이 또한 자식된 자의 지극히 간절한 마음입니다.

충주는 호남과의 거리가 겨우 4,5일 일정(日程)이지만 부절을 지닌 행차는 사체(事體)가 엄중하니, 길을 돌아서 들리는 것은 감히 할 수 없습니다. 만약 출발하기 전에 지레 가서 성묘한다면 개인적인 심정을

부모를 곧 만날 것 같은 생각이 들게 된다.〔霜露旣降, 君子履之, 必有悽愴之心, 非其寒之謂也. 春雨露旣濡, 君子履之, 必有怵惕之心, 如將見之.〕"라고 하였다.

101 선민(鮮民)의 고통 : 부모를 잃고 의지할 곳 없이 사는 외로운 백성의 고통을 말한다. 《시경》〈육아(蓼莪)〉에 "작은 병의 텅 빔은 큰 병의 수치라네. 곤궁한 백성의 삶이 죽음만 못한 지 오래되었네. 아버지가 없으면 누구를 믿으며, 어머니가 없으면 누구를 믿을까. 나가면 근심을 품고 들어오면 이를 곳이 없어라.〔缾之罄矣, 維罍之恥. 鮮民之生, 不如死之久矣. 無父何怙? 無母何恃? 出則銜恤, 入則靡至.〕"라고 한 데서 온 말이다.

펼 수 있고 또한 공의(公義)에도 무방할 것이지만, 신이 제멋대로 사사로이 나갈 수 없었을 뿐만 아니라, 또 외람되게 직임을 맡은 것이 전(前) 감사 정만화(鄭萬和)의 병이 심했을 때라 오래지 않아 출발할 것이라 여겨서 여기에 미칠 겨를이 없었습니다. 지금 들으니 정만화의 병에 조금 차도가 있다고 하니, 그가 문서를 완료하고 병을 치료하여 출발할 즈음을 생각해보면 필시 열흘이나 보름의 시일이 걸릴 것입니다. 신의 교대가 여기에 따라서 기한이 정해질 것인데 그 사이에 선영을 다녀와도 6,7일밖에 걸리지 않을 것입니다. 이에 감히 죽음을 무릅쓰고 효(孝)로 다스리는 전하께 우러러 아뢰니, 혹 천지와 부모 같으신 성상께서 굽어살피고 곡진히 헤아려 신으로 하여금 이미 받은 휴가를 그대로 쓰게 하여 하직인사 올리기 전에 가서 성묘할 수 있도록 허락하신다면 유명(幽明)이 함께 감동하여 결초보은으로도 그 은혜를 갚기 어려울 것입니다. 개인적인 심정이 다급하여 외람됨을 피하지 않고 아뢰니, 자애로우신 성상께서는 불쌍히 여겨 살펴주소서. 신이 지극히 황공하고 간절한 마음을 금할 수 없어 삼가 죽음을 무릅쓰고 아룁니다.

대사간을 사직하는 소
辭大司諫疏

삼가 아룁니다. 신이 천만 뜻밖에,[102] 자애로우신 성상께서 신을 불초하게 여기지 않고 과분하게 돌보고 기억하시어 사간원 대사간에 제수하는 은혜를 입었습니다. 신이 명을 듣고는 놀랍고 두려워 어찌할 바를 모르겠습니다.

삼가 생각건대, 신은 재주도 없이 녹을 훔치고 분수를 넘어 총애를 받았습니다. 오랫동안 경연에서 모시면서 임금의 결점을 보충한 적이 없으며, 여러 차례 언관의 직임에 있으면서 정사의 잘못을 바로잡아 구제한 적이 없습니다. 전라도 관찰사에 제수하신 것이 특별한 발탁이었지만, 또한 은덕을 베풀고 교화를 펴지 못하였고 병통을 제거하고 백성을 소생시키지 못했습니다. 그간 맡았던 자리에서 책임을 다한 것이 없기에 매번 스스로 반성함에 부끄럽고 두려운 마음이 쌓였으니, 맑은 조정에서 직임을 맡긴 은혜를 저버림이 진실로 이미 많습니다. 더구나 이 간관(諫官)의 장관은 임무가 가장 무거워 한 시대의 공의(公義)를 주관하여 시비를 다투고 득실을 논하는 자리이니, 충성스럽고 정직하여 윗사람이 믿고 아랫사람이 복종하는 자가 아니라면 결코 할 수 없습니다. 신처럼 용렬하고 형편없어 아무런 공효[103]도 없는 자가

102 천만 뜻밖에 : 원문은 "千萬夢寐之中"인데 문맥에 따라 "千萬夢寐之外"로 바로잡아 번역하였다.

103 공효 : 원문은 "往效"인데 문맥에 따라 "報效"로 바로잡아 번역하였다.

어찌 감히 간쟁하는 반열에 채워져서 임금의 귀와 눈이 되는 임무를 맡겠습니까.

또 지금은 하늘의 분노로 성상의 마음이 경동(驚動)하여 자신에게 허물을 돌리고 직언을 구하여 중외에 포고하였습니다. 이때에 더욱 신중함을 기해야 마땅한데, 도리어 자급이 낮고 명망이 가벼운 사람을[104] 갑자기 수석(首席)의 자리에 앉혀 일에 따라 말을 다하기를 구하시니,[105] 능력도 안 되는 것을 억지로 하다가 필시 감당하지 못하여 자신을 비우시는 전하의 정성에 부응하지 못할 뿐만 아니라 또한 인재를 알아보는 전하의 밝은 식견에 누를 끼칠게 될까 두렵습니다. 신의 낭패야 걱정할 것이 없지만 관직을 더럽힘에 대해 어찌하겠으며 국체(國體)를 손상시킴에 대해 어찌하겠습니다. 신이 반복하여 생각해도 끝내 함부로 맡을 수 없음을 알겠기에 감히 실정을 드러내어 지엄하신 성상께 우러러 호소합니다.

삼가 바라건대, 밝으신 성상께서는 신의 간절한 말이 형식적인 사양이 아님을 살피시어 신이 새로 제수받은 직명을 특별히 체차하여 작명(爵名)이 어그러지지 않게 하고 미천한 분수를 편안하게 해 주신다면 매우 다행이겠습니다. 신은 지극히 두려운 심정을 금치 못하겠습니다.

104 도리어……사람을 : 원문은 "反便資淺望輕之人"인데 문맥에 따라 "反使資淺望輕之人"으로 바로잡아 번역하였다.

105 구하시니 : 원문은 "貴"인데 문맥에 따라 "責"으로 바로잡아 번역하였다.

승문원 부제조를 사직하는 소

辭承文院副提調疏

삼가 아룁니다. 신이 지극히 어리석고 비루하여 취할 만한 점이 하나도 없는데 밝으신 성상께서 잘못 알고서 지나치게 돌보고 기억하시어 며칠 사이에 거듭 옮겨 제수하여 이목(耳目)의 직임에서 후설(喉舌)의 자리로 발탁하셨습니다.[106] 전후로 맡은 직임이 분수를 뛰어넘고 마음속으로 헤아려보아도 전혀 걸맞지 않으니, 어찌 실정을 모두 드러내어 간절히 호소하고 힘껏 사양하여 위로는 함부로 제수한다는 비난을 끊고 아래로는 분수에 편안하고픈 소망을 이룰 줄 모르겠습니까. 그러나 재차 엄한 소명을 받음에 감히 모두 피할 수 없었고 은혜에 감격하고 의리에 두려워 억지로 힘써 직임에 나아갔으니 그저 분주한 말단의 일에 힘을 다하여 작은 공효로 보답하고자 하였습니다. 그러나 승문원의 일을 겸임하는 것으로 말하자면 실로 예사롭게 제수할 바가 아니니, 예전부터 가려 뽑아 반드시 그 적임자를 얻었습니다. 신처럼 노둔한 자가 어찌 털끝만큼이라도 이러한 선발에 비슷한 점이 있겠습니까. 그런데도 전혀 뜻밖에 외람되게도 과분한 은혜를 받았으니, 신은 진실로 두렵고 부끄러워 이렇게 된 이유를 모르겠

106 며칠……발탁하셨습니다 : 민유중은 1666년(현종7) 9월 3일에 대사간에 제수되었다가 9월 7일에 동부승지에 제수되었다. 이목(耳目)의 직임은 임금의 귀와 눈이 되어야 한다는 뜻으로 사헌부와 사간원의 관원을 말하고, 후설(喉舌)의 자리는 왕명의 출납을 담당하는 승정원 관원이다.

습니다.

당당한 성조(聖朝)에 많은 선비들의 잇달아 나와 한 시대 사람들의 기대가 모인 자가 필시 한둘이 아닌데, 재주 없는 자에게 잘못 내려 그 실상을 헤아리지 않고서 할 수 없는 일을 억지로 강요하고 감당할 수 없는 것을 책임지우니, 요행으로 직임에 나아감이 극도에 이르면 끝내 반드시 직임을 그르치고 일을 망치며 은혜를 저버리고 죄를 부르고야말 것입니다. 신 한 몸의 염치와 의리야 걱정할 것이 없지만 관직을 더럽히고 국체(國體)를 손상시킴은 작은 일이 아닙니다.

더구나 지금 사행(使行)이 지체되어 문서를 점검하는 일이 긴급한데 성상을 가까이서 모시는 승지의 직임을 수행하며 형세상 겸하여 살피기 어렵고 헛되이 직임만 지니도록 두는 것은 더욱 그런 이치가 없기에 감히 위태롭고 간절한 심정을 진술하여 지엄하신 성상께 우러러 아룁니다.

삼가 바라건대, 자애로우신 성상께서는 굽어살펴 속히 신이 겸대한 승문원 부제조의 직임을 체차하여 공적으로나 사적으로 편하게 하신다면 매우 다행이겠습니다. 신은 지극히 두려운 심정을 금치 못하겠습니다.

대신의 지척을 받고서 사면하는 소
被斥大臣辭免疏

삼가 아룁니다. 어제 경연에서 대신(大臣)이 "오정위(吳挺緯)가 탄핵당한 일에 대하여 사람들이 대부분 실상이 아니라고 하는데도 대관(臺官)이 즉시 인피하지 않으니 공정한 마음에서 나온 것이 아니다."라고 하고, 또 "권대재(權大載)의 죄가 매우 자잘한데 근시(近侍)가 그 무죄를 아뢰면서 오정위의 일에 대해서만 계달하지 않았으니, 이런 일이 그치지 않으면 그 습속이 필시 임금의 총명을 가리는데 이를 것이다."라고 하면서 세도(世道)를 깊이 개탄하고 말뜻이 매우 엄준하였습니다. 신이 외람되게 근시의 반열에 있으면서 조금 전에 권대재의 일에 대해 용서할 만한 정황을 아뢰었으니[107] 대신의 지척(指斥)은 실로 신에게 해당합니다. 이 말을 듣고는 두려워 몸 둘 곳이 없었습니다. 상세히 변론하려니 사체(事體)를 손상시킬까 두려웠기에 서둘러 우러러 대답하고 묵묵히 물러나왔습니다. 이에 감히 다시 불안한 마음을 아뢰어 주벌을 받기를 바랍니다.

삼가 생각건대, 승정원의 신하는 그 직임이 출납을 관장하고 있으니, 정령(政令)의 득실과 군국(軍國)의 이해에 관계된 일을 사람들이 혹 말하는데도 사의(私意)로 가로막아 성상께 이르지 못하게 한다면 성상의 총명을 가린 죄를 진실로 피할 수 없습니다. 그러나 조정 신하

107 신이……아뢰었으니 : 《현종실록》 7년 12월 27일 기사에 민유중이 아뢴 말이 실려 있다.

가 탄핵 당한 일에 있어서는 그 곡직에 따로 공의(公義)가 있고 본래 출납의 임무와 관련이 없기에 우매한 신으로서는 이에 대해 말하지 않는 것이 마침내 임금의 총명을 가리는 폐단에 이를 줄 실로 헤아리지 못하였고, 더구나 아직 추함(推緘)을 들이지 않고 일의 정황이 드러나기 전에는 설사 억울하다는 말이 있어도 지레 먼저 신구(伸救)하는 것이 또한 사체에 손상이 있을까 두려웠습니다.

근래에 조정의 기강이 엄하지 않고 사사로운 뜻이 점차 성행하여 대간(臺諫)이 탄핵하고 정위(廷尉)가 조사할 적에 결말[108]이 나기를 기다리지 않고서 대소신료들이 급급하게 구제하지 않음이 없으니, 그 외설스러운 습속을 신이 일찍이 미워하였습니다. 다만 권대재의 일에 있어서는 그의 치적이 가장 뛰어나다는 말을 들었고 또 그의 공사(供辭)가 사리가 정당한 것을 보고서 그 일이 자잘함을 깨닫지 못하고 경솔하게 아뢰었습니다. 함부로 말한 잘못에 대해 후회를 금치 못하는데 임금의 총명을 가렸다는 비난이 또 뜻밖에 가해지니 이러한 죄명을 지니고서 황공하여 몸 둘 곳이 없습니다.

삼가 바라건대 밝으신 성상께서는 신을 삭직하고 이어 신의 죄를 다스려 신하들의 경계로 삼으소서. 신은 지극히 두려운 심정을 금치 못하겠습니다.

108 결말 : 원문은 "究意"인데 문맥에 따라 "究竟"으로 바로잡아 번역하였다.

이조 참의를 사직하는 소
辭吏曹參議疏

삼가 아룁니다. 신이 일전에 성상을 가까이 모시는 직임에 있으면서 병으로 직무를 수행하지 못하여 감히 성상께 간절한 심정을 아뢰고서 엎드려 참람한 죄를 기다렸는데, 다행스럽게도 자애로우신 성상께서 즉시 허락하셨습니다. 신이 크나큰 은혜에 감격하여 장차 한산한 자리에서 뜻대로 요양하게 되리라 생각하였는데 뜻밖에 하루 안에 새로운 명이 잇달아 내렸습니다. 직책의 중요성이 이전 직임보다 더하고 은총과 영광의 융숭함이 실로 정해진 분수를 넘어서니 신은 두렵고 떨려 더욱 어찌할 바를 모르겠습니다.

삼가 생각건대, 신이 가장 하등에 속하는 용렬하고 못난 몸으로 외람되게도 은혜를 입어 누차 높은 자리를 차지하고서 하는 일 없이 녹만 축내고 조그만 보답도 하지 못했기에 깊은 계곡에 떨어진 듯이 항상 부끄럽고 두려웠습니다. 더구나 이 전형(銓衡)의 자리는 인재의 진퇴에 대한 권병(權柄)을 주관하고 국가 치란의 기틀과 관련되니, 비록 참의라 하더라도 반드시 그 적임자를 택해야 합니다. 가령 재능과 명망이 넉넉하고 여론에 부합하는 자가 맡는다고 하더라도 오히려 감당하지 못할까 두려운데, 신처럼 백에 하나도 능한 것이 없는 엉성한 자가 어찌 털끝만큼이라도 이 직임에 비슷하겠습니까.

나라에서 중시하는 것이 관직이고 사람이 억지로 하기 어려운 것이 재능이니, 헤아리지 않고서 함부로 제수하고 걸맞지 않는데도 함부로 차지한다면 반드시 장차 위로는 맑고 밝은 정사에 누를 끼치고 아래로는 일을 그르쳤다는 주벌을 부를 것입니다. 신이 비록 지극히 어리석지만 제 자신을 아는 것이 분명하니, 어찌 감히 버젓이 명을 받들어 그 비난을 취하고 그 죄를 무겁게 하겠습니까.

또 신의 질병이 내내 낫지 않아 여러 증상이 줄어들지 않고 회복하기 쉽지 않으니 더욱 자력으로 직임을 수행할 가망이 없습니다. 이에 신의 처지가 너무도 민망하고 위축되어 외람됨을 피하지 않고 감히 미천한 심정을 드러냅니다.

삼가 바라건대, 밝으신 성상께서는 굽어살펴 신이 새로 제수받은 직명을 속히 체차하여 공적으로나 사적으로 편안하게 하소서. 신은 지극히 황송하고 기원하는 마음을 금치 못하겠습니다.

비국 부제조를 사직하는 소
辭備局副提調疏

삼가 아룁니다. 신이 분수에 지나친 은혜를 입고 차지해서는 안 될 직임을 맡음에 사다새가 어량(魚梁)에 앉은 것처럼[109] 매우 부끄럽고, 깊은 계곡에 떨어진 것처럼 심히 근심스러워 피를 쏟듯 간절한 심정을 외람되게 아뢰었으나 담장을 따라 달아나고픈 소망[110]을 이루지 못하였습니다. 참람됨이 두려워 감히 힘껏 사양하지 못하고 억지로 힘써서 무릅쓰고 나아가니 마치[111] 무거운 죄를 짊어지고 있는 듯합니다. 그런데 또 전혀 뜻밖에 비국으로 계청으로 신을 본사(本司) 부제조로 삼았다는 말을 들으니 놀랍고 두려워 더욱 몸 둘 곳이 없습니다.

비변사의 임무는 군국(軍國)의 일을 주관하고 기밀한 논의를 도우니, 반드시 지려(智慮)가 통민하고 재주가 충분해야만 사리를 변별하고 계책을 내며[112] 시기에 따라 마땅함을 제정할 수 있습니다. 그 책임

109 사다새가……것처럼 : 《시경》 〈후인(候人)〉에 "사다새가 할 일 없이 어량에 앉아만 있고 날개 적셔 일하지 않네.〔維鵜在梁, 不濡其翼.〕"라고 한 데서 온 말로, 무능한 자가 걸맞지 않은 총애를 입어 조정의 높은 벼슬을 차지하고 있는 것을 비유한다.

110 담장을……소망 : 113쪽 주99 참조.

111 마치 : 원문은 "苦"인데 문맥에 따라 "若"으로 바로잡아 번역하였다.

112 사리를……내며 : 《예기》 〈내칙(內則)〉에 "나이 40이 되어야 비로소 벼슬하여 사리를 변별하고 계책을 내고 생각을 발표하여 임금에게 올리되, 도가 합치하면 복종하여 따르고 불가하다고 생각되면 떠난다.〔四十始仕, 方物出謀發慮, 道合則服從, 不可則

이 가볍지 않기가 이러한 점이 있기 때문에 예전부터 차임한 사람은 당대의 극선(極選)이나 여론이 추대[113]하는 자 아님이 없었습니다. 어찌 신처럼 형편없는 자가 당대의 뛰어난 사람들 사이에 재주 없이[114] 끼어 있을 수 있겠습니까.

신은 본래 엉성한 사람으로 계책이나 지식이 전무하여 일체의 사무에 아득히 어찌할 바를 알지 못하니, 무슨 조그마한 장점이 있어 당세의 수요에 이바지할 수 있겠습니까. 묘당에서 헤아리지 못하여 이 직임을 억지로 신에게 맡겨 오늘날 사람을 쓰는 도가 이토록 구차하고 소홀하게 되었으니, 신이 제 자신을 살펴봄에 부끄러울 뿐만이 아니라, 또한 크게 조정의 수치가 되고 매우 중외의 이목을 놀라게 하여 식자들로 하여금 멋대로 시정(時政)을 의논하게 할까 두렵습니다.

더구나 신의 본직 및 겸임한 승문원의 직임이 모두 중요하고 영화로운 자리라, 은총과 영광이 이미 넘치고 짊어진 직임이 이미 많습니다. 그런데 또다시 전혀 감당할 수 없는 직임을 맡는다면 난장이 몸으로 천균(千勻)의 무게를 들려는 정도 이상이니, 결코 요행이 있을 수 없어 당장 그 낭패가 드러날 것입니다.

신이 명을 들은 이래로 자나 깨나 편치 못하여 하늘을 우러르고 땅을 굽어봄에 너무도 불안하고 나아가고 물러남에 낭패스럽기에 부득이 실정을 드러내어 지엄하신 성상께 우러러 아룁니다.

삼가 바라건대, 자애로우신 성상께서는 신의 위태로운 심정을 곡진

去."라고 하였다.

113 추대 : 원문은 "惟"인데 문맥에 따라 "推"로 바로잡아 번역하였다.

114 재주 없이 : 원문은 "藍竿"인데 문맥에 따라 "濫竽"로 바로잡아 번역하였다.

히 살피시고 형식적인 사양이라 여기지 마시어 신이 겸대한 비국의 직임을 속히 체차하신다면 매우 다행이겠습니다.

황연의 비방 상소로 인하여 인혐하고 사면하는 소
因黃壖疏詆引嫌辭免疏

삼가 아룁니다. 신이 천성이 어둡고 어리석은 탓에 하는 일마다 허술하고 잘못하여 지난번 이조 참의를 맡아 스스로 엄한 견책을 불렀으니, 지난 일을 생각함에 두렵고 떨려 분수상 폐기되는 것을 달갑게 여겼습니다. 그런데 뜻밖에도 하늘처럼 크신 성상의 도량으로 이전의 허물을 기록하지 않고 죄적(罪籍)에서 거두어 성상을 가까이 모시는 자리에 발탁하시니 특별한 은혜가 정해진 법도를 뛰어넘었습니다. 신이 제수하는 명을 갑자기 듣고는 놀랍고 두려워 어찌할 바를 모르겠습니다.

임금이 신하에 대하여 지은 죄를 용서하고서 작명(爵名)으로 구속하고 총애와 영화를 내리는 것은 예전에 듣기 드문 일입니다. 신이 어떤 사람이기에 이러한 은혜를 받는단 말입니까. 분골쇄신하더라도 그 은혜에 만분의 일도 갚기 부족하니, 지극한 감격에 눈물만 흘릴 뿐입니다. 신의 분수와 의리에 있어서는 진실로 은혜로운 명을 공경히 받들어 직차(職次)에서 부지런히 공무를 수행해야 마땅합니다. 다만 신이 근래에 종적이 위태로워 끝내 감히 무릅쓰고 나아갈 수 없는 바가 있으니, 위태롭고 두려운 심정을 또한 어찌 임금 앞에 숨길 수 있겠습니까.

신이 삼가 듣건대, 유생 황연(黃壖)의 상소가 여러 신하들을 두루 헐뜯어 이르지 않는 곳이 없는데, 신의 이름도 그 속에 들었습니다. 그의 말에 근거하여 신의 죄를 따진다면 만 번 죽임을 당하더라도 죄가 남음이 있습니다. 밝으신 성상께서 위에 계시고 공의(公議)가 아래에 있으니 그 시비(是非)와 사정(邪正)은 신이 스스로 변론할 바가 아닙니다. 그러나 죄를 날조하고 시비를 어지럽힌 말이 초야에 있는 사람으로 하여금 무함을 받게 하고[115] 대각의 신하로 하여금 더러움을 뒤집어쓰게 하였으니, 이는 모두 신같이 형편없는 자가 남에게 미움을 받아 조정 신하들에게 누를 끼친 것입니다. 신이 이에 실로 그 죄가 있으니, 다시 염치를 잊고 뻔뻔한 얼굴로 청화직(淸華職)에 나아가 더러운 이름을 받는 것을 돌아보지 않는 것은 신이 아무리 용렬하더라도 결코[116] 차마 할 수 없는 일입니다. 이에 소패(召牌)가 내려옴에 감히 달려가지 못하고 수레에 멍에 매기를 기다리지 않는[117] 옛 사람의 의리를 앉아서 범하였으니, 신의 죄가 이에 이르러 더욱 큽니다.

삼가 바라건대, 자애로우신 성상께서는 곡진히 살피시어 신의 직임을 체차하고 이어 신의 죄를 다스려 사람들의 말에 답하고 미천한 분수를 편안하게 해 주소서. 신은 지극히 두렵고 떨리는 심정을 금할 수 없습니다.

115 초야에……하고 : 유연은 초야에 있던 송시열(宋時烈)과 송준길(宋浚吉)에 대하여, 자신들과 논의가 맞지 않고 색목(色目)이 같지 않으면 현우(賢愚)를 따지지 않고 일체 물리쳤다고 비난하였다. 《顯宗改修實錄 8年 2月 29日》

116 결코 : 원문은 "次"인데 문맥에 따라 "決"로 바로잡아 번역하였다.

117 수레에……않는 : 왕의 소명(召命)을 받고 급히 달려가는 뜻으로, 《논어》 〈향당(鄕黨)〉에 "임금이 부르면 수레에 멍에를 멜 때까지 기다리지 않고 출발하였다.〔君命召, 不俟駕行矣.〕"라고 한 데서 온 말이다.

인혐하여 사직하고 겸하여 임금의 덕을 논한 소

引嫌辭職兼論君德疏

삼가 아뢰옵니다. 신이 어제 소명(召命)을 받고 승정원에 나아갔는데 김익렴(金益廉)을 함문(緘問)하라는 하교가 이미 유사(攸司)에게 내려졌다는 말을 들었습니다. 신의 어리석고 망령된 생각은 다음과 같습니다. 국조(國朝)에서 대간(臺諫)을 대우함이 일반 관리와는 달라 논하고 아뢰는 말에 설사 잘못이 있더라도 그 말의 출처를 캐낸 적이 없습니다. 수백 년 이래로 이 직임을 맡았던 자들이 반드시 모두 선한 말을 한 것은 아니지만 그래도 관대하게 대했던 것은 그 사람을 위해서가 아니라 중요하게 여기는 것이 따로 있었기 때문이니, 조종조의 가법(家法)이 아름답다고 하겠습니다.

지금《승정원일기》에 기록된 말을 김익렴이 보았는지의 여부를 알고자 승지와 사관에게 따져 묻고, 또 김익렴의 피혐 계사에서 '들었다'라는 한 글자를 끄집어내어 유사에게 함문하게 하였으니, 이는 김익렴을 함문하는 것이 아니라 바로 대관을 함문하는 것입니다. 전후의 처분이 모두 온당치 않거니와 대관을 함문하는데 이르러선 크게 사체를 손상시키는 일입니다. 이 때문에 계사의 초안을 지어 올리려던 차에 마침 동부승지 심재(沈梓)가 밖에서 들어왔습니다. 그의 뜻도 신과 같았기에 연명하여 아뢰었지만 이 논의를 제기한 사람은 실로 신입니다. 신의 망령된 말로 인하여 더욱 성상의 노여움을 촉발시켜 청한 바를 윤허하지 않을 뿐만 아니라, 도리어 나문(拿問)하라는 명이 내려졌습니다. 입직한 동료들이 간쟁하여도 소용없어 결국 법관에게 나아가 심문을 받는 지경에 이르렀으니, 신은 이를 듣고서 놀랍고 두려워 몸 둘 곳이 없습니다.

삼가 생각건대, 성상께서는 필시 신이 계사를 올린 것이 말을 만들어 곡진히 비호하려는 행동이라고 생각하여 그렇게 하신 듯합니다. 만약 그렇다면 이는 신하의 극악한 큰 죄이니, 신이 비록 형편없는 사람이지만 결코 이런 짓을 하지 않습니다. 어찌 감히 김익렴을 사사로이 구원하여 차마 임금을 속이겠습니까. 다만 신이 깊이 애석하게 여기는 것은 단지 조정의 사체(事體)를 오늘날 한번 잃으면 뒷날 끝없는 폐단이 열린다는 점입니다. 사람이 미천하고 말이 천박하여 성상을 감동시키지 못하여 예전에 없던 뜻밖의 일을 초래하였으니, 이는 실로 신의 죄입니다.

또한 신이 이에 대하여 마음속으로 개탄하는 바가 있습니다. 전하께서 평소에 힘을 쏟고 스스로 면려하신 것이 어찌 노여움을 옮기지 않고 허물을 반복하지 않는데 있지 않겠습니까. 그런데도 하루아침에 대각의 논의에 격노하고 신하들이 뜻을 거스른 것에 성을 내시어 사람을 상대하고 일을 처리할 때 대부분 화평함을 잃어 노여움을 옮기고 허물을 반복하기에 이르러 사명(辭命)에 드러나고 거조에 나타난 것이 성덕(聖德)에 누가 됨을 면치 못하였습니다. 아! 이는 무엇 때문입니까?

일을 기록하는 관원이 죄를 받은 일에 대하여 신이 비록 그 전말을 상세히 알지는 못하나 처음에는 한번 추고하고 한번 파직하였고 나중에는 추고로 말미암아 파직에 이르고 파직으로 말미암아 삭직에 이르렀습니다. 그 죄는 똑같은데 갈수록 가중되어 이 지경에 이르렀으니, 성인(聖人)이 형벌을 쓰는 도가 아닌 듯합니다.

또 응교 여성제(呂聖齊)는 경연관의 직임을 맡고 있으니 보좌하고 인도할 책임이 있습니다. 임금의 잘못된 일을 목격하고서 간하는 말을 힘껏 아뢰었으니 나라를 걱정하고 임금을 사랑하는 그 정성은 장려해야지 죄를 주어서는 안 됩니다. 설령 말에 꺼리는 바가 없어 성상의 마음에 들지 않았다 하더라도 진실로 용납하여 받아들이셔야지 경솔하게 배척해서는 안 됩니다. 그런데 끝내 아무런 비답도 없이 단지 계(啓)자만 찍어 내리셨으니, 전하께서 유신(儒臣)을 대함이 너무 박하지 않습니까. 이는 사체(事體)에 온당치 않을 뿐만 아니라, 또한 언로(言路)에 방해가 될듯합니다.

신이 외람되게 근신(近臣)의 반열에 있으면서 아무 보탬도 없이 한 때의 잘못된 명령을 구제하고자 감히 참람된 견해를 이뢰이 위로 지엄한 위엄을 저촉하여 성상의 과실을 유발하고도 오히려 경계할 줄 모르고 다시 이렇게 함부로 말하니 신의 죄가 실로 만 번 죽어 마땅합니다.

삼가 바라건대, 밝으신 성상께서는 신이 아뢴 말을 다시 살피시어 조정의 조치에 큰 잘못이나 후회가 없게 하고 이어 신의 직임을 체차하여 그 죄를 다스리신다면 공적으로나 사적으로 매우 다행이겠습니다.

부제학을 사직하는 소

辭副提學疏

삼가 아룁니다. 신이 몸이 오래 상한 나머지 병이 들어 머리가 아프고 가슴이 답답한 증세와 어지럼증, 구토, 설사 등의 증상이 날로 더욱 고질이 되었으니, 이는 모두 담화(痰火)가 위주가 되고 풍기(風氣)까지 겹쳐 병이 든 것입니다. 백방으로 의약(醫藥)을 써도 아무 효험이 없고 시험해보지 못한 것이 온천욕뿐이라, 병을 치료하는데 급급하여 수레에 실려 평산(平山)에 왔습니다. 그러나 산직(散職)을 지닌 몸으로 법을 무릅쓰고 외방으로 나왔기에 공손히 견책을 기다리며 매우 두렵고 위축되어 있습니다. 그런데 본월 7일에, 5일에 내려진 승정원의 유지 서장(有旨書狀)을 공손히 받드니, 신을 홍문관 부제학으로 삼고 속히 역말을 타고 올라오라는 내용이었습니다.

삼가 생각건대 법가(法駕)가 장차 거둥할 것이고 길기(吉期)가 이미 임박하였으니, 신이 이러한 때에 마침 근신의 반열에 오른 만큼 병든 몸을 지팡이에 의지하여 밤을 새워 달려가 말단에서 배종하여 성대한 의장을 우러르는 것이 마땅합니다. 다만 새로 내리신 이 명은 결코 미천한 신이 감당할 직임이 아닌데, 지금 지엄한 소명에 쫓겨 어리석음을 무릅쓰고 달려간다면 개인적인 의리가 편치 못하고 공론이 두렵습니다. 이에 감히 참람됨을 피하지 않고서 실정을 드러내어 천지 부모와 같으신 성상 앞에 머리를 들고 슬피 호소하니, 신의 죄는 만 번 죽어 마땅합니다.

삼가 생각건대, 신이 지극히 어리석고 비루하여 본래 조그마한 장점도 없는데 조정에서 벼슬한 이래로 청관(淸官)과 고위직을 두루 거쳤습니다. 평생을 돌아보건대 실로 이렇게 될 만한 점이 없는데도, 단지 천재일우의 기회를 만나 두 조정의 지우(知遇)를 입은 덕분에 내버려 두지 않고 거두어주시어 승진이 잇달았습니다. 외람되게 맡은 관직이 모두 분수에 넘치는 자리라 재주로 억지로 할 수 없고 힘이 감당할 수 없었지만, 특별한 총애에 감격하여 만분의 일이라도 보답하려는 생각에 억지로 힘써 받아서 그대로 차지한 통에 관자(官資)가 점차 올라가고 책임이 점점 무거워졌습니다. 그렇다면 갈수록 책임을 다하기 더욱 어려워 결국엔 은혜를 저버리고 직무를 방기하게 될 것이 필연적인 이치입니다. 신이 일찍이 이것이 두려워 영화와 이록(利祿)을 피하여 분수에 편안하고 우직함을 지켜서 밝은 시대의 불충한 신하가 되지 않으려고 생각했지만 지극한 소망을 이루지 못하여 부끄러운 마음만 쌓였으니, 어찌 뜻밖에 다시 돌봐주고 기억하시어 이처럼 전혀 어울리지 않는 직임에 오를 줄 생각이나 했겠습니까.

논사(論思)의 자리는 예로부터 신중하게 선발하였고 그 장관의 경우는 벼슬이 더욱 중요하니, 반드시 학문이 넓고 깊으며 지식이 정밀하고 투철하여 성상의 학문을 밝히고 성상의 덕을 성취시키기에 충분한 사람이라야 그 적임자를 얻었다고 할 것입니다. 장구(章句)나 조금 익히고 문의(文義)를 대략 이해하는 정도로 구이지학(口耳之學)[118]의 바탕을 삼아 성상의 자문에 대비하는 자는 성상의 학문을 계발하고 이끌어

118 구이지학(口耳之學) : 귀로 듣고서 입으로 말하는 정도의 천박한 학문으로, 《순자(荀子)》 〈권학(勸學)〉에 "소인의 학문은 귀로 들어가서 입으로 나간다.〔小人之學也, 入乎耳出乎口.〕"라고 한 데서 온 말이다.

강관(講官)의 직책에 부응할 수 없음이 분명합니다. 하물며 이보다 못한 자를 또한 어찌 취하겠습니까. 신이 왕년에 관직(館職)에 올라 말단의 자리에서 인원수나 채우고서 흐리멍덩하게 시위소찬하였으니, 지금 생각해도 무거운 죄를 짊어진 듯합니다. 엉성하고 노둔함이 예전보다 심한데도 하루아침에 결원에 충당되어 외람되게 장관의 자리에 오르게 되었으니 제 자신을 살펴보건대 마음이 떨리고 얼굴이 붉어집니다. 앞서 말한 책임이 점차 무거워지고 직임을 다하기 더욱 어렵다는 것이 불행하게도 다시 배나 심해졌으니, 신이 실로 하늘을 우러르고 땅을 굽어봄에 너무도 불안하고 송구하여 진퇴유곡의 처지로 자처할 바를 모르겠습니다.

당당한 성조(聖朝)에 많은 선비가 잇달아 나와서 경술(經術)과 문재(文才)가 한 시대에 추중을 받는 자가 참으로 한둘이 아니니, 이들을 들어서 제수한다면 그 누군들 불가하겠습니까. 그런데도 반드시 불초한 신을 취하여 감당하지 못할 직임을 억지로 맡겨 신이 일을 그르치고 실패하여 공적으로나 사적으로 양쪽 다 손상될 것을 돌아보지 않으시니, 전조(銓曹)의 주의(注擬)가 앞에서 잘못되고 성상의 발탁이 또 신중함이 결여되어 등용함이 한번 잘못되어 명기(名器)가 크게 가벼워져서 사방에서 소문을 들은 자들로 하여금 조정의 인재 등용을 비판하게 만들까 신은 걱정스럽습니다.

신이 명을 듣고서 방황하면서 감히 나아가지 못하고 차라리 명을 거스른 죄를 받들지언정 담장을 따라 달아나려는 뜻[119]을 지키는 것은 참으로 제 자신을 잘 헤아려 중임을 감당하기 어렵다는 것을 알아 사다

119 담장을……뜻 : 113쪽 주99 참조.

새가 어량(魚梁)에 앉은 경계[120]를 범할까 두렵고 인재를 알아보는 성상의 밝음에 누를 끼칠 것이기 때문이니, 신의 처지가 지극히 한스럽고 낭패스럽습니다. 신이 병들어 시골에 체류하며 기식이 시들하여 정신을 수습하지 못한 탓에 글을 지어 사직 상소를 올리는 것이 또 여러 날 지체되었으니 신의 죄가 이에 이르러 더욱 피할 곳이 없습니다.

삼가 바라건대, 자애로우신 성상께서는 신의 고질병을 불쌍히 여기고 신의 위태롭고 절박한 심정을 살피시어 속히 신의 직임을 체차하고 이어 신의 죄를 다스려 관방(官方)을 엄숙하게 하고 국법을 엄하게 하신다면 매우 다행이겠습니다.

120 사다새가……경계 : 126쪽 주109 참조.

승지로 있을 때 김좌명의 논척으로 인하여 사면하는 소
承旨時因金佐明侵斥辭免疏

삼가 아룁니다. 신이 어제 등대(登對)했을 때 갑자기 병조 판서 김좌명(金佐明)의 논척을 받았습니다. 그의 말이 억누르고 들어올리기를 반복하는 통에 들으니 놀랍고 의혹되어 두서를 알 수 없었습니다. 성상께서 지척에 계시기에 자질구레할까 두려워 감히 해명하는 말을 늘어놓지 못했지만 사람의 말이 어찌 이토록 극심하단 말입니까. 너무도 놀랍고 두려워 마음과 등골이 서늘합니다.

삼가 생각건대, 신이 외람되게도 형편없는 자질로 근신(近臣)의 반열에서 오랫동안 모시고 있으면서 조금의 도움도 없이 죄만 쌓였기에 오늘에 이르러 이처럼 좋지 못한 죄명을 얻은 것입니다. 그의 말에 근거하여 신의 죄를 논한다면 유배나 사형도 오히려 가벼운 형률일 것입니다. 비록 큰 도량으로 포용하시어 즉시 형법을 가하지 않았지만 신하가 이러한 죄악을 지니고 어찌 감히 하루라도 조정 반열 사이에 편안히 낄 수가 있겠습니까. 사가(私家)에서 움츠리고 엎드려 공손히 주벌을 기다리는 처지라, 지엄한 소명에 달려갈 수 없으니, 낭패스럽고 절박하여 어찌할 바를 모르겠습니다.

삼가 바라건대 밝으신 성상께서는 속히 신의 직임을 체차하고 이어 신의 죄를 바로잡아 국법을 엄숙하게 하신다면 매우 다행이겠습니다. 신은 지극히 두렵고 떨리는 심정을 금치 못하겠습니다.

병을 이유로 사직하는 소

引病辭職疏

삼가 아룁니다. 신이 외람되게 크나큰 은혜를 입어 누차 근신의 반열에 올라 스스로 용렬하여 직임을 다할 수 없음을 알면서도 오직 힘을 다해 직무를 수행하여 만분의 일이라도 보답하고자 도모했던 것은 이것이 신이 스스로 힘쓰는 바탕이기 때문입니다. 불행하게도 올해 심하게 더위를 먹어 지난번 시골을 다녀온 뒤로는 항상 어지럽고 답답한 증상을 살고 사는데 몸이 피곤하면 열이 달아오르고 시원한 것을 마시면 설사를 합니다. 간혹 하루 편안하면 즉시 그 다음 하루는 피곤하고 아팠으나 신이 나이가 젊고 근력이 왕성한지라 직임에서 풀려나 편의를 도모하는 짓을 의리상 감히 할 수 없었습니다. 이 때문에 신의 질병을 지엄하신 성상께 우러러 아뢴 적이 없습니다.

그끄저께 퇴근하여 저물녘에 집에 돌아오니 갑자기 온몸이 오슬오슬 떨리고 인사불성이 되었습니다. 한참 지나 조금 안정되었으나 곧이어 심한 열이 올라 머리가 부서질 듯이 아프고, 가슴이 막힌 듯이 답답하여 수없이 물을 마시고, 헛구역질 그치지 않아 앉아 있으나 누워 있으나 신음하는 고통은 이루 형용하기 어렵습니다. 열이 내리면 비록 조금 나은 듯하지만 증세가 들락날락하여 기력이 쇠잔한 것이 몸을 가누지 못하는 사람 꼴입니다. 이틀 동안 출사하지 못한 것이 실로 이 때문이지만 신의 두려운 마음은 진실로 지극합니다.

또 어제 아침에는 오한이 다시 발작하여 따뜻한 방에서 솜옷을 껴입어도 견딜 수 없을 정도였습니다. 손발이 떨리고 호흡이 가빠지더니 잠시 뒤에는 열이 올라 죽을 것처럼 답답하였습니다.

갑자기 이러한 때에 승정원에 내린 비지를 보니, '병을 핑계함이 너무 잦아 매우 태만하다'라는 하교였습니다. 신이 명을 듣고는 놀라고 두려워 오장이 무너져 내렸습니다. 속히 병든 몸을 이끌고 지엄한 소명에 달려가고자 했으나 몸이 침상에 달라붙어 힘을 쓸 수 없어 수레에 멍에 매기를 기다리지 않고 달려가는[121] 옛사람의 밝은 가르침을 범하고, 성냄이 아니라 가르침이신[122] 임금의 지극한 뜻을 저버렸으니, 이런 신하가 있는 것은 죽는 것만 못한 지 오래입니다.

현재 천재(天災)가 몹시 혹독하고 민사(民事)가 망극하여 성상께서는 위에서 노심초사하시고 신하들은 아래에서 두려움에 떨고 있으니 온 나라가 마치 물이나 불속에 빠진 것처럼 경황이 없습니다. 이러한 때에 왕명을 출납하는 직임은 평상시와 견줄 수 없을 만큼 중요하니, 신이 비록 형편없는 몸이지만 또한 심장이 있으니 만부득이한 경우가 아니라면 어찌 감히 병을 핑계로 명을 어겨 가만히 앉아서 태만하다는 죄를 부르겠습니까.

다만 신이 앓는 병은 일시적인 감기가 아닙니다. 오한과 열이 번갈아 일어나는 것이 학질 같으면서도 학질은 아니니 바로 이른바 상한(傷寒)의 위태로운 증상이라는 것입니다. 반드시 여러 날 치료해야만 다시 일어나 사람 구실을 할 가망이 있습니다. 밤낮으로 일하는 승지의

121 수레에……달려가는 : 130쪽 주117 참조.

122 성냄이 아니라 가르침이신 : 《시경》 〈반수(泮水)〉에 "얼굴빛을 화락하게 하고 웃으시니, 성냄이 아니라 가르치심이도다.〔載色載笑, 匪怒伊教.〕"라고 한 데서 온 말이다.

직무를 결코 하루도 비워서는 안 되는데 직임을 지닌 채로 병을 치료하는 이런 이치는 또한 없습니다. 신이 지금 병석에서 고통에 신음하느라 대궐에 나아가 견책을 청할 길이 없어 처지가 궁하고 심히 낭패스럽기에 부득이 천지 부모와 같은 성상 앞에 슬피 호소합니다.

삼가 바라건대 자애로우신 성상께서는 속히 신의 직임을 체차하고 이어 신의 죄를 다스려 국법을 엄숙하게 하고 조정 신하들을 경계하신다면 매우 다행이겠습니다. 신은 지극히 황송하고 두려운 심정을 금치 못하겠습니다.

두 번째 소
再疏

삼가 아룁니다. 신이 병으로 직무를 수행하지 못한 지 이미 여러 날이라 슬프고 간절한 심정을 아뢰어 성상을 번거롭게 하였으니 죄를 피할 길 없는 참람한 행동임을 잘 알고 있습니다. 그런데 성상의 넓은 도량으로 너그러이 용서하여 견벌(譴罰)을 내리지 않고 속히 직임을 살피라는 비답을 내리시니, 신은 참으로 감격스럽고 황공하여 더욱 어찌할 바를 모르겠습니다. 만약 조금이라도 스스로 힘쓸 수 있는 형편이라면 어찌 감히 지엄한 명을 누차 어겨 헤아릴 수 없는 주벌에 스스로 빠지겠습니까.

다만 생각건대, 신이 앓고 있는 병은 날마다 점점 고질이 되었습니다. 오한과 열이 번갈아 일어나는 것이 학질과 흡사하고, 어지럼증이 발작하는 것이 담궐(痰厥)의 증상과 같은데 목과 등이 당기고 팔다리가 쑤시고 아픕니다. 이런 증상이 모두 위험하고 고약하지만, 조금이라도 음식을 먹으면 소화되지 않고 체하여 항상 가슴에 막힌 듯함이 있는 것이 더욱 절박한 증세입니다. 이로 인해 비장과 위가 날로 손상되고 원기가 날로 줄어들어 축 처져서 몸이 침상을 떠날 수 없으니, 신이 이러한 때에 비록 은혜로운 명을 받들어 억지로 몸을 일으켜 반열에 나아가고 싶어도 할 수 없습니다. 더위와 습기에 오랫동안 몸이 상한 탓에 병의 뿌리가 이미 깊어 증상이 줄어들지 않고 심해지기만 하고 약물도 아무 효험이 없으니, 열흘이나 한 달 사이에 다시 일어나 사람 구실하기를 또한 어찌 바랄 수 있겠습니까.

왕명을 출납하는 자리는 본래 한가로운 부서가 아닌데다 근심스러운 일이 한창 많아 직무가 전보다 배나 많은데, 병들어 사가(私家)에 누워서 이미 오랫동안 직임을 비워 세 동료가 번갈아 직을 서는 등 구차함이 막심하니, 신의 죄가 이에 이르러 실로 만 번 죽어 마땅합니다. 극심한 고통을 어디에 호소하겠습니까? 믿을 곳은 오직 부모처럼 불쌍히 여겨주시는 성상뿐입니다.

또한 신은 마음에 의혹이 있습니다. 이전에 병으로 사직한 조정 신하들이 헤아릴 수 없이 많았지만 사랑으로 덮어주시는 전하께 호소하여 소망을 이루지 못한 자가 없었습니다. 그런데 유독 미천한 신에게는 윤허를 아끼시니, 성상의 생각에 사직을 청하는 신의 말이 병을 핑계하는데서 나왔고 나아가기 어려운 혐의가 따로 있다고 여겨 그런 것이 아니겠습니까.

아! 신이 이미 불행하여 이처럼 신하로서 용납될 수 없는 죄명을 받았으니 오늘날 자처할 의리는 응당 문을 닫고 자취를 감추어 사람들의 비난에 답하는 것뿐입니다. 그런데 외람되게 총애와 영화를 훔쳐 아직도 직명을 지니고 있는 탓에 자나 깨나 놀라고 두려우니 어찌 하루라도 심신이 편안할 수 있겠습니까. 그러나 신이 이런 정황을 이전의 상소에서 모두 아뢰지 않은 것은 변명하는 말을 늘어놓아 분란을 보태고 싶지 않아서일 뿐만 아니라, 진실로 신의 병이 매우 위독하여 아침저녁으로 아슬아슬하여 거의 지탱하기 어려웠기 때문입니다. 신이 구구하게 바라는 바는 오직 직임에서 풀려나 병을 치료하여 남은 목숨을 늘리는 것뿐이니, 형적(形迹)의 혐의와 진퇴(進退)의 어려움에 대해서는 말할 겨를이 없습니다.

신이 어제 비지를 받은 뒤에 즉시 다시 호소해야 마땅한데 정신이 어지러워 글을 쓸 수 없어 지금까지 지체하였으니 죄가 더욱 무겁습니다. 이에 감히 번거로움을 피하지 않고 절박한 심정을 모두 아룁니다. 삼가 바라건대 자애로우신 성상께서는 진정에서 우러나온 신의 말을 살피고 죽어가는 신의 목숨을 불쌍히 여기시어 신의 직임을 속히 체차하여 공적으로나 사적으로 다행하게 하소서.

신이 방금 이 소를 지어 성상께 전해지기를 바랐으나 본원에서 거절당하여 매우 답답하고 위축된 상황인데 뜻하지 않게 지금 지엄한 소명이 또 내려오니 분수를 살피고 의리를 헤아림에 오직 병든 몸을 끌고서 대궐에 나아가야 마땅합니다. 그러나 위에서 아뢴 것과 같은 신의 질병 때문에 일어나려다가 도로 쓰러져 끝내 달려가지 못하고 내내 명을 거슬러 죄가 점점 무거워졌으니 하늘을 우러르고 땅을 굽어봄에 너무도 불안하고 송구하여 공손히 견책을 기다립니다. 신은 지극히 두렵고 애타는 심정을 금치 못하겠습니다.

시골에 있으면서 승지를 사직하는 소

在鄕辭承旨疏

삼가 아룁니다. 신의 질병이 점점 깊어지고 신의 처지가 편안치 못하여 시골집으로 물러나 지내며 남은 목숨을 보양한 지 지금 3개월이 되었습니다. 비록 몸조리에 전념하고 있으나 이미 깊이 손상된 몸이라 오랫동안 병석에 누워 소생할 기약이 없기에 제수하는 명이 내릴 때마다 병증을 아뢰었습니다. 신의 실정은 비록 불쌍하지만 신의 죄는 용서받을 수 없기에 밤낮으로 두려움에 떨며 공손히 처벌을 기다렸는데, 뜻하지 않게 천지부모와 같은 성상의 은혜가 지나치게 융숭하여 죄를 내리지 않고 사직하는 청을 특별히 허락하셨습니다. 그런데 며칠 지나기도 전에 다시 승지의 직임을 제수하고 역말을 타고 올라오라는 은혜를 내리시니, 신은 비지를 받들고 감격하여 눈물을 흘렸습니다.

아! 신의 죄가 많다는 것은 신 스스로도 알고 있으니 하물며 밝으신 성상께서야 얼마나 잘 아시겠습니까. 그런데도 간원(諫院)의 직임에 나아가지 않으면 곧바로 형조로 옮기고 형조에서 해직을 청하면 곧바로 성상을 가까이 모시는 자리에 발탁하여 빈번하게 수록하고 연이어 제수하셨습니다. 이는 실로 특별한 은총이요 보기 드문 은전인데 용서할 수 없는 죄를 범한 신에게 내리시니, 신은 이에 당황스럽고 두려워 오장이 떨리고 이런 명이 내리게 된 까닭을 모르겠습니다.

신이 비록 지극히 용렬하고 어리석지만 또한 의리를 아예 모르지는 않습니다. 임금의 명이 두세 번에 이르면 목숨이 붙어 있는 한 어찌 감히 누차 명을 어기겠습니까. 대궐 뜰에 들어가 사은하고서 물러나와 궁벽한 시골에서 죽는다면 개인적인 심정에 유감이 없고 미천한 분수에 편안할 것입니다. 이 때문에 명을 들은 이후로 조금 더 치료하고서 들것에 실려 상경할 작정이었습니다. 그런데 어제 눈이 내리고 갑자기 쌀쌀해진 날씨로 인해 감기에 걸려 한담(寒痰)이 치오르고 기침까지 발작하여 가슴이 막혀 답답하고 목소리가 나오지 않았습니다. 앉으나 누우나 고통스럽고 숨쉬기 어려워 질식할 것처럼 너무도 답답합니다. 현재 병증이 지극히 위태로워 끝내 자력으로 길에 올라 명에 달려가는 공손함을 바칠 수 없습니다. 성상의 명을 거스름이 이에 이르렀으니 신의 죄는 만 번 죽어 마땅합니다. 낭패스럽고 궁한 신의 처지를 사랑으로 덮어주시는 성상께서 어찌 모두 통촉하여 곡진히 용서할 수 있겠습니까. 멀리서 대궐을 바라보며 스스로 슬퍼할 뿐입니다. 신이 외람되게 받은 직명은 신의 도리상 하루도 헛되이 지녀서는 안 되고, 조정의 체모에 있어서도 신 때문에 직무가 방치되도록 두어서는 안 됩니다.

삼가 바라건대 밝으신 성상께서는 굽어살피시어 속히 체직을 허락하여 신으로 하여금 마음 편히 몸조리하여 미천한 목숨을 조금 연장하게 해주신다면 매우 다행이겠습니다. 신은 지극히 간절한 심정을 금치 못하겠습니다.

대사간을 사직하는 소

辭大司諫疏

삼가 아룁니다. 신이 병들어 궁벽한 시골에서 지내느라 뒤늦게 길에서 전한 소식을 들었는데, 국가가 불행하여 흉얼(兇孼)이 기강을 범하여 한창 토벌이 거행되는 중이라 전하의 잠자리가 편치 못하다고 하였습니다. 멀리서 대궐을 바라보니 그리움이 더욱 간절합니다. 문득 이러한 때에 뜻밖에 성지(聖旨)를 공경히 받드니, 신을 간관(諫官)의 수장에 제수하고 신으로 하여금 역말을 타고 올라오리고 하셨습니다. 신이 비록 지극히 어리석지만 조금 분수와 의리를 알고 있습니다. 외람되게 이러한 직임에 오른 것이 마침 이러한 때이니 진실로 공손히 총명(寵命)을 받들어 수레에 멍에 매기를 기다리지 않고 달려가야 마땅합니다. 다만 운신할 수 없는 신의 병이 직임에 나아가기 어려운 신의 처지보다 심각하기에 주벌을 피하지 않고 감히 진심을 쏟아 지엄하신 성상께 아뢰어 살펴주시기를 바라니, 신의 죄는 만 번 죽어 마땅합니다.

삼가 생각건대, 신이 몸가짐이 형편없고 임금을 섬김이 충성스럽지 못하여 손가락질을 받고 죄명이 이미 드러났으니, 신의 도리로는 오직 자취를 감추고[123] 스스로 반성하여 지난 잘못을 갚아야 합니다. 만약 다시 영화로 복록을 탐하여 무턱대고 나아가 그만두지 않는다면 맑은 조정에 누가 될 뿐만 아니라, 어떻게 사람들의 비난에 해명할 수 있겠

123 자취를 감추고 : 원문은 "歛迹"인데 문맥에 따라 "斂迹"으로 바로잡아 번역하였다.

습니까. 군자가 신중하게 생각하는 것은 혐의(嫌疑)이고 사대부가 중시하는 것은 염절(廉節)이니, 신이 스스로 지키는 의리 또한 여기에 있지 않은 적이 없습니다. 그러나 천지와 같은 성상의 도량이 지극히 넓고 크시며 부모와 같은 성상의 마음이 지나치게 자애로워 죄를 지어도 특별히 법을 굽혀 용서하시고 물러난 뒤에도 곡진히 수록하여 보통을 뛰어넘는 특별한 은전을 내리시니, 예전의 신하들을 하나하나 헤아려보건대 신처럼 죄를 짓고서 신처럼 은혜를 받은 자가 없습니다. 신이 융숭한 은혜를 받고서 감격스럽고 송구하니 보답할 길은 없고 그저 살아서 목숨을 바치고 죽어서 결초보은하기를 기약할 뿐입니다. 만일 힘을 펴서 반열에 나아가 조금이라도 보탬이 될 수 있다면 비록 혐의를 잊고 염치를 잃고서 벼슬을 하더라도 어찌 감히 사양하겠습니까. 다만 신의 병이 오랫동안 더욱 고질이 되어 하루 잠시 편안했다가 하루 다시 심해지는 등 증세가 더했다 덜했다 일정하지 않고 아침저녁으로 증상이 다릅니다. 이전에 누차 은혜로이 제수되었을 때 한결같이 사직했던 것은 감히 제 한 몸 편하고자 해서가 아니라 참으로 부득이한 사정 때문이었습니다. 지금 상한(傷寒)의 남은 증상이 담궐(痰厥)로 바뀌어 위로 정수리부터 아래로 눈썹까지 통증이 뻗쳐 깨질 것처럼 아픕니다. 화열(火熱)이 위로 치솟고 정신이 안으로 아득하며 음식을 먹으면 대번에 토하고 잠이 들면 가위에 눌립니다. 남은 목숨이 겨우 붙어있고 원기가 이미 줄어들었으니 스스로 헤아리건대 궁벽한 시골에서 죽을 목숨으로 다시 일어나 사람 구실하기를 바랄 수 없습니다. 지엄한 소명이 이러한 때에 내려왔는데, 억지로 병든 몸을 이끌고 달려가자니 몸이 침상에 달라붙어 실로 스스로 힘을 쓸 수 없고, 조금 몸조리하여 차도가 있기를 기다려 길에 오르자니 병의 뿌리가 이미 깊어 소생하기 쉽지 않습니다. 진퇴양난의 처지에 황공하고 답답하여 어찌할 바를 모르겠습니다. 명을 거스른 죄를 또 이렇게 범하였으니,[124] 신과 같은 신하가 있는 것은 죽는 것만 못한 지 오래입니다. 신이 외람되게 받은 직명은 언책(言責)의 중요한 직임이니 평상시에도 외방에 있으면서 헛되이 지닐 수 없는데 더구나 역모를 국문(鞫問)하는 이러한 때에 어찌 잠시 비워서 나라의 체모를 손상시킬 수 있겠습니까.

삼가 바라건대 자애로우신 성상께서는 신의 위태로운 병을 불쌍히 여기고 신의 절박한 처지를 헤아리시어 속히 신의 직임을 체차하여 공적으로나 사적으로 다행스럽게 하소서. 신은 지극히 간절히 바라는 심정을 금할 수 없습니다.

124 범하였으니 : 원문은 "祗犯"인데 문맥에 따라 "抵犯"으로 바로잡아 번역하였다.

충청 감사를 사직하는 소
辭忠淸監司疏

삼가 아룁니다. 신이 밝은 시대에 병든 몸으로 시골에서 분수를 지키며 사느라 누차 거두어 부르시는 명을 받고서 거스르는 죄를 쌓았습니다. 성상께서 매번 너그러이 용서해주시지 않으셨다면 신의 죄로 어찌 유사(有司)의 비난을 면했겠습니까. 신이 이 때문에 감격하여 '만물을 낳고 이루어 주시는 어진 마음으로 반드시 끝까지 보전해주실 것이니 이제부터는 마음 편히 구렁텅이에 묻힐 수 있어 죽어도 유감이 없다.'고 함부로 생각하였습니다. 그런데 뜻밖에 얼마 전에 서용하는 조정의 은혜를 지나치게 받아 신을 호서 관찰사에 발탁하여 제수하시니, 신은 명을 듣고서 놀랍고 두려워 어찌할 바를 모르겠습니다.

삼가 생각건대, 방백(方伯)의 직임은 이른바 외대(外臺)[125]라는 중임이니, 그 재주가 감당할 수 있는지의 여부를 논할 것 없이 반드시 그 사람 몸에 허물이 없고 모든 사람에게 믿음을 받아야만 여러 고을을 다스리고 한 도를 호령할 수 있습니다. 그렇지 않다면 그 피해가 반드시 조정을 경시하고 일을 그르치는데 이를 것이니 매우 두렵습니다. 지금 신이 20년간 벼슬하는 동안 털끝만큼도 조정에 보탬이 된 것은

125 외대(外臺) : 관찰사를 말하는데, 외관직(外官職)으로서 경관직(京官職)인 대관(臺官)의 직임을 수행하여 외관(外官)에 대한 규찰과 탄핵의 권한을 지니기 때문에 붙여진 명칭이다.

없으면서 총록(寵祿)이 분수에 지나치고 비방이 세상에 넘쳤는데 신이 얻은 옳지 못한 죄명에 이르러선 더욱 작은 허물이 아닙니다. 비록 천지처럼 크신 도량으로 차마 끝내 버리지 못하여 다시 훈도하고 허물을 씻어주시려는 은혜를 입었지만 신이 어찌 감히 수령과 군민(軍民)의 위에서 뻔뻔스럽게 얼굴을 들고서 풍속을 살피며 승진시키고 파면시키는 정사를 행할 수 있겠습니까. 신이 비록 형편없어 스스로 부끄러운 줄 모른다 할지라도 공의(公議)의 비웃음에 대해서는 어찌하겠습니까.

또 신은 타고난 본성이 사리에 어둡고 용렬하여 본래 일을 주관할 재주가 부족합니다. 작년에 전라도 관찰사로 재직할 때에 어리숙하여 직임을 제대로 수행하지 못하였습니다. 심하게 일을 그르친 것을 논하자면 산골 고을의 대동법(大同法)의 경우 신이 혁파하자고 이미 힘껏 청했던 일인데 다시 설치할 때에 미쳐서는 또 신이 그 논의에 찬성하였으니, 그 이해와 득실에 전혀 일정한 견해가 없어 조정의 거조를 전도시키고 외방의 듣는 이들을 의혹시켰습니다. 일을 그르치고 직임을 제대도 수행하지 못함이 여기에서 이미 드러났는데 아직까지 처벌을 피했으니 이것만으로도 다행입니다.

가령 조정에서 신을 외직에 시험한 적이 없다면 떠밀어 일을 시켜서 만분의 일이라도 효과를 거두기를 구하는 것은 그래도 혹 괜찮습니다. 그런데 성상께서 위에서 환히 살피시어 아름다움과 추함이 모두 조명되었는데도 이미 시험해 본 신으로 하여금 감당하지 못할 직임을 거듭 맡도록 강요하여 엎어지고 낭패를 당할 것을 돌아보지 않으시니, 이는 실로 신이 이해할 수 없습니다.

신이 깊고 두터운 은혜를 받고서 보답할 길이 없어 항상 분골쇄신하기를 기약하였으니, 쉬운 일이든 어려운 일이든, 마른 곳이든 젖은 곳이든 어찌 감히 스스로 가리겠습니까. 다만 스스로 헤아려보건대 결코 감당할 수 없는 직임이기에 감히 주벌을 피하지 않고 외람되게 진심을 아룁니다. 질병이 심하여 스스로 힘쓸 수 없는 상황에 대해서는 지엄하신 성상께 아울러 아뢸 겨를조차 없으니, 신의 궁박한 처지가 이에 이르러 극에 달하였습니다.

삼가 바라건대 자애로우신 성상께서는 곡진히 헤아리시어 신에게 새로 제수하신 직명을 속히 체차하여 미천한 분수를 편안하게 하고 남은 목숨을 보전해 주신다면 매우 다행이겠습니다.

두 번째 소

再疏

삼가 아뢲니다. 신이 죄를 짓고도 높은 자리에 발탁되고 재주도 없으면서 중요한 직임을 받았습니다. 제 자신을 돌아보건대 끝내 감당할 수 없기에 위태로운 심정을 외람되게 아뢰어 성명(成命)을 거두시기를 바랐습니다. 그런데 삼가 성상의 비답을 받으니 온유한 말씀을 과분하게 내려 신의 사직을 허락하지 않고 신으로 하여금 연이어 내려가게 하시니, 이는 신에게 죄만 있고 재주가 없다는 것을 전하께서 알면서도 죄를 씻어주어 일을 시키고자 해서입니다. 은혜를 받음이 이에 이르렀으니 황송하고 감격스러운 마음이 어찌 끝이 있겠습니까. 신의 분수와 의리로는 응당 그날로 사은숙배하여 관차(官次)에 달려가 일을 수행하여 이후의 효과를 특별히 도모하여 이전의 잘못을 갚아야 마땅합니다. 다만 신의 위축되고 절박한 처지는 이미 앞서 올린 소에 대략 아뢰었으나 신의 질병에 대해서는 밝으신 성상께서 모두 통촉하지 못하신 듯하기에 감히 다시 모두 쏟아내어 지엄하신 성상께 우러러 호소하니, 지극히 참람된 행동에 죽을 죄만 더욱 커졌습니다.

삼가 생각건대, 신이 타고난 체질이 매우 허약하여 일찍부터 병을 앓았습니다. 비록 보양을 잘하여 요절은 면했지만 혈(血)이 허하고 담(痰)이 성한 것이 항상 기저질환이 되어 추위와 더위를 만나면 병이 드니, 육체는 밖에 살아있지만 원기는 안에서 줄어들어 시들시들 병든 것이 오늘에 이르러 더욱 심합니다. 기침을 하면 가슴과 옆구리가 막혀 호흡이 통하지 않고, 현기증이 일어나면 몸과 마음이 뜻대로 되지 않고 보고 들리지 않습니다. 화열(火熱)이 위로 솟구쳐 얼굴은 항상 벌겋고 한기(寒氣)가 아래로 쌓여 복부가 항상 들끓어 때로는 밤새도록 잠들지 못하고 하루 종일 먹지도 못합니다. 오직 사가(私家)에서 조용히 지내며 지극히 요양해야만 겨우 며칠 편안함을 얻을 수 있는데, 혹 부득이하여 수고로이 출입할 경우엔 여러 증상이 발작하여 한층 더 심해집니다. 이런 병증으로는 비록 높고 마른 땅과 낮고 젖은 땅으로 달려가 분주한 수고를 다하고 싶어도 진실로 할 수가 없습니다. 게다가 정신과 기억도 완전히 줄어들어 사람을 대해서는 그 얼굴을 알아보지 못하고 말을 할 경우엔 그 앞뒤를 모두 잊어버립니다. 평범한 편지글을 쓸 때도 글자를 빠트리고 바꿔 쓰는 것이 열에 서너 자입니다. 혈기 왕성한 나이에 흡사 노쇠한 사람 꼴이니 이에 대해서는 신 또한 무엇 때문에 이렇게 되었는지 알지 못하여 혼자서 괴이하게 여기고 불쌍하게 여기는 바입니다. 가령 신이 다른 고통스런 병이 없더라도 단지 이 병만으로도 결코 분분한 관찰사의 직무를 감당할 수 없습니다.

더구나 본도는 작년에 참혹한 기근을 당하여 백성이 지금 굶주려 사방으로 떠돌고 있으니, 전해들은 이야기에 마음이 놀랍고 두렵습니다. 이러한 때에 한 도를 다스리는 책임은 평소에 비할 바가 아니니 용렬하고 어리석은 신에게는 전혀 알맞지 않음을 스스로 아는데 질병의 침범이 또 이 지경에 이르렀습니다. 이러한데도 헤아리지 않고서 태연하게 함부로 받아서 정력을 억지로 써서 밤낮으로 문서를 처리하고 상황에 대처하느라 골몰한다면 열흘이나 한 달이 지나기도 전에 반드시 병이 더욱 심해질 것입니다. 구구한 신의 목숨이야 아까울 것이 없지만 국사(國事)에 대해서는 어찌하겠습니까.

신이 명을 들은 이후로 밤낮으로 근심스럽고 두려워 이러지도 저러지도 못하고서 어찌할 바를 모르겠습니다. 오직 생각건대, 부임한 뒤에 병이 심해져 직임을 방치하여 위로 조정에서 맡긴 뜻을 저버리기 보다는 차라리 부임하기 전에 진정을 아뢰어 사면을 청하여 국가에 피해를 끼치지 않는 것이 나을 것입니다. 이 때문에 부득이 다시 간곡한 심정을 아뢰어 엄한 주벌을 무릅쓰니, 신의 죄는 용서하기 어렵지만 신의 처지는 불쌍합니다.

삼가 바라건대 천지 부모와 같으신 성상께서는 곡진히 살피시어 신이 받은 직명을 속히 체차하여 신으로 하여금 안심하고 조리하여 구렁텅이에 뒹굴 목숨을 조금 연장할 수 있게 해주신다면 매우 다행이겠습니다.

대사성을 사직하는 소
辭大司成疏

삼가 아뢰옵니다. 병이 낫지도 않은 신에게 두 직임[126]을 아울러 맡기시니, 부족한 재주로 미치지 못하고 심한 병으로 감당할 수 없기에 위로 국사를 그르치고 아래로 죄를 보탤 것을 스스로 헤아리고서 밤낮 근심과 두려움 속에 어찌할 바를 몰랐습니다. 그런데 밝으신 성상께서 통촉하시고 미천한 신을 불쌍히 여겨 특별히 관찰사는 해임하고 전정(田政)만 전담하게 하셨으니, 신은 감격하여 눈물을 흘리면서도 공효를 바칠 길이 없어 오로지 온 마음과 힘을 바쳐 분주한 수고를 다하기를 생각할 뿐이었습니다. 문득 이러한 때에 뜻밖에 과분한 은혜가 잇달아 내려 신을 성균관 대사성에 제수하시니, 명을 듣고는 놀랍고 두려워 마치 깊은 계곡에 떨어진 듯하였습니다.

신이 삼가 생각건대, 인재를 얻기 어려움이 어떤 직임인들 그렇지 않겠습니까마는 성균관의 수장은 그 인선(人選)이 가장 신중해야 합니다. 태학(太學)은 사방 학교의 으뜸이고 스승의 자리는 유생들의 표준입니다. 국가에서 인재를 기르고 선비를 양성하는 근본이 실로 여기에 달려있으니, 반드시 학문과 행실이 있어 한 시대의 중망을 받고 여러 선비들의 모범이 되는 자라야 그 직임에 걸맞고 그 책임을 다할 수 있습니다.

오래 전의 일은 신이 상세히 알지 못하지만 신이 보고 기억하는 바로

126 두 직임 : 충청도 관찰사와 호서(湖西) 균전사(均田使)이다.

는 선조(先朝) 이래로 겸대하든 전담하든 반드시 인재를 가려서 제수하였습니다. 그간 이 직임을 맡았던 명공(名公)을 하나하나 헤아려 보건대, 어찌 신처럼 형편없는 몸으로 결원에 충당되어 함부로 그 사이에 섞인 자가 있겠습니까.

신은 본래 허술하고 노둔하여 전혀 학식이 없는데 단지 과거 급제와 대대로 이어온 음덕으로 청화직(淸華職)을 역임하였으니, 남이 비난을 기다릴 것 없이 내심 부끄러웠습니다. 오늘날 받은 직임은 더욱 평소에 꿈에서도 생각지 못했던 직임이니, 제목(除目)이 한번 내리자 듣는 자들을 놀라게 하였습니다. 고비(皐比)의 자리[127]를 더럽히고 선비들의 반열을 수치스럽게 함이 종전에 요행으로 차지했던 자리에 비할 바가 아니니, 조정에 누를 끼침이 이보다 큰 것이 없습니다. 신이 실로 자신을 돌아보고 분수를 헤아려봄에 오싹 두려운 심정이니, 분수가 지나침으로 인해 생긴 재앙을 근심할 뿐만이 아닙니다. 오직 바라는 것은 인재를 알아보는 성상의 밝으신 안목이 실상을 통촉하여 은혜로운 유지(諭旨)를 환수하여 신으로 하여금 관직을 더럽히지 못하도록 하는 것입니다. 더구나 신은 맡은 일을 다 끝내지 못하여 조정에 돌아갈 날이 아직 멀었습니다. 외방에서 헛되이 관직을 지니고 오랫동안 직사를 비우는 것은 국체(國體)로 헤아려보건대 더욱 이러한 이치는 없습니다.

삼가 바라건대 자애로우신 성상께서는 속히 체차하시어 공적으로나

127 고비(皐比)의 자리 : 스승의 자리라는 뜻으로, 여기서는 성균관 대사성을 가리킨다. 고비는 호랑이 가죽으로, 북송(北宋)의 학자 장재(張載)가 항상 호랑이 가죽을 깔고 앉아서 《주역》을 강론한 데서 유래하였다.

사적으로 다행하게 하소서. 신은 간절히 기원하는 마음을 금치 못하겠습니다.

평안 감사를 사직하는 소
辭平安監司疏

삼가 아뢰니다. 신이 토지를 점검하기 위해 먼 고을까지 돌아 들어갔다가 어제 비로소 돌아와 다시 보령(保寧)으로 나갔는데, 문득 길에서 저보(邸報)를 접하고서 이달 21일에 신이 평안도 관찰사에 제수된 것을 알았습니다. 신은 명을 듣고 놀랍고 두려워 어찌할 바를 모르겠습니다.

삼가 생각건대, 하늘과 같은 성상의 덕이 용납하지 않는 사람이 없어 신처럼 불초한 사람에게도 일을 맡겼습니다. 일찍이 죄를 지어도 너그러이 용서하시고 무능하다고 내치지 않으셨는데, 오늘에 이르러선 곡진하게 거두어 선발하여 영화와 총애를 내리시어 큰 지방을 다스리는 높은 작질(爵秩)이 정해진 법도를 훨씬 뛰어넘었습니다. 외람되게도 은혜를 받음이 이에 이르니 감격스럽고 황공한 마음이 어찌 끝이 있겠습니까. 신의 분수와 의리로는 오직 은혜로운 뜻을 받들어 직차(職次)에 달려가 일을 수행하여 이후의 효과를 각별히 도모하여 이전의 잘못을 갚아야 마땅합니다. 다만 신이 비록 용렬하고 어리석지만 제 자신에 대해서는 잘 알고 있기에 참람됨을 피하지 않고 감히 이렇게 무릅쓰고 아뢰니다.

삼가 생각건대, 신은 타고난 성품이 이치에 어둡고 졸렬하여 일처리가 두루 치밀하지 못한 탓에 평범한 관직을 맡아서도 인심을 잃은 것이 많았는데, 두 번 관찰사를 지내면서 무거운 죄를 면할 수 있었던 것은 단지 떳떳한 법을 조심해서 지키고 감히 어기지 않았기 때문입니다.

평안도의 일은 다른 도와 달라서 중요한 계책을 한번 잃으면 국가에 누가 미치는데, 신이 담당한다면 필시 시기에 따라 조절하고 형세를 살펴 대처하지 못할 것이니, 뜻밖의 환란이 이루 말할 수 없이 생길 것입니다. 신의 재주와 분수가 어떠한지 논할 것 없이 이 한 가지 일이 결코 걸맞지 않은데, 그 직책이 전적으로 여기에만 있는 것도 아니니 어떻겠습니까. 조정에서 잘못 헤아려 이렇게 잘못 제수하였으니 신은 이에 감히 승진되어 발탁된 것을 영광으로 여기지 않고 오로지 나랏일을 그르칠까 근심스럽습니다. 아마도 사람을 알아보는 성상의 밝으신 안목이 모두 통촉하지 못하여 그런 것이 아니겠습니까. 신은 삼가 근심스럽습니다.

또 신이 소관하고 있는 전정(田政)은 실로 나라의 재정과 백성의 부세가 관련된 일입니다. 몇 달 동안 부지런히 수고하여 겨우 두서를 갖추고 아직 정돈하지 못했는데 갑자기 이러한 때에 이 일을 다른 사람에게 맡기셨습니다. 지금 문서를 수정하는 일이 비록 당초에 측량하는 것과는 차이가 있지만 생소하고 익숙함과 어렵고 쉬움이 그 형세상 같지 않아 끝내 수습하는데 혹 털끝만큼의 소루함이 없을 수 없을 것이니 그렇다면 관계된 바가 작지 않아 그 폐단을 알 수 있습니다. 신은 조정의 이번 조처가 또한 천려일실(千慮一失)이 될까 두렵습니다. 지금이라도 내리신 명을 거두어 신으로 하여금 끝까지 주관하게 한다면 오로지 전념하고 주관하여 큰 잘못이 없게 될 것입니다. 신의 구구한 소망은 실로 여기에 있습니다.

신이 분수 밖에 발탁되는 은혜를 받고서 놀랍고 두려워 진정할 수 없는데다 맡은 일을 끝내지 못하여 근심과 염려가 지극하기에 부득이 어리석음을 무릅쓰고 소장을 봉하여 실정을 드러내니, 가식적인 말이 아닌 만큼 이치상 의당 양해하실 것입니다.

삼가 바라건대 밝으신 성상께서는 굽어살피시어 신에게 새로 제수한 직질을 속히 체차하여 미천한 분수를 편안하게 하고 큰일을 완수하게 하신다면 공적으로나 사적으로 둘 다 매우 다행이겠습니다.

두 번째 소

再疏

삼가 아룁니다. 신이 주관하고 있는 일을 끝마치기 전에 분수에 맞지 않는 직임에 발탁되었습니다. 두려워 어찌할 바를 모른 채 일을 그르칠까 두려워 죽음을 무릅쓰고 소장을 봉하여 막 현도(縣道)에 들였는데 성상의 유지가 잇달아 내려와 상경하라고 재촉하였습니다. 신이 감히 먼 외방에 엎드려 있을 수 없어 무릅쓰고 경기 고을에 올라와 처분을 기다렸는데, 비답을 받듦에 신의 사직을 허락하지 않고 심지어 너그러이 용서하시니 더욱 미천한 신이 감당할 바가 아닙니다. 인재를 알아보시는 성상의 밝은 안목에 누를 끼치는 것은 단지 관직을 더럽히는 정도일 뿐만이 아닙니다. 신이 이에 두렵고 떨려 이러지도 저러지도 못하는 처지에 몰렸으니, 차라리 외람됨을 피하지 않고 하늘의 태양과 같은 성상께 정세를 모두 아뢰는 것이 낫지 않겠습니까. 이에 감히 공손히 도성에 나아가 다시 지엄하신 성상께 호소하오니 신의 죄는 만 번 죽어 마땅합니다.

신이 재주가 졸렬하여 일에 미치지 못하고 성품이 고집스러워 변화에 통하지 못하니 평범한 직임은 그나마 명을 받들 수 있지만, 변방 관문을 자물쇠처럼 지키는 중요한 임무와 중국을 오가는 사신을 접대하는 번다한 일은 결코 걸맞지 않음을 알고 있으니, 차라리 이후에 낭패하기 보다는 애초에 힘껏 사양하는 것이 나을 것입니다. 더구나 조정의 제수는 작은 일이 아니고 관찰사의 직임을 맡김은 얼마나 중요한 일입니까. 그런데도 끝내 일을 그르칠 것을 알면서 우선 시험하는 이런 이치가 어찌 있겠습니까. 이전의 상소에서 대체로 실상을 아뢰었지만 정성이 부족하고 말이 졸렬하여 윤허를 받지 못했으니 신은 삼가 당혹스럽습니다.

거듭 생각건대, 신은 타고한 신체가 허약하여 어려서부터 병에 잘 걸렸습니다. 두 차례 관찰사를 지내며 문서 처리에 쫓겨 정신이 지치고 피로하여 손상이 쌓여 병이 되었으니 일상의 평범한 일처리도 빠뜨리는 것이 많습니다. 게다가 두통이 고질이 되어 수시로 발작하니 조금만 수고롭고 번잡하면 대번에 정신이 혼몽해집니다. 이번에 맡은 일은 임무가 중하고 일이 많은 것이 호남과 호서에 비할 바가 아니니, 신이 감당할 수 없음이 이에 더욱 분명합니다. 신이 은혜를 받음이 지극히 두터운데 보답할 길은 없으니 만일 성상의 뜻을 받들어 이 직임을 완수할 수 있다면 어찌 감히 이렇게까지 굳게 사양하여 무거운 주벌을 범하겠습니까. 이는 답답하고 절박한 심정을 스스로 그칠 수 없어 그런 것입니다.

삼가 바라건대 밝으신 성상께서는 신의 지극히 간절한 심정이 형식적인 사양이 아님을 헤아리시어 새로 제수한 직질을 특별히 체차하여 공적으로나 사적으로 다행하게 하소서.

황진구의 공사로 인하여 인혐하는 소
因黃震耉供辭引嫌疏

삼가 아뢰니다. 지난번에 신이 충청도 관찰사로 재직할 때에 회덕 현감(懷德縣監) 한성보(韓聖輔)의 보고를 통해 본현(本縣) 대동미(大同米)가 허위로 기록된 것을 처음 알고서 조사관을 별도로 차정하여 실상을 조사하고 교체될 때에 선혜청에 이첩(移牒)하였는데 그 후로 어떻게 처리되었는지 듣지 못했습니다. 근래에 남에게 전해 받아 전 현감 황진구(黃震耉)의 공사(供辭)를 보니, 순영(巡營)의 감사를 거론하여 말한 것이 세 가지인데 그 중에 묘지에 석물(石物)을 설치할 때의 양식과 반찬, 무덤에 올리는 전상(奠床)에 대해 말한 것은 바로 신을 가리켜 말한 것이니, 신은 지극한 두려움을 금할 수 없습니다. 이에 감히 참람함을 피하지 않고 그 실상을 대략 아뢰어 무거운 주벌을 기다립니다.

삼가 생각건대, 신의 9대 조모 정부인 송씨(宋氏)와 8대 조 사헌부 집의 아무개의 무덤이 공산(公山)에 있고, 7대조 예문관 응교 아무개와 6대조 성균관 전적 아무개의 무덤이 회덕(懷德)에 있는데, 멀게는 이백 여년에 이르고 가까이도 백수십 년이 되었습니다. 신이 불초한 후손으로서 다행히 밝으신 성상의 은택으로 본도 관찰사에 부임하여 몸에 지극한 영광을 입었습니다. 그런데 무덤 있는 곳을 바라봄에 황폐하고 다스려지지 않아 세대가 점점 멀어지면 그 무덤마저 잃어버려 불효의 죄를 더하게 될까 매우 두려워 가슴이 두근거리고 이마에 땀이 흘러 두렵고 불안하였습니다. 이에 작년 가을에 장인(匠人)을 모아 양식을 지급하여 묘도(墓道)에 설치할 약간의 석물을 마련하였는데, 이것이 바로 순영에서 체하(帖下)한 양식과 반찬이라고 운운한 것입니다.

작고한 신의 외숙 관찰사 이현(李袨)의 무덤이 문의(文義)에 있기 때문에 신이 순행하는 길에 돌아서 들어가 성묘하고 조출한 제물을 회덕에 명하여 갖추어 보내게 하고는 이내 영미(營米)를 지급하여 그 비용을 갚았는데, 이것이 바로 무덤에 올리는 전상을 이웃 고을에 지정했다고 운운한 것입니다.

감사가 와서 열흘 가까이 머물 동안 단독으로 제공했다는 말에 대해서는, 1년이 지난 뒤라 비록 자세히 기억할 수는 없지만 신이 그 고을에 머문 것이 6,7일에 불과할 듯한데 다른 고을에서 제공한 것이 2일이니 본현에서 단독으로 제공한 것은 응당 4,5일 정도입니다. 단지 신이 선영을 성묘하는 일로만 여러 날 머물렀다면 개인적인 일에 꼬투리를 잡고 감사에게 제공한 것에 허물을 돌린 황진구의 말이 마땅합니다. 그러나 감사가 고을을 순행하는 것은 바로 그 직분이고, 경과하는 날이 지체되고 빠름은 본래 구애받는 바가 없는데다 또 그 일행의 대접은 모두 대동미로 셈을 따져서 삭감하니, 더욱 수령이 지적하고 따질 일이 아닙니다.

황진구의 의도를 살펴보면, 신이 전후로 체하한 것이 영미(營米)를 지급한 이후의 일이라서 부정하게 지출하여 대동미의 흠축을 초래했다는 것이니, 겉으로는 자신이 지은 죄를 변론[128]하는 듯하지만 안으로는 실로 신의 몸에 죄를 얽어 배척한 것입니다. 신이 애당초 이런 일이

128 변론 : 원문은 "辨擇"인데 문맥에 따라 "辨釋"으로 바로잡아 번역하였다.

없었다면 황진구가 신에게 쌓인 원망이 있더라도 어찌 이처럼 빙자하여 헐뜯을 수 있겠습니까. 그러나 지난날 신의 행위는 실로 그만둘 수 없는 정리에서 나온 것이니, 비록 이로 인해 크게 처벌을 받을지라도 진실로 마음에 달갑게 여기고 사양하지 않을 바입니다. 그러므로 황진구의 말을 그대로 받아들여 신의 죄로 삼고 감히 스스로 용서하고 변명할 수 없습니다. 그러나 괴이한 것은 참으로 그가 말한 것처럼 축적된 영미가 없었다면 그 당시에 어찌 대하(貸下)하기 어려운 형편을 곧장 신에게 말하지 않는 것입니까. 이는 알 수 없습니다.

신이 외람되게도 용렬한 몸으로 누차 관찰사의 직임에 올라 털끝만큼의 도움은 없이 죄만 쌓였습니다. 오늘에 이르러 이런 비난을 당한 것은 실로 신의 잘못 때문이니 어찌 감히 남을 탓하겠습니까. 염치는 매우 중요하고 직명(職名)은 가볍지 않으니 이대로 무릅쓰고 차지하는 이런 이치는 결코 없습니다.

삼가 바라건대 자애로우신 성상께서는 굽어살피시어 신의 직책을 속히 체차하고 이어 신의 죄를 다스려 조정 신료들을 면려하고 개인적인 분수를 편안하게 하신다면 매우 다행이겠습니다.

호서의 토지 측량의 일로 인책하고 사직하는 소
以湖西量田事引罪辭職疏

삼가 아룁니다. 신은 가장 하등에 속하는 용렬하고 쓸모없는 몸으로 차례로 내외의 관직을 맡아 하나도 보답한 것이 없습니다. 작년에 충청도 관찰사로 재직할 때 조정에서 잘못 선발하여 신에게 토지를 측량하는 일을 맡겼습니다. 이는 중대한 일이라 결코 신이 감당할 수 있는 바가 아니었기에 소를 올려 벗어나기를 청했으나 허락을 받지 못했습니다. 이에 분수와 의리상 감히 다시 사양할 수 없어 능력도 안 되는 것을 억지로 힘써 애써 직무를 수행하였는데 맡은 일을 끝마치기도 전에 옮겨 제수되었습니다. 평안도 관찰사로 부임한 이후로는 이 일과 아무 관계가 없어 백성의 편리함 여부를 상세히 들을 길이 없었습니다. 그런데 지금 저보(邸報)를 보니, 근래 대계(臺啓)에서 토지 측량이 공평하지 못한 폐단을 자세히 논하여 심지어 다시 측량하기를 청하였고 대신(大臣)이 잇달아 아뢰어 성상께서 윤허하셨다고 합니다. 일을 그르친 죄가 실로 신에게 있으니, 국법으로 논하건대 견책을 받아야 마땅합니다. 그런데 며칠을 귀 기울여 들어도 아무 처분이 없으니 신은 두렵고 떨려 어찌할 바를 모르겠습니다. 이에 감히 어리석음을 무릅쓰고 스스로 논열(論列)하여 우러러 엄한 주벌을 청합니다.

신이 일찍이 주자(朱子)의 글을 보니, 그 〈조주경계장(條奏經界狀)〉에 "이 법이 시행되면 그 이익이 관청과 백성에게 있고 호족(豪族과 세력 있는 집안, 교활한 관리와 간사한 백성은 모두 불편하게 여길 것입니다. 이 때문에 그동안 논의하는 신하들이 누차 시행을 청해도 그때마다 근거 없는 말에 막혔던 것입니다."라는 글이 있고, 또 "경계하고 구획하는 것을 미루어 시행하는 것이 가장 시급한 일인데 이는 관리를 가려 뽑아 애초에 심사숙고하고 끝까지 맡아서 완수시키는데 달려 있습니다. 관리를 가려 뽑아 적임자를 얻어 맡기는 것이 진실로 쉽지 않지만, 마땅한 조치로 인심을 복종시켜 호족과 세력 있는 집안이 근거 없는 말로 막지 못하게 하는 것이 더욱 어렵습니다."라고 하였습니다.

신이 호서 지방의 토양의 비옥함과 척박함, 부역의 고됨과 수월함에 대하여 일찍이 그 대략을 조금 파악하였기에 명을 받들어 주선하여 대대적으로 균등하게 조절하여 관청에는 누락되는 세금이 없고 백성은 가혹한 주렴에서 벗어나 성상의 인정(仁政)의 시작[129]을 돕고자 함이 실로 마음속에 기약한 생각입니다. 그러나 신이 어리석고 용렬한 탓에 일을 잘못 수행하여 제대로 규획하지 못한데다 각 고을에 파견한 많은 감관(監官)도 일일이 적합한 사람을 얻지 못했으니, 토지를 살펴서 등급을 나눌 적에 애당초 그 경중이 혹 실상에 어긋나는 것이 이치상 당연합니다. 그 와중에 이 법을 좋아하지 않는 자들이 떠들썩하게 비방하여 이르지 않는 데가 없었으니, 신이 이점에 매우 비분강개하여 행궁(行宮)에서 사대(賜對)할 적에 또한 이러한 사정을 함부로 아뢰었습니다. 그러나 우리가 시행함에 있어 알맞은 방도를 얻었다면 아무리 호족

129 인정(仁政)의 시작 : 《맹자》 〈등문공 상(滕文公上)〉에 "인정(仁政)은 반드시 토지의 경계를 정하는 데에서부터 시작되니, 경계가 바르지 않으면 정전(井田)이 균등하지 않고 곡록(穀祿)이 공평하지 않게 된다."라고 하였다.

집안과 간사한 백성이라도 반드시 이를 빙자하여 말하지 못했을 것입니다.

일을 시작하는 초기에는 백성의 원망이 일어나는 이유를 살펴야 마땅합니다. 이 때문에 신은 가장 먼저 청주(淸州)에 도착하여 그 측량이 지나치게 엄격한 것을 보고는 감관을 모아 모두 감등(減等)하도록 허락하여 백성의 소망을 들어주었습니다. 충주(忠州)의 경우는 아직 측량이 끝나지 않은 때라, 다른 지방에 비해 제법 느슨하다는 말만 듣고 큰 잘못이 있는 것은 보지 못했습니다. 나머지 여러 고을은 신이 겨우 한번 순행하여 제대로 측량되었는지 대략 살피고서 간혹 잘못된 곳이 있으면 즉시 다시 측량하도록 명하였습니다. 그런데 제 정신과 근력을 스스로 헤아려보건대 두루 살피고 알기 어려웠기 때문에 초안(草案)을 모두 거두고 정안(正案)을 완성하기 전에 백성의 호소를 듣거나 공론을 채택하여 백성이 원통하다고 말하고 공론에서 불편하다고 하는 부분을 바로잡아 고칠 작정이었는데, 뜻밖에 관직을 옮기는 바람에 끝내 생각대로 하지 못했습니다. 생각이 여기에 미치니 무거운 죄를 짊어진 듯합니다.

가령 신의 식견이 일을 생각하기에 충분하고 신의 재주가 일을 주관하기에 충분하여 측량법을 지도하여 차이 없이 균정(均正)하고 토지의 품질을 매겨 경중이 알맞았다면 애초에 반드시 원통하다고 말하는 백성이 없었을 것이고 이후에 어찌 다시 측량할 일이 있겠습니까. 신이 형편없이 직분을 수행한 탓에 이미 측량한 것을 다시 측량하게 되어 나라를 병들게 하고 백성을 소란하게 하였습니다. 신의 죄가 이에 이르렀으니 더욱 피할 곳이 없습니다.

삼가 바라건대 밝으신 성상께서는 신의 직임을 속히 체차하시고 이어 신의 죄를 바로잡아 일을 그르친 신하의 경계로 삼는다면 매우 다행이겠습니다.

문정공유고

제9권

書서

아들 진후[1]에게 부치다 무신년(1668, 현종9) 3월 그믐날

寄兒鎭厚 戊申三月晦

근래 자고 먹는 것은 어떠하냐? 목욕한 뒤에 귓병은 차도가 있느냐? 기운이 화평하지 않으면 하루 간격으로 목욕하는 것이 좋으니, 부디 잘 조섭하길 바란다. 이별한 지 이미 오래되었는데도 그리운 마음이 날로 심해지는구나. 내가 막 덕산(德山)에 도착했는데, 모레 가야산(伽倻山)에서 기우제를 지내려고 한다. 이만 줄인다. 무신년 3월 그믐날

아들 진후에게 부치다 무신년(1668) 5월 6일

寄兒鎭厚 戊申五月初六

근래 자고 먹는 것은 어떠하냐? 만나지 못한 지가 이미 오래되었지만, 어느 때라도 그리워하지 않겠느냐. 너는 응당 날마다 배우고 독서에 힘쓰기를 게을리 하지 않기 바란다. 이만 줄인다. 무신년 5월 6일

1 진후(鎭厚) : 저자의 장남 민진후(閔鎭厚, 1659~1720)를 가리킨다. 민진후의 자는 정순(靜純), 호는 지재(趾齋), 시호는 충문(忠文)이다.

아들 진후에게 부치다 무신년(1668) 9월 10일

寄兒鎭厚 戊申九月十日

오늘 너는 공산(公山 공주(公州))에 도착했느냐? 지극히 염려스럽다. 아침에 서울에서 온 편지를 받아보니 세자(世子)의 환후가 더 심해져 근심스럽고 애타니 무슨 말을 하겠느냐, 무슨 말을 하겠느냐. 장인[2]은 방금 길을 떠나 상경하셨다. 나는 우선 천안(天安)에 머물면서[3] 좋은 소식 들리기를 기다리고 있으나 마음이 간절하고 타들어갈 뿐이다. 너는 모름지기 감영에 머물면서 날마다 송 생원(宋生員)에게 배우는 것이 좋겠구나. 이만 줄인다. 무신년 9월 10일

2 장인 : 저자의 장인 송준길(宋浚吉, 1606~1672)을 말한다.

3 나는……머물면서 : 원문은 '姑舅'인데, 문맥을 고려하여 '舅'를 '留'로 바로잡아 번역하였다.

아들 진후에게 부치다 무신년(1668) 11월 15일

寄兒鎭厚 戊申十月十五日

편지를 보니 잘 지내는 것을 알겠다. 무척 기쁘구나, 무척 기쁘구나. 다만 서도(書徒)[4]를 보니 '약(略)'이 많고 '통(通)'이 적어 네가 나태하다는 사실을 알겠구나. 앞으로는 그러지 말고 부지런히 읽어야 할 것이다. 이만 줄인다. 무신년 11월 15일

4 서도(書徒) : 원래는 성균관 유생 등을 대상으로 날마다 독서한 일자, 평가, 내용 등을 간략하게 적어 놓은 기록을 이른다. 이것을 매월 말에 예조에 올려 장부에 기록하고 불시에 돌아가면서 무작위로 추출하여 적간하며, 때때로 시험을 보여 나중에 그 통산한 점수를 가지고 혜택을 주거나 처벌을 내렸다. 서도기(書徒記)라고도 한다. 《中宗實錄 29年 11月 9日》 민진후가 성균관에 들어가기 전이기 때문에, 여기서는 지방 학교에서 공부하면서 작성한 서도를 가리키는 듯하다.

아들 진후에게 부치다 기유년(1669, 현종10) 3월 2일

寄兒鎭厚 己酉三月初二日

중씨(仲氏)[5]를 따라 잘 돌아갔느냐? 지난해 너희 어머니와 이별했다가[6] 이제 뵙게 되었으니 그 즐거움을 짐작할 만하다. 나는 막 천안(天安)에 도착하였는데 아직 무탈하다. 다만 너를 보낸 후에 나그네 회포가 더욱 나빠지고 있으니, 너의 마음도 그러한지 잘 모르겠구나. 《사략(史略)》은 매일매일 받아서 읽고[7] 단 하루라도 빠뜨리는 일이 없도록 해야 할 것이다. 이만 줄인다. 기유년 3월 2일

5 중씨(仲氏) : 민정중(閔鼎重, 1628~1692)을 가리킨다.

6 어머니와 이별했다가 : 원문은 '別毋'인데, 문맥을 고려하여 '毋'를 '母'로 바로잡아 번역하였다.

7 매일매일 받아서 읽고 : 원문은 '愛讀'인데, 문맥을 고려하여 '愛'를 '受'로 바로잡아 번역하였다.

아들 진후에게 부치다 기유년(1669) 9월 25일

寄兒鎭厚 己酉九月二十五日

편지를 보니 무척 위로가 된다. 《사략》과 《대학》은 같지 않으니, 많이 배우고 많이 읽어 하루라도 한가롭게 노는 일이 없어야 마땅할 것이다. 또한 서도(書徒)를 날마다 하나하나 기록하여 내가 돌아간 뒤에 살펴볼 자료로 만들어 놓는 것이 마땅할 것이다. 이만 줄인다. 기유년 9월 25일

아들 진후에게 부치다 기유년(1669) 11월 21일

寄兒鎭厚 己酉十一月二十一日

편지를 받으니 무척 기쁘구나. 다만 너는 매번 초서(草書)로 편지를 써 보내는데, 아버지를 섬기는 도리로 응당 이와 같아서는 안 된다. 앞으로는 반듯한 글씨로 써서 보내거라.

연달아 편지를 받으니 기쁘구나. 나는 만(灣 의주(義州))에 도착하여 중씨(仲氏 민정중(閔鼎重))를 모시게 되었으니 무척 기쁘구나. 내일은 강가에서 전송할 예정인데, 이 마음을 어떻게 견뎌낼 수 있겠느냐. 서원(書院)에 가는 일은 일단 그만두어라. 내가 돌아가기를 기다린 뒤에 다시 논의하는 편이 좋겠구나. 이만 줄인다. 기유년 11월 21일

아들 진후에게 부치다 경술년(1670, 현종11) 1월 7일

寄兒鎭厚 庚戌正月七日

편지를 받아보니 잘 지내는 것을 알겠기에 무척 기쁘구나. 나는 어제 용천(龍川)에서 숙박하고 오늘은 의주(義州)로 출발하였다. 조 교수(趙敎授)가 이미 도착하였으니 매일 배우기를 게을리하지 말아야 할 것이다. 경술년 1월 7일

아들 진후에게 부치다 경술년(1670) 1월 7일

寄兒鎭厚 庚戌正月初七日

오늘이 너의 생일인데 마침 이렇게 멀리 떠나와 만나질 못하니 무척 한스럽구나. 모름지기 구로(劬勞)의 은혜[8]를 생각하여 독서를 게을리 하지 말아 부모의 지극한 기대에 부응하거라. 이만 줄인다. 경술년 1월 7일

8 구로(劬勞)의 은혜 : 자식을 낳아 애써 길러 준 부모의 은혜를 말한다. 《시경》 〈소아(小雅) 육아(蓼莪)〉는 돌아가신 어버이를 생각하며 슬퍼하는 시인데, 그중에 "슬프고 슬프다 우리 부모여, 나를 낳아 기르느라 얼마나 애쓰셨나.〔哀哀父母, 生我劬勞.〕"라고 하였다.

아들 진후에게 부치다 경술년(1670) 1월 21일

寄兒鎭厚 庚戌正月二十一日

편지를 읽어보고 무탈함을 알게 되어 무척 기쁘다. 네가 지은 고풍(古風) 또한 좋다. 게을리하지 말고 더욱 힘쓴다면 매우 다행일 것이다. 역서(曆書)를 어른에게 아뢰지 않고 멋대로 남에게 주는 것은 무척 온당치 않은 일이다. 앞으로는 그렇게 하지 말거라. 나는 내일 들어갈 것이다. 이만 줄인다. 경술년 1월 21일

아들 진후에게 부치다 경술년(1670) 6월 22일

寄兒鎭厚 庚戌六月二十二日

군뢰(軍牢)[9]가 와서 편지 두 통을 보게 되었다. 잘 지내면서 책을 읽고 있다고 하니 기쁘구나. 보내준 소주(燒酒)도 잘 도착하였다. 나는 근근이 버티고 있다. 청(淸)나라 사신이 모레 강을 건넌다고 하니, 고생스러운 상황을 어찌 다 말하겠느냐. 네가 지은 고풍(古風) 가운데 두세 편을 골라 써서 보내거라. 그러면 내가 김 제학(金提學)에게 한 번 보여주고 비평을 받아 보내주려고 한다. 이만 줄인다. 경술년 6월 22일

9 군뢰(軍牢) : 군영(軍營)과 관아(官衙)에 소속되어 죄인을 다스리는 일을 맡았던 군졸이다. 이들은 '군뢰복(軍牢服)'이라고 하는 특유의 복장을 하고 주장(朱杖)이나 곤장(棍杖) 등을 들고서 죄인을 다스렸다.

아들 진후에게 부치다 경술년(1670) 9월 4일

寄兒鎭厚 庚戌九月初四日

봉산(鳳山)에서 보내온 편지를 보니 기쁘구나. 오늘밤엔 평산(平山)에서 숙박하느냐? 길을 떠나서는 바람을 맞아 병이 생기지 않도록 조심해야 할 것이다. 나는 여전히 그럭저럭 지내고 있다. 이만 줄인다. 경술년 9월 4일

아들 진후에게 부치다 경술년(1670) 9월 12일

寄兒鎭厚 庚戌九月十二日

어느 날 서울에 들어갔고, 자고 먹는 일은 또 어떠하냐? 간택하는 일은 또한 이미 치렀느냐? 오랫동안 소식을 듣지 못해 무척 울적하고 또 염려되는구나. 무홍(茂弘 민진하(閔鎭夏))도[10] 편안히 잘 지내느냐? 너희들이 한 해 걸러 서로들 만났으니 그 기쁨을 알 만하구나. 따로 편지를 쓰지 않으니 함께 보는 것이 좋겠구나. 나는 여전히 근근이 버티고 있다. 일일이 다 쓰지 않고 이만 줄인다. 경술년 9월 12일

10 무홍(茂弘)도 : 원문은 '阜弘'인데, 문맥을 고려하여 '阜'를 '茂'로 바로잡아 번역하였다.

아들 진후에게 부치다 경술년(1670) 9월 21일

寄兒鎭厚 庚戌九月二十一日

여전히 사촌(沙村)형님의 곁에 있느냐? 자고 먹는 일은 어떠냐? 보고 싶은 마음을 어찌 다 말하겠느냐. 너는 언제쯤 내려오느냐? 내려오기 전에는 날마다 책을 읽으며 헛되이 놀지 말거라. 이만 줄인다. 경술년 9월 21일

아들 진후에게 부치다 경술년(1670) 9월 23일

寄兒鎭厚 庚戌九月二十三日

19일에 보낸 편지를 받아보고 자고 먹는 것이 편하다는 것을 알겠으니 무척 기쁘구나. 또한 작년에 사촌(沙村)에서 한가롭게 지내던 즐거움을 생각하니, 한달음에 달려가지 못하는 일이 한스럽구나. 나는 여전히 그럭저럭 지내고 있다. 이만 줄인다. 경술년 9월 23일

아들 진후에게 부치다 경술년(1670) 9월 28일

寄兒鎭厚 庚戌九月二十八日

날씨가 갑자기 추워졌는데 먹고 자는 일은 어떠하냐? 지극히 염려가 된다. 듣자니 네가 장인이 머무는 곳에 가서 인사를 드렸다고 하는구나. 예전에 비해 기력은 어떠하시더냐? 네가 오래 머무는 것도 걱정스럽지만 또한 곧바로 돌아오는 것도 어렵겠구나. 다음 달 10일 이전에 필시 성상의 처분이 있을 터이니 10일 무렵에 맞추어 말을 보낼 계획이다. 나는 아직 편안히 지내고 있다. 이만 줄인다. 경술년 9월 28일

아들 진후에게 부치다 경술년(1670) 9월 그믐날

寄兒鎭厚 庚戌九月之晦

25일에 보낸 편지를 받아보았다. 듣건대 네가 매일 배운다고 하니 먼 곳에 있는 나의 걱정을 풀어주어 다행이다. 나는 또한 별일 없이 근근이 버티고 있다. 이만 줄인다. 경술년 9월 그믐날

아들 진후에게 부치다 경술년(1670) 10월 4일

寄兒鎭厚 庚戌十月初四日

지난 27일의 편지를 보았다. 기쁘구나. 듣건대 네가 재간택(再揀擇)[11]하는 일에 들지 않았다고 하니 무척 다행이다. 마부와 말이 오늘 떠났으니 열흘이 되기 전에 서울에 도착할 수 있겠구나. 네가 먼저 들어가서 기다리는 것이 어떻겠느냐? 너를 그리는 마음이 날로 간절해지니 더 지체할 수가 없구나. 이만 줄인다. 경술년 10월 4일

11 재간택(再揀擇) : 원문은 '再楝'인데, 문맥을 고려하여 '楝'을 '揀'으로 바로잡아 번역하였다.

아들 진후에게 부치다 신해년(1671, 현종12) 3월 27일

寄兒鎭厚 辛亥三月二十七日

밤사이 자고 먹는 일은 어떠하냐? 그립고 그립구나. 나는 어제 강서(江西)에서 숙박하고 오늘은 보산(保山)으로 떠난다. 그러나 가뭄이 여기에까지 미쳤으니 양맥(兩麥 보리와 밀)도 이미 가망이 없구나. 일찍 파종한 곡식도 싹이 나지 않았으니 비록 두벌갈이를 하고자 해도 종자(種子)를 다시 얻을 길이 없어, 그 절박한 모습을 더욱 말할 수조차 없구나. 해주(海州)에 온 계집종의 아들놈은 매번 3홉〔合〕으로 급료를 주고 있다. 감영의 창고에 말하여 이제부터는 1홉을 줄여도 괜찮겠다. 이만 줄인다. 신해년 3월 27일

아들 진후에게 부치다 신해년(1671) 4월 2일

寄兒鎭厚 辛亥四月初二日

이랑(李郞)[12]의 시 네 수는 무척 훌륭하구나. 무척 훌륭하구나. 신해년 4월 2일

12 이랑(李郞) : 저자의 사위 이만창(李晩昌, 1654~1684)인 듯하다.

아들 진후에게 부치다 신해년(1671) 8월 5일

寄兒鎭厚 辛亥八月初五日

이랑(李郎)이 길을 떠난다는 소식을 파발로 필시 들었을 것이다. 그가 황주(黃州)에 도착하는 날을 헤아려 관노(官奴) 한 명을 맡겨 보내 찬물(饌物)을 지참하고 가서 접대하게 해라. 중화(中和 평안도 중화현)에 도착하는 날이면 기고관(旗鼓官)[13]을 보내어 가서 맞이하고 관노 한 명을 같이 보내어 접대하게 해라. 그러나 관가(官家)를 번거롭게 해서는 안 된다는 뜻으로 군관청(軍官廳)에 말하고서 거행하라. 만약 관가에서 그것을 알게 되면 응당 힐책할 것이다.

지난 번 편지를 보았다. 내가 접때 부여(扶餘)에 계시는 족숙모(族叔母)의 상을 들었는데 비통한 심정을 어찌 다 말하겠느냐. 오늘은 강동(江東)으로 가고 내일은 거기 그대로 머물 것이다. 모레 성복(成服)한 뒤에 성천(成川)으로 떠날 계획이다. 돌아가신 분은 족숙인 광식씨(光烒氏)의 아내이다. 시부(詩賦)의 시제를 써서 보내니 즉시 동재(東齋)와 서재(西齋)에 보내어 글을 짓도록 하고, 너도 계속해서 가서 이 두 편의 시를 짓는 것이 좋겠다. 이만 줄인다. 신해년 8월 5일

13 기고관 : 기고(旗鼓)는 전장에서 군대를 지휘하고 명령을 전달하는 데에 쓰는 기와 북인데, 기고관은 그것을 맡아 보는 벼슬이다.

아들 진후에게 부치다 신해년(1671) 8월 10일

寄兒鎭厚 辛亥八月初十日

편지를 읽었다. 먹고 자는 것이 편안하고 인성(寅成)이도 열심히 글을 읽는다고 하니 무척 다행이구나. 앞으로도 계속 열심히 읽어 게을리하지 않아야 할 것이다. 송 동자(宋童子)가 왔다고 하니 무척 기쁘다. 잘 대해주고 함께 거처하면서 책을 읽어야 할 것이다. 나는 오늘 맹산(孟山)으로 떠난다. 이만 줄인다. 신해년 8월 10일

아들 진후에게 부치다 신해년(1671) 9월 14일

寄兒鎭厚 辛亥九月十四日

성천(成川)에서 돌아왔을 것 같구나. 먼 길에 아픈 곳은 없느냐? 그리움이 간절하구나. 《사략》과 여러 시인들의 시를 읽는 것은 계속해서 하고 게을리하지 말거라. 감영이 비었을 때는 외부인을 만나지 않는 편이 좋다. 혹여 걸객(乞客)들이 많이 찾아온다면 네가 어떻게 그들을 대우하겠느냐? 연(延) 아무개 노비는 문 밖으로 한 발짝도 나가지 못하게 하여라. 그렇지 않으면 필시 폐단을 만드는 일이 생길 것이다. 이만 줄인다. 신해년 9월 14일

아들 진후에게 부치다 신해년(1671) 10월 20일 아침
寄兒鎭厚 辛亥十月二十日朝

새로 온 관찰사가 논핵을 당하고, 심양(瀋陽)으로 가는 문안사(問安使) 일행이 밤새 도착했다. 나는 일이 곱절로 많아지니 무척 걱정이 된다. 신해년 10월 20일 아침

아들 진후에게 부치다 신해년(1671) 12월 20일 오시
寄兒鎭厚 辛亥十二月二十日午時

18일에 보낸 편지를 보니 위로가 된다. 나는 밤사이 담색증(痰塞症)을 몹시 앓았는데 아마도 소식(素食)하다가 감기에 걸린 것 같다. 그러나 새벽쯤 땀이 엄청 나더니[14] 병이 나았다. 오늘 날이 밝아지는 틈을 타서 용천(龍川)으로 길을 떠났다. 통관(通官)의 무리에게 조리한다고 말하고 임의로 길을 떠났다. 이만 줄인다. 신해년 12월 20일 오시

14 땀이 엄청 나더니 : 원문은 '得汗憂洽'인데, 문맥을 고려하여 '憂'를 '優'로 바로잡아 번역하였다.

아들 진후에게 부치다 12월 23일

寄兒鎭厚 十二月二十三日

편지를 읽으니 위로가 된다. 내 병은 차도가 있어서 방금 납청정(納淸亭)[15]에 도착하였다. 의주 영위사(義州迎慰使) 이 참의(李參議)[16] 영공은 나의 친한 벗이다. 내일이나 모레 평양(平壤)에 들어갈 텐데, 너희 형제들은 곧장 찾아 뵙거라. 이어서 영공을 모시고 연광정(練光亭)[17]이나 부벽루(浮碧樓)[18]를 유람하는 것도 괜찮겠구나. 또 집안에 고하여 반찬을 끼니 때마다 준비해 보내는 것은 어떻겠느냐? 영공께서는 매번 술로 요기를 하시니 본관(本官)에게 좋은 술을 구해서 올리는 것도 괜찮겠구나. 그리고 네가 지은 시 두세 편을 깨끗하게 적어 비평을 청하는 것도 좋겠다. 12월 23일

15 납청정(納淸亭) : 평안북도 가산에 있던 누정으로 중국 사신 당고(唐皐)가 이름을 지었다. 이해응의 《계산기정》에 의하면, 이해응이 연행을 갔던 1803년에 이미 납청정은 허물어지고 말을 바꿔 타는 집만 남았다고 하였다. 《薊山紀程 11月 8日》

16 이 참의(李參議) : 이지익(李之翼, 1625~1694)을 가리키는 듯하다.

17 연광정(練光亭) : 평양의 대동강 가에 있던 누정으로 고구려 때 평양성을 건설할 때 함께 세운 것이다. 경치가 좋아 관서8경 중 하나로 손꼽혔으며, 연행 가는 사신을 비롯한 많은 문인들이 연광정에 올라 읊은 시문이 남아 있다.

18 부벽루(浮碧樓) : 평양 중구역 금수산(錦繡山) 동쪽 청류벽(淸流壁) 위에 있는 고려 초기의 누각인데, 대동강에 직면하고 있어 마치 강물 위에 뜬 것 같이 보이는 평양 팔경의 하나이다.

아들 진후에게 부치다 임자년(1672, 현종13) 1월 25일

寄兒鎭厚 壬子正月二十五日

편지를 받으니 위로가 된다. 내 기운이 무척 소생하고 상쾌해져 마치 묵은 병이 몸을 떠난 것 같다. 오랫동안 보약을 복용한 효과인 것 같다. 이만 줄인다. 임자년 1월 25일

아들 진후에게 부치다 임자년(1672) 2월 4일

寄兒鎭厚 壬子二月初四日

며칠간 자고 먹는 일은 어땠느냐? 그립고 그립구나. 나는 막 선천(宣川)에 도착했는데 아직은 별 탈이 없다. 12일에 기제(忌祭)를 지낼 때 단헌(單獻)[19]으로 예를 행해라. 그리고 제수로 올리는 산적도 세 개의 제기(祭器)에 담지 말고 모두 한 개의 제기에 합쳐 담는 것이 좋겠다. 다만 모두 합치면 진설하기 어려울 듯하니, 먼저 빈 제기 하나를 놓은 다음 거기에 여러 종류의 산적을 진설하는 게 어떻겠느냐? 이만 줄인다. 임자년 2월 4일

19 단헌(單獻) : 초헌, 아헌, 종헌으로 세 번 술을 바쳐야 할 것을 단 한 번으로 줄인 것을 말한다.

아들 진후에게 부치다 임자년(1672) 5월 12일 밤

寄兒鎭厚 壬子五月十二日夜

방금 김 교(金校)가 돌아와, 일행이 무사히 중화(中和)에 도착했다는 사실을 자세하게 알게 되니 기쁜 일이다. 나는 또한 그럭저럭 지내고 있지만 피로하고 병들어 더욱 무료하다. 또 듣자니 사직상소가 비록 비국에 내려졌지만 결말이 날 기약이 없다 하니 무척 걱정이다. 집의(執義) 운거(雲擧 이상(李翔))가 상소를 올려 허상(許相 허적(許積))을 크게 논척하였다고 들었다. 앞으로 조정에 큰 풍랑이 일 것이니 몹시 염려스럽다. 이만 줄인다. 임자년 5월 12일 밤

아들 진후에게 부치다 임자년(1672) 6월 7일

寄兒鎭厚 壬子六月初七日

회덕(懷德)에 도착한 이후에 보낸 편지 두 통을 연달아 받아보고, 일행의 노소(老少)가 모두 편안하다는 사실을 잘 알았다. 장인의 병환이 나아지고 있다니 위로가 되고 기쁜 마음을 어찌 다 말할 수 있겠느냐. 내가 앓고 있는 여러 증세도 최근에 이미 차도를 보이고 있다. 새로 온 관찰사 원 영공(元令公)[20]이 뜻밖에 갑자기 세상을 떠났으니 무척 놀랍고도 참담하구나. 내가 교대하고 서울로 가는 일은 지금부터 점차 늦어질[21] 것인데, 하루를 일 년처럼 보내니 그 고통이 어떻겠느냐. 심부름꾼을 따로 보내 스승에게 안부를 전하였다. 바빠서 이만 줄인다. 듣자니 네가 병채(屛茱)를 가장 좋아한다고 하여, 마른 것 80잎을 캐어 함께 보낸다. 임자년 6월 7일

20 원 영공(元令公) : 평안 감사 원만리(元萬里, 1624~1672)를 가리키는 듯하다.

21 점차 늦어질 : 원문은 '漸進'인데, 문맥을 고려하여 '進'을 '退'로 바로잡아 번역하였다.

아들 진후에게 부치다 임자년(1672) 6월 23일

寄兒鎭厚 壬子六月二十三日

듣자니 너의 어머니가 예전처럼 밥을 잘 먹지 않는다고 하는구나. 그렇다면 기력이 필시 크게 떨어졌을 것이다. 작년에는 인삼차(人蔘茶)를 계속 복용하게 하고, 삼귤산(蔘橘散 인삼귤피탕)을 때로는 다섯 첩을, 또 때로는 열 첩을 연달아 복용하게 하여 계속 끊이지 않게 하였다. 이렇게 해서 기력을 유지할 수 있었으니, 이번에도 삼귤산을 제조하여 복용하게 하는 것이 어떻겠느냐? 너희들은 무척 어리석으니 모든 일은 송(宋) 조카와 상의하여 행하기를 바란다. 임자년 6월 23일

아들 진후에게 부치다 임자년(1672) 7월 16일

寄兒鎭厚 壬子七月十六日

칠석에 보낸 편지를 보니, 위로가 된다. 편지를 보낸 뒤에 너의 어머니를 모시며 자고 먹는 일은 어떠하냐? 무척 그립고 무척 그립구나. 나는 예전처럼 그럭저럭 버티고 있다. 상여(喪餘)[22]가 하룻밤 남았으니 애달픈 마음이 끝이 없다. 너희들을 책을 읽는 것이 필시 착실하지 않구나. 비록 과거 문장을 짓지 않는다고 하더라도 성실하게 읽어야 할 것이다. 먼저 완성한 제영(題詠)은 베껴 써서 보내거라. 장인에게 보내어 요양하실 때 한 번 웃을 거리로 삼게 하면 어떻겠느냐? 이만 줄인다. 임자년 7월 16일

22 상여(喪餘) : 거상(居喪)을 마치고 난 나머지라는 뜻으로, 삼년상을 넘기고 지내는 기제(忌祭)를 이르는 말이다.

아들 진후에게 부치다 계축년(1673, 현종14) 3월 3일

寄兒鎭厚 癸丑三月三日

장인의 장례가 어제 이미 끝났으니 슬프고 애통한 마음이 더욱 절실하다. 모든 일을 돌이킬 수 없구나. 광중(壙中)의 흙빛은 제법 좋더구나. 요샌 병은 없느냐? 잘 보양하는 것이 좋겠다. 이만 줄인다. 계축년 3월 3일

아들 진후에게 부치다 계축년(1673) 3월 5일

寄兒鎭厚 癸丑三月初五日

요새 자고 먹는 일은 어떠하냐? 오랫동안 소식을 듣지 못해 답답하고 염려되는구나. 나는 그제 반곡(反哭)[23]을 하고 돌아와 이미 회천(懷川)에 도착하였다. 내일 졸곡(卒哭)이 지나면 길을 돌려 죽산(竹山)으로 갔다가, 돌아서 충주(忠州)로 가서 뱃길로 상경할 계획이다. 진주(鎭周) 조카가 선영에 성묘하러 가는 일은 언제쯤이냐? 다녀오는 길에 꼭 죽산의 새 무덤에 합격 인사를 올려야 하니, 이 뜻을 전해주거라. 미리 날짜를 알려준다면 나도 마땅히 제사지내는 물건들을 준비하도록 하겠다. 이만 줄인다. 계축년 3월 5일

23 반곡(反哭) : 장지(葬地)로부터 집에 돌아와, 신주(神主)와 혼백상자를 영좌(靈座)에 모시고 곡하는 일을 말한다.

아들 진후에게 부치다 4월 10일

寄兒鎭厚 四月十日

지난 번 편지는 보았느냐? 밤사이 잠자고 먹는 일은 어떠하냐? 무척 그립고 무척 염려되는구나. 나는 어제 강화(江華)에 도착하여 가묘(家廟)를 삼가 알현하였다. 형제들이 단란하게 모였으니 다행스러움을 어찌 다 말하겠느냐. 이제 사각(史閣)[24]으로 달려가니 며칠을 보낸 후에 돌아올 것이다. 인성(寅成)이도 연일 부지런히 글을 읽어 쉬지 않기를 바란다. 이만 줄인다. 4월 10일

아들 진후에게 부치다 계축년(1673) 5월

寄兒鎭厚 癸丑五月

이익화(李翊華)는 돌아가신 이묵(李默)의 아들이고 그 조모(祖母)는 내가 갓난아기 때 돌봐주신 분이다. 그분의 기일(忌日)이 이달 25일이니, 만약 그쪽으로 가는 인편이 있다면 건어물을 조금 보내어 제사에 보태게 하라. 부채 두 자루도 보내는 것이 좋겠다. 늙은 여종 예생(禮生)이나 여옥(女玉) 등이 필시 서울에서 오가는 곳을 알 것이다. 계축년 5월

24 사각(史閣) : 사고(史庫)의 별칭으로 역대 왕조의 실록을 보관하는 곳이다.

아들 진후에게 부치다 5월 19일

寄兒鎭厚 五月十九日

어제 아침에 나왔을 적에 영림령(靈林令 이익수(李翼秀))이 다시 상소를 올려 봉심(奉審)[25]하고 척량(尺量)할 때 큰 것을 작다고 하고 많은 것을 적다고 하였다는 이유로 나와 조 판서(趙判書)를 논척하였으니, 무척 놀랍고 의아하다. 복명(復命)한 후에 글을 올려 스스로 논열해야 할 따름이다. 그의 상소가 아직 내려오지 않았으니[26] 일단 발설하지 말아야 할 것이다. 이만 줄인다. 5월 19일

25 봉심(奉審) : 왕실의 능묘를 살피고 수리하는 일을 말한다.

26 아직 내려오지 않았으니 : 원문은 '末下'인데, 문맥을 고려하여 '末'을 '未'로 바로잡아 번역하였다.

아들 진후에게 부치다 계축년(1673) 7월 그믐날

寄兒鎭厚 癸丑七月晦

며칠 동안 자고 먹는 일은 어떠하냐? 옴〔疥瘡〕은 치료하였느냐? 비첩(砒帖)을 만들어 보내니 집안에 아픈 사람이 있으면 윗사람과 아랫사람을 막론하고 전부 그 연기를 쐬게 해야 한다. 우재(尤齋 송시열(宋時烈))께서는 어제 이곳에 와서 벽사(甓寺)[27]에 그대로 머물고자 하신다. 조카 송자화(宋子華 송병하(宋炳夏))가 모시고 왔다. 바빠서 이만 줄인다. 계축년 7월 그믐날

아들 진후에게 부치다 8월 3일

寄兒鎭厚 八月初三日

광주(廣州) 별장의 밤이 익어가니 아이종을 보내어 따 오거라. 밤밥을 지어 며칠 상식(上食)[28]에 올려도 괜찮을 것이다. 이것은 평소 즐기시던 음식이다. 8월 3일

27 벽사(甓寺) : 경기도 여주에 있는 신륵사(神勒寺)의 별칭이다. 신륵사에 벽돌을 쌓아 만든 전탑(塼塔)이 있어서 붙여진 이름이다.

28 상식(上食) : 산 사람이 아침저녁으로 식사하기 전에 신위(神位) 앞에 차려 올리는 음식을 말한다.

아들 진후에게 부치다 계축년(1673) 9월 2일

寄兒鎭厚 癸丑九月初二日

방금 작은 아이의 부고(訃告)를 듣고서 통곡하고 통곡하여 속이 찢어지는 것 같다. 이 모든 게 내가 쌓은 허물이 초래한 것이니, 어찌하겠느냐. 너희들은 너무 슬퍼하지 말고 몸을 잘 보존토록 해라. 아이의 상여는 양주(楊州) 선산의 묘역 안으로 보내어 안장하되 구덩이를 깊이 파고 단단히 만들어야 지극히 옳고 지극히 옳을 것이다. 나머지는 이만 줄인다. 계축년 9월 2일

아들 진후에게 부치다 계축년(1673) 9월 3일

寄兒鎭厚 癸丑九月初三日

요새 자고 먹는 일은 어떠하냐? 아이의 상여는 양주 선산으로 떠났느냐? 슬픔이 그치질 않는다. 나는 6일에 이곳에서 떠나 7일이나 8일에 도착하여 9일에 연제(練祭)를 지내려고 한다. 연제를 지낼 때에 제물(祭物)과 모든 일들은 미리미리 준비해야 할 것이다. 이만 줄인다. 계축년 9월 3일

아들 진후에게 부치다 계축년(1673) 9월 26일

寄兒鎭厚 癸丑九月二十六日

이틀간 먹고 자는 일은 어떠하냐? 그리는 마음이 그치질 않는다. 나는 바람 부는 강에서 노를 저어가니 행색이 무척 어렵다. 오늘 아침에야 비로소 양근(楊根)에 도착했고 밤에는 신릉(新陵)에 도착할 듯하나 확실치는 않다. 매일 바람이 불어대니 집안에 불을 금하고 마른 벽을 축축하게 하는 것이 좋겠구나. 연제를 지낼 때 벗은 위아래 상복(喪服)은 모두 모아두었다가 상제(祥祭)를 치를 때 처리해야 할 것이다. 이만 줄인다. 계축년 9월 26일

아들 진후에게 부치다 계축년(1673) 9월 30일

寄兒鎭厚 癸丑九月三十日

연달아 편지를 읽으니 기쁘구나. 오늘 계릉(啓陵)[29]의 일은 이미 마쳤다. 재궁(梓宮)을 받들어 꺼내보니 깨끗하여 흠이 없어, 슬픈 가운데 지극히 다행이었다. 어린 계집종이 안방에서 두증(痘症)을 앓으면 그대로 내버려두는 것이 좋겠다. 다만 여러 아이들을 같은 처소에 두는 것은 온당치 않을 듯한데, 어떻게 하려고 하느냐? 알려주기 바란다. 이만 줄인다. 계축년 9월 30일

29 계릉(啓陵) : 면례(緬禮)하기 위하여 능을 파는 것을 말한다.

아들 진후에게 부치다 계축년(1673) 10월 2일

寄兒鎭厚 癸丑十月初二日

두증(痘症) 걸린 계집종이 안방에 있으면 제물(祭物)을 준비하는 사이에 혹 정결하지 못할까 걱정이다. 신방(新房)이 완성되면 제물을 그곳에서 준비하는 것이 좋겠다. 너의 어머니는 평소에 계집종이 안방에 있는 것을 가장 싫어하였는데, 하물며 제물을 같이 두겠느냐? 하지만 신방이 아직 완성되지 않았다면 일단 편한 대로 두는 것이 맞다. 그리고 앞으로 여러 아이들이 비록 두증을 앓더라도 제물은 평상시처럼 갖추어 진설하는 것이 좋겠다. 너와 너의 누이는 두증을 내가 거상(居喪) 중일 때 앓았다. 한쪽으로는 곡하고 눈물을 흘리며 제사를 지내고, 다른 한쪽으로는 치료를 하며 아이가 두증이 있다는 이유로 처소를 옮겨 피하지 않았다는 얘기를 너희들은 들어보았느냐? 거둥이 이미 멈추었으니 별도로 꺼릴 것은 없다. 앞으로는 계속해서 편서를 써라. 계축년 10월 2일

아들 진후에게 부치다 계축년(1673) 10월 7일 새벽

寄兒鎭厚 癸丑十月初七日曉

지난 번 편지가 방금 도착하여, 모든 일들이 두루 평안함을 잘 알았으니 위로가 된다. 나는 삼가 산릉(山陵)에서 일하며[30] 이제 곧 매장하는 큰 예식을 치러야 하니 슬픔이 끝이 없다. 여러 곳에서 보내온 서찰들은 잘 받았다. 앞으로는 보내지 말고 놓아두고 기다리는 것이 좋겠다. 어느 겨를에 답장을 쓰겠느냐? 이만 줄인다. 계축년 10월 7일 새벽

30 산릉(山陵)에서 일하며 : 저자는 1673년(현종14)에 영릉 천릉도감 제조(寧陵遷陵都監提調)가 되었다.

아들 진후에게 부치다 계축년(1673) 10월 12일 사시

寄兒鎭厚 癸丑十月十二日巳時

편지를 보고 두 아이가 연일 크게 아프다는 것을 알았으니, 필시 두환(痘患)일 것이다. 과연 두환이라면 내가 돌아가는 일에 바로 들어가 간호할 터이니 거처를 옮길 필요는 없다. 신방(新房)이 비록 건조하지만 두증 환자는 도배한 곳을 가장 꺼리니 일단 종이를 바르지는 말거라. 계속해서 증상을 관찰하여 알려주도록 하여라. 이만 줄인다.

계축년 10월 12일 사시

아들 진후에게 부치다 계축년(1673) 10월 13일 새벽

寄兒鎭厚 癸丑陽月十三日曉

포단령(布團領)을 세탁하여 햇빛에 말려두었다가 내가 서울에 들어가는 날에 동관묘(東關廟)로 보내어 복명(復命)할 때에 입을 수 있도록 해주는 것이 어떻겠느냐? 반드시 숙백포(熟白布 삶아서 희게 만드는 베)라야 입을 만하다. 계축년 10월 13일 새벽

아들 진후에게 부치다 계축년(1673) 10월 14일 새벽

寄兒鎭厚 癸丑十月十四日曉

바람이 날로 사나워지니 화재가 날까 걱정이다. 사방을 막은 둔석(芚石)은 모두 물로 축축하게 적셔둬야 좋을 것이다. 계축년 10월 14일 새벽

아들 진후에게 부치다 계축년(1673) 10월 14일

寄兒鎭厚 癸丑十月十四日

지난 번 편지를 이제 보았다. 두증 걸린 아이들이 모두 좋아졌다고 하니 기쁘구나. 모든 일에 삼가 신중을 다하여 치료해야 마땅할 것이다. 만약 심부름 시킬 사람이 없으면 와서 기다리고 있는 총융청의 군사가 열 명이 넘으니, 이들을 시켜 약을 조제하고, 이외에는 다른 일로 쓰지 않는 것이 좋겠다. 계축년 10월 14일

아들 진후에게 부치다 갑인년(1674, 현종15) 1월 20일

寄兒鎭厚 甲寅正月二十日

며칠 사이 모든 일은 어떠하냐? 무척 그립고 무척 그립다. 내가 길을 떠난 이후 발의 상처가 다시 붓고 아팠다. 부득이 오늘은 교마(轎馬)를 타고 갔으니 무척 걱정이구나. 인성(寅成)이는 이제부터 글을 열심히 읽어 송자문(宋子文 송두장(宋斗章))이 떠나기 전에 다 읽게 하는 것이 좋겠다. 관아(觀兒)는 비록 심제(心制)[31] 중에 있으나 시마복(緦麻服)을 입을 때와는 차이가 있으니, 서도(書圖)를 만들어 날마다 송자문에게 독송(讀誦)하기를 인성과 마찬가지로 하여라. 내가 돌아간 뒤에 서도를 보여주어 성실했는지 태만했는지를 확인하게 하는 것이 마땅하다. 장성한 이후에 관자(冠者)로 자처하는 사람이 글 읽는 것이 되레 아이 때만 못한데도 편안하게 여기며 부끄러워할 줄 모르니, 어찌 몹시 부끄러워할 만한 일이 아니겠느냐. 고부(古賦)를 베껴 쓸 때까지는 일단 읽지 말거라. 갑인년 1월 20일

31 심제(心制) : 상복 제도에서 원래 정해진 복보다 낮추어 입었을 경우에 그 복을 벗은 뒤에도 남은 기간 상인(喪人)처럼 근신하는 일을 의미하는데, 심상(心喪)과 같은 말이다.

아들 진후에게 부치다 갑인년(1674) 2월 1일

寄兒鎭厚 甲寅二月初一日

인편은 있고 편지가 없으니 이게 무슨 도리란 말이야. 설령 하루에 두세 번 인편이 있다고 하더라도 네가 어찌 수고로움을 꺼려서 편지를 쓰지 않는단 말이냐. 무척이나 놀랍고 탄식할 만한 일이다. 갑인년 2월 1일

아들 진후에게 부치다 갑인년(1674) 3월 9일 아침

寄兒鎭厚 甲寅三月初九日朝

초당(草堂)에 불이 났으니 무척 놀랍고 탄식할 일이다. 위에는 진흙이 있으니 바깥쪽은 타도록 내버려두더라도 무슨 걱정이 있겠냐마는 소장하고 있던 서책을 꺼내보니 이처럼 탄 것이 많구나. 갑인년 3월 9일 아침

아들 진후에게 부치다 갑인년(1674) 4월 27일

寄兒鎭厚 甲寅四月二十七日

단옷날에 광주(廣州)와 죽산(竹山)의 제물(祭物)은 미리 준비하고 집안에서 삭망참례(朔望參禮)[32]를 지낼 때처럼 탕(湯) 세 그릇, 과일 다섯 그릇을 간략히 진설하여 제사지내거라. 죽산에는 네가 마땅히 가야 하니, 마부와 말을 빌리는 등의 일은 모름지기 먼저 헤아려 알려줘야 한다. 네가 알려주는 것을 기다렸다가 내가 지시하겠다.

당귀초(當歸草) 열 줄기를 보낸다. 즉시 남 대간(南大諫 남이성(南二星))의 집으로 보내는 것이 어떻겠느냐? 예전에 듣기로 무척 좋아한다고 하셨으므로 보낸다. 갑인년 4월 27일

아들 진후에게 부치다 갑인년(1674) 4월 그믐날

寄兒鎭厚 甲寅四月晦

매일 책을 읽고 있느냐? 칠정(七政)과 면죽(綿竹)은 무척 사랑스러우니 단옷날 갈 때 캐서 싣고 오거라. 우물가나 서당 뒤 노송 아래에 심으면 무척 좋을 것 같구나. 갑인년 4월 그믐날

32 삭망참례(朔望參禮) : 초하루와 보름에 사당에 참배(參拜)하는 예를 말한다.

아들 진후에게 부치다 갑인년(1674) 5월 13일

寄兒鎭厚 甲寅五月十三日

여기 보내는 편지들을 즉시 나누어 전달하고 하루라도 지체하지 말아야 직무를 제대로 하지 못한 잘못을 면할 수 있을 것이다. 너희들은 무척 잘 잊고 착실하지 않으니, 부침(浮沈)[33]의 근심[34]심이 있을까 걱정이다. 갑인년 5월 13일

33 부침(浮沈) : 원문은 '浮況'인데, 문맥을 고려하여 '況'을 '沈'으로 바로잡아 번역하였다.

34 부침(浮沈)의 근심 : 서신이 제대로 전달되지 않는 것을 말한다. 자(字)가 홍교(洪喬)인 진(晉) 나라 은선(殷羨)이 예장군(豫章郡)의 태수(太守)로 있다가 임기를 마치고 떠날 적에, 사람들이 100여 통의 편지를 모아 경성에 전달해 줄 것을 청하였는데, 석두(石頭)까지 와서 모조리 물속에 던져 놓고는 "가라앉을 놈은 가라앉고 떠오를 놈은 떠올라라. 내가 우편 배달부 노릇을 할 수는 없다.〔沈者自沈, 浮者自浮, 殷洪喬不能作致書郵.〕"라고 말한 고사에서 나온 것이다.《世說新語 任誕》

아들 진후에게 부치다 갑인년(1674) 5월 24일

寄兒鎭厚 甲寅五月二十四日

네가 《예기》를 다 읽어야 다른 책을 읽을 수 있으니 속히 다 읽는 것이 좋겠구나. 매일 사서의(四書疑)[35] 짓기를 멈추지 않는 것이 더욱 마땅할 것이다. 갑인년 5월 24일

아들 진후에게 부치다 갑인년(1674) 5월 25일

寄兒鎭厚 甲寅五月二十五日

부채와 편지를 너는 남들에게 사사로이 주어 난처한 상황을 만들지 말도록 하여라. 또한 이것은 자제들의 분수로 하는 일이 아니니 한결같이 진장(鎭長 민진장(閔鎭長))이 삼가 지키는 것처럼 해야 한다. 갑인년 5월 25일

35 사서의(四書疑) : 문과 초장(初場)과 생원시(生員試)의 종장(終場)에서 보이던 시험의 한 가지로, 사서의 의의(疑義)를 논술하게 하는 것이다. 의(疑)는 사서 가운데에서 의심이 들 만한 대목의 글 뜻을 설명하게 하는 것이고, 의(義)는 경서의 글 뜻을 해석하게 하는 것이다.

아들 진후에게 부치다 갑인년(1674) 5월 26일

寄兒鎭厚 甲寅五月二十六日

27일, 28일, 그리고 6월 4일에는 집안의 공사를 멈추는 것이 마땅하겠다. 우물 아래에 땅을 파서 못을 만들고자 하였으나 인부가 없어서 실행에 옮기지 못하였다. 노비들에게 분부하여 한가한 날을 기다렸다가 파내는[36] 것이 좋겠다. 갑인년 5월 26일

아들 진후에게 부치다 갑인년(1674) 5월 29일

寄兒鎭厚 甲寅五月二十九日

우암 어른께서 어제 여기 도착하셨고, 중씨(仲氏)는 오늘 낮에 도착할 것이다. 큰조카가 중씨를 모시고 왔는데, 여기서부터는 배를 타고 내려간다고 한다. 이런 상황을 큰조카며느리 집안에 알려주는 것이 좋겠다. 갑인년 5월 29일

36 파내는 : 원문은 '鑿拙'인데, 문맥을 고려하여 '拙'을 '掘'로 바로잡아 번역하였다.

아들 진후에게 부치다 갑인년(1674) 6월 5일

寄兒鎭厚 甲寅六月初五日

어제 국장(國葬)을 치르고[37] 오늘은 우거(虞車)가 서울로 돌아갔다. 신하와 백성이 애통해하는 마음이 더욱 끝이 있겠느냐. 나는 향후에 일을 마치기 위해 올라갈 것이다. 이만 줄인다. 갑인년 6월 5일

아들 진후에게 부치다 갑인년(1674) 6월 6일

寄兒鎭厚 甲寅六月初六日

내 백화(白靴)는 비에 손상되어 신을 수 없을 정도이다. 승현(承賢)을 시켜 공인(工人)과 약속하여 유화(油靴)를 잘 만들도록 하라. 그러나 근래 신발은 대부분 오랑캐 제도를 사용하고 있으니 통탄할 만하다. 이번에는 저번의 황록화(黃鹿靴)의 제도에 의거하여 만드는 것이 좋겠다. 갑인년 6월 6일

37 어제 국장(國葬)을 치르고 : 1674년(현종15) 2월에 왕비 인선왕후(仁宣王后) 장씨(張氏)가 승하하여 6월 4일에 영릉(英陵) 아래에 부장(祔葬)하였다. 저자는 인선왕후 승하 시 다시 산릉국장 도감(山陵國葬都監)을 맡고 숭정대부의 품계에 올랐다.

아들 진후에게 부치다 갑인년(1674) 6월 9일

寄兒鎭厚 甲寅六月初九日

마을 어귀에 심은 버드나무가 말라 죽은 경우가 많다. 만약 이번 비에도 푸르게 소생하지 않는다면 말라 죽은 것들은 뽑아버리고 잘라낸 버들개지를 다시 심는 것이 좋겠다. 갑인년 6월 9일

아들 진후에게 부치다 갑인년(1674) 8월 4일 새벽

寄兒鎭厚 甲寅八月初四日曉

길에서 부친 몇 통 편지는 모두 도착했느냐? 나는 청(淸)나라 사신이 강을 건너는 일[38]이 조금 지체되어 그저께는 선천(宣川)에서 숙박했고 어제는 용천(龍川)에서 숙박했고 오늘은 막 의주(義州)를 향해 출발했다. 장신한(張臣漢)이 나를 찾아와 너희들에 대해 물었다. 이만 줄인다. 갑인년 8월 4일 새벽]

38 청(淸)나라……일 : 저자는 1674년(현종15) 청(淸)나라 사신의 원접사(遠接使)가 되었다.

아들 진후에게 부치다 갑인년(1674) 8월 24일 새벽

寄兒鎭厚 甲寅八月二十四日曉

지난 번 보낸 편지는 보았느냐? 최복(衰服)을 받은 후에 그냥 두었다가 어제 저녁에 살펴보니 무척 짧았다. 지금 입고 있는 옷보다 2치나 짧아서 부득이 여기에서 베를 구해 이제 막 다시 만들었다. 파주(坡州)로 뒤따라가게 하였으니 내일이면 성복(成服)할 수 있겠다. 올 봄 성복할 때도 그러하여 자최복의 가장자리를 고쳤는데 이번에도 또 이와 같으니, 집안에 사람이 있다고 말할 수 있겠느냐. 놀랍고 또 놀랍다. 이뿐만이 아니다. 최근에 입은 상의가 모두 짧아 겉옷과 속옷이 들쭉날쭉하니 무척 불편하다. 내 평생 옷 입는 일에 관심을 둔 적이 없었는데 이런 지경이라 말을 꺼내지 않을 수가 없구나. 이 또한 괴로운 일이다. 이만 줄인다. 갑인년 8월 24일 새벽

아들 진후에게 부치다 갑인년(1674) 10월 2일

寄兒鎭厚 甲寅十月初二日

인편이 와서 편지를 받았는데 무사히 도착하였다고 하니 위로가 된다. 나는 백씨(伯氏)가 출발하는 날이 임박하였으니[39] 서글프고 걱정하는 마음을 어찌 다 말하겠느냐. 곽세건(郭世楗)이라는 자가 또 상소를 올려[40] 우리 스승[41]을 무고하고 모욕하였으니 분통한 마음이 어찌 끝이 있겠느냐. 백씨께서 이제 막 상소를 올렸다. 일단 여기서 이만 줄인다. 갑인년 10월 2일

39 백씨(伯氏)가……임박하였으니 : 저자의 큰형 민시중(閔蓍重)은 1674년에 대사헌 재직 중 현종(顯宗)의 죽음에 따른 시호와 승습(承襲)을 청하기 위한 고부청시승습겸 사은부사(告訃請諡承襲兼謝恩副使)로 청(淸)나라에 갔다.

40 곽세건(郭世楗)이라는……올려 : 곽세건은 허목(許穆)의 문인이다. 1674년 현종(顯宗)이 승하하자 숙종(肅宗)이 송시열에게 현종의 지문(誌文)을 짓도록 명하였는데, 곽세건이 상소하여, 송시열이 두 차례의 예송(禮訟)에서 효종(孝宗)을 서자(庶子)로 간주했던 점을 논척하면서 지문을 짓도록 한 명을 거둘 것을 청하였다.《肅宗實錄 卽位年 9月 25日》

41 우리 스승 : 원문은 '我世'인데, 문맥을 고려하여 '世'를 '師'로 바로잡아 번역하였다.

아들 진후에게 답하다 갑인년(1674)

答兒鎭厚 甲寅

산소에 대한 일은 최씨(崔氏)의 장지(葬地)와 무척 멀기 때문에 법으로 다툴 일이 아니고, 또한 비어있는 분묘를 파손한 것은 무척 놀랄 만한 일이기 때문에 반드시 분변하는 글을 올려 치죄하고 다시 쓰려고 하였다. 다시 생각해보니, 저들의 괴이하고 악독함이 이와 같으니 관가(官家)에서 비록 조치한들 꼭 반드시 전일의 망령스런 행동을 하지 않으리란 법이 없다. 또한 분변하여 판결이 난 이후에는 내가 비록 이치에 맞더라도 사람들이 필시 권력으로 취했다고 지목할 것이다. 이처럼 불편한 곳은 버리는 게 낫다. 우리 집안이 융성하고 또 세상에서 꺼리는 바가 되었기 때문에 법적으로 쓸 수 있더라도 어찌 꼭 다른 사람들과 따지겠는가. 지금 이미 분변하여 판결이 났다면 쓰느니 버리느니 하는 말을 꺼내지 말거라. 그렇지 않으면 이미 파손된 게 많은 마당이니 비록 얻더라도 쓰기 어렵다. 다시 집안에 여쭙겠다고 말을 하고 녹생(錄生)을 돌려보내는 것이 좋겠다. 병조 판서 어르신과 상의해보니 그 말씀이 이와 같아 나의 뜻과 꼭 합치되기에 따로 사람을 보내어[42] 전달한다. 이만 줄인다.

산소의 일은 앞으로 내버려두고 다시 말하지 않는 편이 좋겠다. 판서

42 따로 사람을 보내어 : 원문은 '傳人'인데, 문맥을 고려하여 '傳'를 '專'으로 바로잡아 번역하였다.

이윤경(李潤慶)은 동춘당(同春堂 송준길(宋浚吉))과 우암(尤庵)에게 모두 외가 선조가 되며, 관아(觀兒) 또한 그 외손이다. 갑인년 10월 13일

아들 진후에게 답하다 갑인년(1674) 10월 15일

答兒鎭厚 甲寅陽月十五日

지은 글에 그다지 생생한 구법(句法)이 없구나. 그래도 이치가 우세하니 취할 만하다. 갑인년 10월 15일

아들 진후에게 답하다 갑인년(1674) 11월 1일

答兒鎭厚 甲寅十一月初一日

인편에 보내온 전후의 편지를 모두 읽어보았다. 비온 뒤라 날씨가 갑자기 추워졌는데 요새 자고 먹는 일이 어떤지 모르겠구나. 그립고 걱정하는 마음이 몹시 간절하다. 나는 분주하고 기력이 떨어지는 가운데 두통이 다시 생겼다. 게다가 황달(黃疸) 기운도 있으니 관직을 그만두고 조섭하고 싶으나 아직 체직을 허락받지 못하였다. 형세상 며칠 후에 출사할 것 같으니 병이 덧나는 것만 염려가 될 뿐 아니다. 정세(情勢)가 갈수록 불안하니 낭패스럽고 걱정스러운 마음을 어찌 다 말하겠느냐.

경기의 유생이 우암을 위해 변무(辨誣)하여 그저께 상소를 올렸다.[43] 소두(疏頭)는 수원의 진사 이필익(李必益)인데, 성상이 그에게 먼 변방으로 정배(定配)하라는 특명을 내리고 경흥(慶興)에 유배시켰으니 놀랍고 황송하며 근심스럽다. 앞으로의 일이 더욱 염려가 된다. 10일 이후에 마부와 말을 보내거라. 그전까지 공부를 게을리하지 말기를 바란다. 전후로 지은 글은 모두 좋으니 조금 더 공부한다면 성취를 바랄 수 있겠구나. 다만 문채와 운치가 부족한데, 본래의 자질이 이와 같으니 어찌하겠느냐. 겨울옷을 따로 사람을 시켜 보낸다. 이만 줄인다. 갑인년 11월 1일

43 경기도의……올렸다 : 1674년 10월 28일에 경기 유생 이필익(李必益) 등이 상소를 올렸는데, 그 내용은 곽세건(郭世楗)을 먼 변방으로 내치고, 다시 송시열(宋時烈)을 초치하여 좌우에 두고 군덕(君德)을 보도(輔導)하게 할 것을 청하는 것이었다.

아들 진후에게 답하다 갑인년(1674) 11월 7일

答兒鎭厚 甲寅十一月初七日

산소의 일은 이미 버린 뒤이니 이웃 마을에 분명히 말하여 그로 하여금 알게 하는 것이 좋겠다. 그가 만약 지금까지 의심하여 비방하느라 바쁘다면 이 또한 좋은 일이 아니다. 갑인년 11월 7일]

아들 진후에게 답하다 을묘년(1675, 숙종1)

答兒鎭厚 乙卯

보내온 편지를 보았는데, 네가 어찌 집을 지키며 그대로 머물러 있을 수 있겠느냐. 너의 우활함이 가소롭구나. 내일은 식사를 한 후에 바로 나와서 책을 읽는 것이 좋겠다.

최근에 논의가 나와서 인피(引避)한 날 이후부터는 개인적으로 기록하는 책자에 모두 베껴 기록해 두는 것이 좋겠다. 너는 일단 글을 짓지 말거라. 또한 배운 책을 계속 읽으면서 앞으로 한데 모인 후에 지시하기를 기다리는 것이 좋겠다. 을묘년

아들 진후에게 답하다 을묘년(1675) 1월 12일

答兒鎭厚 乙卯正月十二日

밤사이 근황은 어떠하냐? 그립고 그립다. 나는 어제 양산(楊山)에 도착하였고 이제 막 여주(驪州)를 향해 떠났다. 백씨(伯氏)가 손수 쓴 편지를 받아보니 해가 바뀌기 전에 이미 산해관(山海關)을 출발하였다고 한다. 기력이 잘 버티고 있으니 기쁘고 다행스러움이 어찌 끝이 있겠느냐. 앞서 보내온 장계(狀啓) 초안과 저쪽에서 듣고 기록한 것들을 찾아서 보내주면 좋겠다. 소는 여주로 보내기 전에 잘 먹여놓아라. 비록 백리해(百里奚)의 일[44]을 하더라도 해가 되지는 않을 터이니 우습구나. 을묘년 1월 12일

44 백리해(百里奚)의 일 : 백리해는 춘추시대 우(虞)나라의 대부로 진(晉)나라가 우나라를 격멸(擊滅)할 때 포로가 되었다가 다시 초나라 땅 완(宛)으로 도망갔는데, 초나라 교외에 사는 사람에게 잡혀 소먹이는 일을 하고 있었다. 진(秦)나라 목공(穆公)이 그가 어질다는 말을 듣고는 양가죽 다섯 장으로 그의 몸값을 치르고 데려와서 정승으로 삼았는데, 목공을 도운 지 7년 만에 목공이 패자(覇者)가 되었다. 《孟子 萬章上》《史記 卷5 秦本紀》

아들 진후에게 답하다 을묘년(1675) 1월 17일

答兒鎭厚 乙卯正月十七日

편지를 받고 잘 지내는 걸 알겠으니 위안이 크다. 듣자니 우암 어른께서 북쪽 지방으로 유배 가는 일을 면치 못했다 하니 놀랍고 탄식하는 마음이 어찌 끝이 있겠느냐. 다만 내가 죄를 지은 처지라 더욱 불안한 바가 있어 사직상소를 이미 올렸으니 견책이 내리기를 삼가 기다릴 따름이다. 합계(合啓)가 윤허를 받은 후에 어찌 따로 사람을 보내 즉시 알려주지 않았느냐? 내가 중도에 사람을 보내어 유배가시는 길을 위문하지 못했으니, 한스러워한들 무슨 소용이 있겠느냐. 너는 무척이나 경중을 헤아리질 못하니 향후에는 이처럼 하지 않는 것이 좋겠구나. 이만 줄인다. 을묘년 1월 17일

아들 진후에게 답하다 을묘년(1675) 1월 21일

答兒鎭厚 乙卯正月二十一日

추고(推考) 서리(書吏)의 글을 빨리 보내주는 것이 좋겠다. 함답(緘答 추고에 대한 답변)하고 법률에 비추어보면 응당 직책을 그만두는 데까지 이를 것이기 때문이다. 추고하는 전지(傳旨)가 지금까지 내려오지 않았으니 무척이나 황공하다. 모름지기 때때로 다시 서리를 보내어 승정원에 캐물어서 알려주거라. 우암 어른께서 떠나실 때 자제 아무개와 아무개가 모시가 갔는데 문생(門生) 가운데 따라긴 이는 없느냐? 화양동(華陽洞)의 가솔들은 아직 산중에 있느냐? 아니면 회천(懷川)으로 돌아갔느냐? 자세히 물어본 후 알려주어라.

인편에 편지를 받았다. 최근에 잘 지낸다 하니 무척 위로가 된다. 나는 근근이 버티고 있다. 엊그제 중씨(仲氏)께서 여기로 오셨다. 그리고 계문(季文) 집안에서 보내온 술을 얻어 낮밤으로 마주앉아 술을 마시며 취했으니, 화목한 즐거움을 알 것이다. 나는 이미 무관의 직임[45]을 그만두었고 비록 본직(本職)은 그대로지만 구애받을 것이 없을 듯하여 다시 형세를 살펴 사직상소를 올리고자 한다. 가흥(可興 충주의 가흥)과 흥원(興原 원주의 흥원) 두 곳 가운데 한 곳을 골라 살 곳을 정할 생각인데, 얼음이 녹아 뱃길이 열리기를 고대하고 있다. 이만 줄인다. 을묘년 1월 21일

45 무관의 직임 : 총융사(摠戎使)를 가리킨다.

아들 진후에게 답하다 을묘년(1675) 1월 26일

答兒鎭厚 乙卯正月二十六日

혼삿날이 다가왔는데 내가 지방에 있어서 초례(醮禮)와 자례(子禮)[46]를 직접 행할 수 없으니 인사가 한탄스럽다. 모름지기 의주(儀注)[47]를 자세히 살펴서 예절을 삼가 행하여 실수가 없도록 해야 한다.

황 교관(黃敎官)의 상소를 김 상사(金上舍)로부터 구하여 보내주면 좋겠다. 지난 번에 빌려온 화관(華冠)을 빨리 관동(館洞)의 이희조(李喜朝) 집안으로 돌려보내는 것이 어떻겠느냐? 듣자니 박생(彔生)이란 자가 얼어붙은 송파진(松波津)을 건너는데 강물 속에 빠졌다가 나루터 일꾼의 도움으로 목숨을 건졌다고 한다. 들고 있던 전판(剪板)[48]이 도움이 되었다고도 하니, 무척 놀랍고 두려운 일이다. 노비들이 시골에 갈 때 매번 얼어붙은 곳을 건너지 말도록 하는 편이 좋겠구나. 을묘년 1월 26일

46 초례(醮禮)와 자례(子禮) : 혼례(婚禮)에서 신부의 부모가 신부를 보내면서 당부의 말을 하는 의식을 초녀(醮女)라고 하고, 신랑의 부모가 신랑이 친영하러 갈 때 전송하면서 당부의 말을 하는 의식을 초자(醮子)라고 한다. 《家禮 卷3 昏禮》

47 의주(儀注) : 의식의 절차, 의식에 참여할 인원과 복장, 의식에 필요한 물품의 마련 등을 상세히 정리한 것으로 행사 전에 미리 마련하는 것이다.

48 전판(剪板) : 원문은 '煎板'인데, 문맥을 고려하여 '煎'을 '剪'으로 바로잡아 번역하였다.

아들 진후에게 답하다 을묘년(1675) 2월 3일

答兒鎭厚 乙卯二月三日

인편에 보내온 편지를 보고 근래 먹고 자는 일이 편하다는 사실을 알았으니, 위로가 되고 기쁘구나. 서례(壻禮)를 이미 마쳤구나. 옛 사람이 말하기를 "아이는 막 태어났을 때 가르치고 며느리는 막 시집왔을 때 가르치라 했다."라고 했으니, 자식과 부인을 이끌고 가르치는 일은 응당 시작할 때 공경히 해야 한다는 것이다. 나는 제서(堤西)에서 노봉(老峯)으로 돌아왔다. 내일쯤 다시 사곡(沙谷)으로 나가서 사직상소를 올리고자 한다. 너는 최근에 책을 계속 읽고 있느냐? 본래 게으른 병이 있는데다가 반촌(泮村)에 오가는 일까지 더해졌으니 학문을 그만둘까 걱정이다. 모름지기 가는 곳마다 열심히 노력해야 한다. 이만 줄인다. 을묘년 2월 3일

아들 진후에게 답하다 을묘년(1675) 2월 7일

答兒鎭厚 乙卯二月初七日

어제 저녁에 사곡(沙谷)으로 돌아와 편지 두 통을 보았다. 혼례를 잘 치렀고 온 집안이 평안함을 알겠으니 무척 기쁘고 또 기쁘다. 사직상소는 오늘 이미 올렸다. 모레 응당 성상께서 받아보실 터이니 비답이 내려오길 기다렸다가 즉시 따로 사람을 보내 알려주는 편이 좋겠다. 기제(忌祭)가 이미 임박했으니 너는 계속 집에 있으면서 출입하지 말거라. 신부가 시아버지를 뵙기 전에는 제사에 참여해서는 안 되니 이 뜻을 알 것이다. 과거 시험은 서울로 과거 보러 가는 것을 크게 꺼리니 결코 안 된다. 과거 시험의 종장(終場) 공부도 또한 부족하니 남들을 따라 즐거운 마음으로 보러 갈 필요는 없다. 올 여름까지 착실히 공부하여 가을의 과거 시험을 보러 가도 늦지 않다. 이만 줄인다.

을묘년 2월 7일

아들 진후에게 답하다

答兒鎭厚

15일 망참(望參)[49] 때에 "내일 충주(忠州) 가흥(嘉興) 우거지로 모시고 가겠습니다. 감히 고합니다."라고 고하거라. 이어서 수레에 신주(神主)를 봉안하여 다음날 길을 떠나는 편이 좋겠다.

49 망참(望參) : 매달 음력 보름날에 사당에 참배하는 일을 이른다.

아들 진후에게 답하다 을묘년(1675)

答兒鎭厚 乙卯

과거 시험을 볼 때 남들을 따라 서울로 과거 보러 가면 무척 구차해진다. 이번에 만난 일을 스스로 평안하게 여겨서는 안 된다. 송 조카는 필시 그런 마음을 내지 않을 텐데, 너는 어찌 유독 별나게 군단 말이냐? 내가 올 적에 이미 면전에서 말을 했는데 너에게 이런 일이 있다 하니 세운 뜻이 견고하지 않음을 알겠다. 가소롭구나.

인선왕후(仁宣王后)의 소상(小祥)에 백관들이 제복(除服)할 때 옥색단령(玉色團領)을 입어야 한다고 했다. 오사모(烏紗帽), 오각대(烏角帶), 옥색단령(玉色團領), 백단령(白團領), 백모(白帽), 포과각대(布裹角帶)는 모두 안사람이 올 때 가져오고 혹 인편이 있으면 먼저 보내다오.

연달아 편지가 들어왔다. 나는 지금 가흥(嘉興)에 있는데, 이곳의 집이 본래 좋지 않아 유훤(柳暄)의 조카 집을 빌렸다. 시골집보다는 조금 낫긴 하지만 무척 좁고 남루하며 많이 허물어졌으며 또 울타리도 없다. 이제 막 수리하였는데 우리 집안사람들 수가 적지 않으니 다 지내기 어려울까 걱정이다. 그래도 참고 지내야겠다. 이만 줄인다.

을묘년 2월 10일

아들 진후에게 답하다 을묘년(1675) 3월 5일

答兒鎭厚 乙卯三月初五日

제물(祭物)을 기록한 종이를 떠날 때에 잊어버리고 놓고 갔더구나. 어찌 그리도 소홀하냐. 인편에 보낸다. 을묘년 3월 5일

아들 진후에게 답하다 을묘년(1675) 3월 11일

答兒鎭厚 乙卯三月十一日

오늘 제사를 지낸 후에 이미 죽산(竹山)으로 떠났느냐? 여러 날을 가야 하니 무척 걱정이 된다. 묘제(墓祭)를 이미 명절에 지내지 않았으니 도착하는 대로 즉시 가는 것이 마땅하다. 12일에 도착하면 13일에 진설하고, 14일에 일찍 지내는 것이 좋을 듯하다. 비록 13일이라도 만약 오전 안에 진설할 수 있다면 굳이 14일까지 기다릴 것도 없다. 서둘러 돌아가기를 바란다. 이만 줄인다. 을묘년 3월 11일

아들 진후에게 답하다 5월 20일

答兒鎭厚 五月二十日

나는 낮에 노치(老峙 노봉(老峯))에 들어왔다가 중씨(仲氏)를 모시고 바로 제서(堤西)로 향했다. 너는 모름지기 매일 열심히 글짓기를 그만두지 말거라. 그리고 이웃 아이들이 비록 배움을 청하더라도 절대 그들을 가르치지 말아야 할 것이다.

내가 올린 상소에 대한 비답이 내려왔는데 본래 이미 그 낭패를 당할 것이라고 염려하였다. 삼가 전교를 읽어보니 말씀이 지극히 엄해서 황송하고 두려움을 어찌 다 말할 수 있겠느냐. 감히 편안하게 여기에 있을 수 없어 내일 배를 타고 양주(楊州)와 광주(廣州) 사이로 올라가 다시 상소를 올리고 대죄할 계획이다. 다만 상소를 올리기 전에 필시 대각의 논의가 있을 듯한데, 처벌의 경중을 아직 예측할 수가 없다. 이제 막 노치로 향했으니 저녁이면 우거하는 곳으로 돌아올 것이다. 중씨께서도 내일 함께 모여 출발할 것이다. 5월 20일

아들 진후에게 답하다 을묘년(1675) 5월 28일

答兒鎭厚 乙卯五月二十八日

무사히 중씨(仲氏)를 모시고 석실(石室)에 도착하였느냐? 너의 이번 여정은 부득이해서 나온 것이지 본래 한가롭게 왕래하는 것이 아니다. 중씨께서 올린 상소의 결말이 나기[50]를 기다렸다가 즉시 길을 돌려 돌아오고 절대로 서울에 오래 머물면서 날짜를 허비하지 말거라. 단지 너의 책 읽기가 한창 급해서일 뿐만이 아니라 병환이 이와 같으니 더욱 더 오래 떨어져 있어서는 안 되기 때문이다. 신부도 함께 실을 떠나는 것이 무척 편하고 좋을 것이다. 그러나 그 집안에 혹여 절박한 일이라도 있거나 길 떠날 채비가 덜 갖추어져 형세상 함께 오기 힘들다면 또한 억지로 독촉하여 낭패를 봐서는 안 되고, 차분하게 상의하여 기일을 정하는 것도 좋겠다. 이는 오로지 네가 잘 헤아려서 처신해야 한다. 이만 줄인다. 을묘년 5월 28일

50 결말이 나기 : 원문은 '出塲'인데, 문맥을 고려하여 '塲'를 '場'으로 바로잡아 번역하였다.

아들 진후에게 답하다 을묘년(1675) 윤5월 10일

答兒鎭厚 乙卯閏五月初十日

며느리 집안에서 길 떠날 준비를 하는 것이 그리 대단하진 않은 듯하니 만약 함께 올 수 있다면, 비록 하루 이틀 더 머물더라도 지금 갔다가 봄에 돌아오는 것이 낫다. 시집온 지 오래되었지만 아직도 시아버지를 만나지 못했으니 일의 이치상 이미 무척 온당치 않다. 더욱이 피차 일의 형세가 모두 불편한 점이 없지 않다. 속히 여기로 와서 여러 아이들과 함께 지낸다면 그것이 바로 집안의 즐거운 일이겠다.

우리 집안의 신부례(新婦禮)는 동호(東湖)에 빌릴 집이 없다면 형세상 장차 빙호(氷湖)에서 행할 것이다. 며느리 집안과 상의하여 처소를 정한 후에 다시 알려다오. 또한 나는 지금 죄를 지은 처지라 형식도 모두 줄이고 시종들도 따르지 않게 하는 것이 좋겠다. 어떻게 생각하느냐? 대개 두려워하고 조심하는 도리는 응당 이르지 않는 곳이 없어야 한다. 예를 행하기 하루 전에 나는 빙호에 들어가 있을 것이다. 을묘년 윤5월 10일

아들 진후에게 답하다 을묘년(1675) 윤5월 11일

答兒鎭厚 乙卯閏五月初十日

신부가 의식을 갖추어 가마를 타는 것도 폐단이 있는 것 같다. 만약 독마교(獨馬轎 말 한 필이 끄는 가마)를 타고 온다면 더욱 간편할 것인데, 어떨지 모르겠다.[51] 형님께 물어보고 또 며느리 집안과 상의하여 시행했으면 한다.

편지를 보니 무척 위로가 된다. 나는 내일 저녁에 빙호(氷湖)에 가서 기다리겠다. 이만 줄인다. 을묘년 윤5월 11일

51 어떨지 모르겠다 : 원문은 '來知'인데, 문맥을 고려하여 '來'를 '未'로 바로잡아 번역하였다.

아들 진후에게 답하다 을묘년(1675) 윤5월 16일

答兒鎭厚 乙卯閏五月十六日

어제 대각(臺閣)의 글을 보고 겁나고 떨리는 마음을 견디지 못하겠다. 돌아가는 일은 아직 기일을 정하지 않았으나 며칠 후가 될 것 같다. 보내온 편지에서 너의 뜻을 잘 알았다. 벗들 가운데 스스로 변무(辨誣)하기를 권하는 이들이 있으므로 시험 삼아 그 득실을 상의하고 자세하게 생각했는데, 내 생각에는 끝내 온당치 않구나. 모름지기 김원회(金元會)와 이생(李生)을 만나 자세하게 묻는 편이 좋겠다. 을묘년 윤5월 16일

아들 진후에게 답하다 을묘년(1675) 윤5월 21일

答兒鎭厚 乙卯閏五月二十一日

듣자니 너의 아내가 사당에 알현하는 예식을 행했다고 하는데, 과연 그리 했느냐? 을묘년 윤5월 21일

아들 진후에게 답하다 을묘년(1675) 8월 20일

答兒鎭厚 乙卯八月二十日

간밤에 별 일 없었느냐? 나는 어제 저녁에 사촌(沙村)에서 잤다. 과거 시험이 이미 임박하였으니 동접(同接)[52]들끼리 서로 약조하여, 전날에 관동(館洞)에 들어가 묵고 반소(泮所)에 나가되, 출입할 때에는 신중하게 하여 서로 피해를 주는 일이 없도록 해야 할 것이다. 너의 아내가 가는 일은 소원대로 해주어라. 기제(忌祭)를 지낸 후 9월 20일 경에 출발하는 것이 마땅할 듯하구나. 이만 줄인다. 을묘년 8월 20일

52 동접(同接) : 과거 응시를 앞두고 선비들이 한곳에 모여 시험을 준비하기 위해 만든 동아리 또는 그 구성원을 이른다.

아들 진후에게 답하다 을묘년(1675) 8월 25일

答兒鎭厚 乙卯八月二十五日

이번에 서울로 과거 시험 보러 가는 일은 단지 내 마음이 불안할 뿐만 아니라 남들도 그렇게 말하고, 광릉(廣陵) 이 영공(李令公)의 뜻도 그러하다. 그러나 이번 일은 여러 차례 생각하고 남 영공(南令公)과 상의하여 결정했으니 지금은 중간에 바꾸기 어렵다. 다만 시험 보러 들어간 뒤에 혹 불편한 일을 만나게 되면 스스로 잘 처신하는 편이 좋겠다. 서제(書題 과거 시험 문제)에 침척(侵斥)하는 내용이 있거나 시험관 가운데 혹 피해야 할 사람이 있다면, 이런 일들은 형님에게 물어보는 편이 좋겠다.

네가 시험장에 있다 보면 반드시 저녁 내내 자리가 축축할 것이다. 과거 시험은 작은 일이고, 병들어 몸을 상하는 일은 가장 걱정할 일이니 이 때문에 염려가 된다. 을묘년 8월 25일

아들 진후에게 답하다 을묘년(1675) 9월 4일

答兒鎭厚 乙卯九月初四日

너는 계속 한천(寒泉)에서 고요히 지내느냐? 밤낮으로 열심히 책을 읽어 한시라도 놓지 않기를 바라고 또 바란다. 고문(古文) 배운 것을 하나하나 익숙하게 읽어야 할 것이다. 을묘년 9월 4일

아들 진후에게 답하다 을묘년(1675) 9월 8일 저녁

答兒鎭厚 乙卯九月初八日夕

조카의 병이 끝내 이 지경에 이를 것이라 어찌 생각했겠느냐? 부고(訃告)를 들으니 마음이 찢어져 차마 아무 말도 못하겠구나. 삼가 백씨(伯氏)의 마음과 기력을 생각하니 슬프고 절박하다. 나는 오늘 낮에 노봉(老峯)에 가서 중씨(仲氏)를 모시고 성복(成服)한 후에 강가 집으로 다시 나갈 계획이니, 며칠 후에 노비를 보내야 할 것이다. 이만 줄인다. 을묘년 9월 8일 저녁

아들 진후에게 답하다 을묘년(1675) 11월 23일

答兒鎭厚 乙卯十一月二十三日

너는 매일 책을 읽고 있느냐? 의심이 들고 잘 모르는 곳은 억지로 읽지 않는 것이 좋다. 이제부터는 계속 내서실(內書室)에 머물면서 치재(致齋)하는 것이 좋겠다. 을묘년 11월 23일

아들 진후에게 답하다 을묘년(1675) 12월 25일

答兒鎭厚 乙卯十二月十五日

어제 저녁에 너의 편지를 보았는데 병이 한결같으니 염려가 된다. 그러나 비록 쾌차되진 않았지만 더 심해지진 않았으니 매우 다행이다. 병을 조섭하는 방도는 다만 조용하게 지내는 것이니, 급급하게 낫기를 바라다가 되레 몸을 상하게 해서는 안 된다. 또한 병이 이미 이와 같으니 장례에 와서 참석할 필요는 없다. 스스로 병세를 헤아려서 일어나 움직일 수 있으면[53] 출발하고, 움직이기 힘들다면 그대로 머물러있도록 하여라. 을묘년 12월 25일

53 일어나……있으면 : 원문은 '不以起動'인데, 문맥을 고려하여 '不'을 '可'로 바로잡아 번역하였다.

아들 진후에게 답하다 병진년(1676, 숙종2) 1월 2일

答兒鎭厚 丙辰元月二日

《당률(唐律)》[54]을 전체적으로 열람하면서 간간이 외우고 읊조리며 날마다 차운(次韻)하여 백 편에 이르렀으면 좋겠다. 지금은 이미 몇 편을 지었느냐? 백 편이 넘은 뒤에는 《두율(杜律)》을 읽도록 하여라. 병진년 1월 2일

아들 진후에게 답하다 병진년(1676) 4월 1일

答兒鎭厚 丙辰四月初一日

맏손자가 갑자기 세상을 떠나니 애통하고 참담하여 살려는 마음이 없구나. 나는 오늘 배를 타고 올라가는 길에 10리쯤 갔을 때 갑자기 맏손자의 부고를 듣고 도로 양산(楊山)으로 향했다. 백씨(伯氏)의 병환을 살고 싶지만, 돌아오는 때가 언제일지 예측할 수가 없다. 너의 눈병은 어떠하냐? 몹시 염려가 된다. 여기 보내는 편지를 즉시 노봉(老峰)에 전하고 잠시도 지체하지 말아라. 마음이 심란하구나. 이만 줄인다. 병진년 4월 1일

54 당률(唐律) : 원문은 '唐津'인데, 문맥을 고려하여 '津'을 '律'로 바로잡아 번역하였다.

아들 진후에게 답하다 병진년(1676)

答兒鎭厚 丙辰

어제 보낸 편지를 보았다. 지은 것들이 대부분 본래의 제목과 어긋나니 참으로 유손(劉孫)의 초립(草笠)[55]이라 이를 만하다. 이 수준이라면 누가 시를 읊조리기 어렵다고 말하겠느냐. 앞으로는 제목에 의거하여 정밀하게 짓도록 하여라.

네가 지은 율시(律詩) 두 수는 큰 병통은 없고 제법 평이하고 정련한 맛이 있으니 몹시 기쁘구나. 모름지기 매일 짓고 아울러 병든 마음을 풀도록 하여라. 지은 율시들은 수합하여 책으로 만드는 게 좋겠다. 네가 지은 율시 세 수는 이전에 비해 매우 미치지 못하니 매일 읊조려 생각이 고갈되어 그렇게 된 게 아니겠느냐. 우습구나.

이동보(李同甫 이희조(李喜朝))의 편지와 지은 작품을 보았다. 올 봄에 내가 양산(楊山)에 갔을 적에 이생(李生)이 보내준 율시를 잃어버렸으니, 그곳에 있으면 찾아서 보내고 없으면 시를 기억해서 보여다오. 지은 작품이 자못 훌륭한데 문곡(文谷 김수항(金壽恒))의 시에 차운한 것이 가장 좋다. 다만 '재명(齋名)'을 '명재(名齋)'로 바꾸는 것이 좋

55 유손(劉孫)의 초립(草笠) : 유손은 초립 만드는 장인이었는데, 손재주가 없기로 유명한 자였다. 그러므로 시속에서 거칠고 겨우 모양만 된 것을 '유손의 초립'이라 비유하였다.

겠다.

내가 이생에게 보내는 답장에 절구로 지은 차운시 2수가 있으니 본 뒤에 너의 편지와 함께 봉하여 전하도록 하여라.

네가 어렸을 때 지은 작품을 보낸다. 지금은 얼마나 나아졌는지 알 수 없으니 부끄럽기도 하고 두렵기도 하구나. 더군다나 너의 동생은 여기에도 미치지 못하니 어찌하느냐.

《양자법언(楊子法言)》을 내가 한번 열람하고 싶으니 잠시 빌려서 보내거라. 너는 여기에 온 뒤에 베껴 쓰도록 하여라. 《당률(唐律)》을 전체적으로 익숙히 보고 매일 구상하여 솜씨가 막히지 않은 이후에 《두율(杜律)》을 읽는 것이 좋겠다.

네가 조만간[56] 가솔을 데리고 여기에 오려고 한다는 것을 장조카와 조생(趙生)이 모두 말하더구나. 지금은 무더위가 이전보다 곱절이나 심하고 게다가 산사(山寺)는 아침저녁으로 남기와 안개가 사람을 축축하게 하니, 일단 처서(處暑)가 되기를 기다렸다가 오는 것이 좋겠다고 한다. 큰 병이 겨우 차도를 보이고 원기는 회복되지 않았으니 이때는 더욱 더 삼가야 한다. 모름지기 머물면서 조섭을 해야 한다. 게다가 너는 얼마 전에야 적취문(積聚門 묵은 병)을 없애주는 약을 복용하였으니 지금 먹는 것이 더욱 염려가 된다. 아침밥과 저녁밥은 적

56 조만간 : 원문은 '슈明'인데, 문맥을 고려하여 '슈'을 '今'으로 바로잡아 번역하였다.

당할 때 그만 먹고 뱃속이 허하면 조금씩 자주 먹도록 하여라. 나는 근래 과식을 하면 그때마다 몸을 상했기 때문에 잘 알고 있다.

어제 보낸 표문(表文)은 이전에 지은 것보다 조금 낫구나. 그치지 않고 계속 지어야 유익함을 기대할 수 있다.

지사(池査)[57]가 다시 제기되어 제병(諸炳)들[58]이 체포되는 와중에 있다. 주리(州吏)가 어제 이를 전하여 알렸으니 오래지 않아 필시 모두 도착할 것이다. 걱정하고 탄식함이 어찌 끝이 있겠느냐. 목사(牧使) 형님이 임지로 나간다고 하니 즉시 가서 인사를 드려라. 며칠 머무른다면 매일 찾아가 인사드리는 것이 마땅할 듯하다. 그러나 의막(依幕 임시 막사)에서 인사를 드리고 절대 함부로 관청으로는 들어가지 말아라. 병진년

57 지사(池査) : 청주(淸州) 사람 지봉익(池鳳翼) 집안의 일을 가리킨다. 지봉익이 지약해(池若海)의 후사가 되었는데, 나중에 족보를 살펴보니 형제 항렬이었다. 지봉익이 임종을 앞두고 아들 지응구(池應九)에게 계보를 바로잡게 하니, 지응구가 송준길에게 문의한 뒤 예조에 올려 계보를 고쳤다. 그런데 청주의 일부 유생이 지응구가 제멋대로 파양했다고 문제 삼았다. 회천의 유생들이 변무하였는데, 송준길의 손자들도 참여했다. 그러다가 1675년(숙종1) 청주의 유생들이 다시 이 일을 제기하며 송준길을 침척하자 송준길의 손자들이 원정(原情)을 올려 억울함을 호소한 일이다. 《宋子大全隨箚 卷7》

58 제병(諸炳)들 : 송준길(宋浚吉)의 손자 병문(炳文), 병하(炳夏), 병원(炳遠), 병익(炳翼) 등을 말한다.

아들 진후에게 답하다 정사년(1677, 숙종3)인 듯함

答兒鎭厚 似是丁巳

편지를 보니 위로가 된다. 목공이 세 칸의 초당(草堂)을 지으려고 한다. 너는 재목을 수습하여 지시하여 마련하도록 하여라. 나는 이 일로 너의 재능을 시험하고자 한다. 정사년인 듯함

아들 진후에게 답하다 무오년(1678, 숙종4) 윤3월 17일

答兒鎭厚 戊午閏三月十七日

편지를 받고 서울에서 교외로 나가서 객지생활이 편안하다니 멀리서 그리워하는 내 마음에 몹시 위로가 된다. 이곳의 노소(老少)는 여전히 그럭저럭 지내고 있어 말할 만한 것이 없구나. 네가 가서 애당초 즉시 돌아오지 않았고, 지금은 며느리의 출산이 임박하였으니 비록 오더라도 오래지 않아 다시 갈 것이다. 오가느라 그저 수고로울 따름이니, 그대로 머물러 있다가 단오가 지나서 돌아오는 것이 좋겠다. 다만 거기에 머무는 동안에 고요히 지내면서 부지런히 《논어》를 읽고, 다 읽으면 또 《중용》과 《대학》을 읽어라. 날짜를 헤아리면 《중용》과 《대학》을 다 읽을 것이니 또 《시전》을 읽는 게 좋겠다. 과연 내가 헤아린 대로[59] 힘써서 공부하겠느냐? 너의 아우는 이제 《시전》을 배우고 있으니[60] 네가 매번 한 걸음씩 늦어 탄식할 만하다. 인편에 안부 편지를 대략 부친다. 무오년 윤3월 17일

59 내가 헤아린 대로 : 원문은 '知所料'인데, 문맥을 고려하여 '知'를 '如'로 바로잡아 번역하였다.

60 배우고 있으니 : 원문은 '方授'인데, 문맥을 고려하여 '授'를 '受'로 바로잡아 번역하였다.

아들 진후에게 답하다 5월 2일

答兒鎭厚 五月初二日

네가 거기에 머문 지 이미 오래되었는데 책을 읽은 것은 몹시 적으니 게으르고 방종함을 알 만하다. 늘 이를 걱정하였는데 네가 만약 가는 곳마다 부지런히 책을 읽는다면 비록 1년 동안 곁에서 떨어지더라도 나는 걱정할 일이 없다. 스스로 반성하기를 바란다.

아들 진후에게 답하다 무오년(1678) 5월 28일

答兒鎭厚 戊午五月二十八日

인편이 이르러 편지를 받고 근래 자고 먹는 일이 편안하다는 것을 알았다. 너의 아내는 이미 13일에 아들을 분만하였다. 내 나이 50세에 처음으로 손자가 생겼으니 이보다 큰 경사가 있겠느냐. 바라는 것은 출산한 며느리가 병이 없고 갓난아이를 잘 기르는 것뿐이다. 무오년 5월 28일

아들 진후에게 답하다 무오년(1678) 8월 16일

答兒鎭厚 戊午八月十六日

장조카는 형편상 23일에 있을 기제(忌祭)에 참석하기 어려우니 너는 응당 원아(遠兒 민진원(閔鎭遠))가 제사를 지낼 때 더욱 삼가고 조심하여 예절을 잃는 일이 없도록 하여라. 출주고사(出主告辭)[61]는 너희들이 해서는 안 되니 일단 놓아두는 게 마땅할 듯하다. 고모[62]의 상여가 그제 도착하였는데 부여잡고 그리워하며 슬프고 애통함이 더욱 감당할 수 없었다. 장지(葬地)는 옛 산릉(山陵)에서 수백 보 되는 곳에 새로 잡았다. 상여가 도착한 이후에 상을 당한 조씨(趙氏) 형제들이 비로소 상의하여 결정하는 터에 일마다 지체되었고 게다가 구기(拘忌)가 있어 택일(擇日)이 몹시 멀어졌으니 걱정과 염려를 어찌 다 말하겠느냐. 조카 송자화(宋子華)도 상여를 따라 여기에 왔다. 무오년 8월 16일

61 출주고사(出主告辭) : 사당에서 제청(祭廳)으로 신주를 옮기기 전에 제사를 위해 신주를 꺼낸다고 아뢰는 일이나 그런 내용의 축문이다.

62 고모 : 민유중의 고모이자, 조석윤(趙錫胤)의 부인이다.

아들 진후에게 답하다 무오년(1678) 12월 7일

答兒鎭厚 戊午臘月初七日

어제 큰바람이 불었는데 어떻게 길을 떠났느냐? 병이 들까 몹시 염려가 된다. 모든 일에 매우 조심하여 유질지우(惟疾之憂)[63]를 끼치는 일이 없도록 하여라. 무오년 12월 7일

아들 진후에게 답하다 기미년(1679, 숙종5) 5월 29일

答兒鎭厚 己未五月二十九日

여정을 계산하니 어제는 서울에 들어갔겠구나. 바닷가 고을에 안개가 자욱하니 병들거나 몸이 상하지는 않았느냐? 걱정과 염려가 그치질 않는구나. 너는 서울에 있을 때 고모들에게 가서 인사를 드리는 일 외에는 절대로 한가롭게 출입하지 말고 형세를 보아 내려오며, 머무는 동안 독서에 전념하여라. 이만 줄인다. 기미년 5월 29일

63 유질지우(惟疾之憂) : 부모가 자녀들에게 병이 있게 될까 근심함을 말한다. 《논어》 〈위정(爲政)〉에, "부모는 오직 자식이 병들까 그것만을 근심한다.〔父母惟疾之憂.〕"라고 한 데서 나온 말이다.

아들 진후에게 답하다 기미년(1679) 6월 26일

答兒鎭厚 己未六月二十六日

근래 무더위가 심한데 온 집안사람들은 어떻게 지내고 있느냐? 너도 여정을 마친 뒤에 몸이 상한 곳은 없느냐? 염려가 그치질 않는구나. 나는 이미[64] 24일에 배소(配所)에 도착하였다.[65] 여러 날 여독에 시달리고 기력은 소진되었지만 묵은 병이 아직 일어나진 않아 다행이다. 풍토가 좋고 나쁜 점을 비록 아직 경험하진 않았지만 바다가 가까운 지역은 바람과 안개가 많아 내륙과는 원래 다르다. 또 지대가 낮아 축축하여 맑고 상쾌한 기운이 전혀 없으니 이외에는 말할 필요도 없다. 금오(金吾)가 돌아가는 길에 충주(忠州)를 경유할 것이므로 이 편지를 대략 부쳐 안부를 전한다. 기미년 6월 26일

64 이미 : 원문은 '己於'인데, 문맥을 고려하여 '己'를 '已'로 바로잡아 번역하였다.

65 배소(配所)에 도착하였다 : 저자는 1679년(숙종5)에 송상민(宋尙敏)의 상소에 연루되어 다시 가률(加律)의 의논이 일어나자 흥해(興海)로 유배되었다가, 그해 10월에 방면(放免)되었다.

아들 진후에게 답하다 기미년(1679) 7월 1일

答兒鎭厚 己未七月初一日

금오의 인편에 부친 편지가 이미 도착하였느냐? 이곳은 바다에 가깝고 지대가 낮아 여름에는 마치 용광로에 있는 것 같고, 때때로 바람이 일면 모래먼지가 눈앞에 가득하여 정신이 아득해진다. 가을과 겨울에는 더 심하다고 하니, 몹시 두렵구나. 그러나 남들에게는 이곳 풍토의 좋고 나쁜 점을 굳이 말할 필요는 없다. 장흥(長興)의 소식은 근래 혹 들은 게 있느냐? 이만 줄인다. 기미년 7월 1일

아들 진후에게 답하다 기미년(1679) 7월 7일

答兒鎭厚 己未七月七日

득노(得奴)는 이미 도착했느냐? 나는 여독에서 조금 회복되어 일단 병은 없다. 종일 고요히 있으며 남을 만나지 않고 책을 보며 병을 조섭하니 모든 것이 편안하다. 다만 뱃속의 담괴(痰塊)가 때때로 발생하여 고통스럽다. 기미년 7월 7일

아들 진후에게 답하다 기미년(1679) 8월 4일

答兒鎭厚 己未八月初四日

우리 집의 침당(寢堂)은 아이들 때문에 조금 더러워졌으니 17일 기제(忌祭) 때에는 말끔하게 청소하도록 하여라. 요사이 먹는 것이 다만 가자미뿐인데 이것이 아니면 밥이 넘어가질 않는다. 그래서 매번 밥을 먹고 나면 작설차(雀舌茶)[66]를 마시니 생질 홍(洪)에게 부탁하여 넉넉히 구해 보내거라. 너의 아우는 여기에 와서 처음에는 매우 밥을 잘 먹더니 근래 비위(脾胃)가 편하지 않아 먹는 것도 줄어들고 매번 구토하는 증세가 있으니 아마도 바닷가 풍토에 익숙하지 않아서 그런 것인 듯하다. 몹시 염려가 된다. 얼핏 들으니 이 지역의 남쪽에는 토천(土喘)이 있는데 고을 안에는 없어 일찍이 이 고을을 다스린 수령은 한 번도 병을 얻은 적이 없다고 하는데, 정말 그러겠느냐. 나는 지금 살고 있는 곳이 바람을 가장 심하게 맞는다는 이유로 어제 이미 읍성(邑城)의 서쪽으로 이사했으니 가는 곳마다 좁고 비루하다. 우습구나. 기미년 8월 4일

66 작설차(雀舌茶) : 새의 혀처럼 생긴 차나무의 어린 싹을 따서 만든 차이다.

아들 진후에게 답하다 기미년(1679) 9월 그믐날

答兒鎭厚 己未九月晦

지은 표문(表文)은 이전에 비하면 조금 나아졌지만 역시 몹시 우활하다. 훗날 여기에 오면 직접 가르쳐주겠다.

문 〈우공(禹貢)〉의 "파총산(嶓冢山)에 양수(漾水)를 인도한다."[67]는 내용의 주석에 있는 '지망(地望)'의 뜻을 자세히 알지 못하겠습니다.
답 '지망'이라는 것은 그 지역을 진압하고 바라보는 산이라는 뜻이다. 여지지(輿地志)에는 고을마다 필시 모두 기록되어 있을 것이다.

너의 여정을 계산하니 여전히 길에 있겠구나. 아침저녁으로 찬 서리를 맞아 몸이 축나지는 않았느냐? 재를 넘어서 집으로 돌아가는 날이 응당 며칠을 벗어나지 않을 것이다. 길의 평탄하고 험난함, 돌아가고 빨리 가는 것이 조령(鳥嶺)과 비교하면 어떠하냐? 알려주기 바란다. 나는 여전히 그럭저럭 지내고 다행히 다른 근심은 없다. 이만 줄인다. 기미년 9월 그믐날

67 파총산(嶓冢山)에……인도한다 : 《서경》 〈우공(禹貢)〉에 "파총산(嶓冢山)에 양수(漾水)를 인도하여 동쪽으로 흘러 한수(漢水)가 되며, 또 동쪽으로 창랑(滄浪)의 물이 되며, 삼서(三澨)를 지나 대별산(大別山)에 이르러 남쪽으로 강(江)에 들어가며, 동쪽으로 돌아 택(澤)이 되어 팽려(彭蠡)가 되며, 동쪽으로 북강(北江)이 되어 바다에 들어가게 하였다.〔嶓冢導漾, 東流爲漢, 又東爲滄浪之水, 過三澨, 至于大別, 南入于江, 東匯澤, 爲彭蠡, 東爲北江, 入于海.〕"라고 하였는데, 이에 대한 주석에 "지금 지망(地望)을 가지고 서로 비교해 보면 크게 위배된다.〔以今地望參校, 絶爲反戾.〕"라는 내용이 있다.

아들 진후에게 답하다 기미년(1679) 10월 25일

答兒鎭厚 己未陽月二十五日

학노(鶴奴)가 이르러 편지를 받았는데 네가 잘 돌아갔고 온 집안사람들도 편안하다니 기쁘구나. 멀리서 듣건대 성상의 너그러운 은혜가 특별히 내렸다고 하니 죄를 지은 미천한 신하가 황송한 마음을 어찌 견딜 수 있겠느냐. 대각의 글이 나온 것이 진실로 이와 같으니, 성상께서 반한(反汗)[68]하신다면 사적인 분의(分義)가 편해질 것이다. 북쪽으로 올라가는 고을 사람이 있어 그 사람을 통해 안부를 전한다. 이만 줄인다. 기미년 10월 25일

68 반한(反汗) : 이미 내린 명령을 취소하거나 고치는 일을 말한다. 한 번 내린 명령은 몸에 서 나온 땀과 같기에 다시 체내로 들어갈 수 없다는 뜻에서 나왔다.

아들 진후에게 답하다 기미년(1679) 11월 15일

答兒鎭厚 己未十一月十五日

원아(遠兒)가 이르러 집안의 모든 일들이 모두 편안함을 잘 알게 되었으니 멀리 있는 나의 마음에 위로가 된다. 나는 추워진 이후로 천식이[69] 심해져 가래가 더욱 많이 나오지만 지난 겨울만 못하다. 중씨(仲氏)의 문안을 위해 8일에 학노(鶴奴)를 따로 장흥(長興)에 보냈다. 다음 달 초에나 돌아올 수 있을 것이니 몹시 우울하구나. 듣자니 네가 집안일로 책을 읽지 못한다고 하는구나. 앞으로는 집안의 모든 일은 내버려두어라. 비록 온 가족이 굶주리더라도 다시 염려하지 말고 오직 독서에 전념하는 것이 지극히 마땅하다. 또 읽은 것을 그때마다 기록해 보고하여 성실한지 나태한지를 알 수 있게 하여라. 이만 줄인다. 기미년 11월 15일

69 천식이 : 원문은 '咳喇'인데, 문맥을 고려하여 '喇'를 '嗽'로 바로잡아 번역하였다.

아들 진후에게 답하다 기미년(1679) 11월 26일

答兒鎭厚 己未至月二十六日

조생(趙生)이 멀리서 찾아와 쓸쓸히 지내는 내게 큰 위로가 되었다. 그를 통해 너의 편지를 받았는데 온 집안이 편안하다니 몹시 기쁘구나. 나 역시 다른 일 없이 그럭저럭 지내고 있다. 관조(官糶 환자)는 이미 얼마만큼 바쳤느냐? 집안일에 비록 얽매이더라도 절대로 이와 같은 작은 일에는 마음을 쓰지 말고 오로지 책을 읽는 것을 급선무로 여기고 부질없이 세월을 보내지 않기를 몹시 바란다. 기제(忌祭)가 임박하였으니 슬픈 마음을 어찌 다 말하겠느냐. 제구(祭具)는 어떻게 준비할 생각이냐? 이만 줄인다. 기미년 11월 26일

아들 진후에게 답하다 경신년(1680, 숙종6) 1월

答兒鎭厚 庚申元月

참의 이 차산(李次山) 영공(令公)의 상이 났다는 소식을 들으니 놀랍고 애통하다. 다만 그가 세상에 오래 살지 못한 것을 안타까워할 뿐만이 아니다. 그의 집안이 영락하여 더 이상 가망이 없으니 몹시 참담하구나.

《시진(書傳)》은 인제쯤 다 읽겠느냐? 책을 읽으라고 꾸짖으면 나약해서 그렇다고 변명하니 이 병이 언제쯤 고쳐질지 모르겠구나.

새해에 온 집안이 여전히 편안하고 선영의 제사는 잘 지냈느냐? 이 때문에 몹시 염려가 된다. 나 역시 여전히 그럭저럭 지내고 있다. 가슴속의 담벽(痰癖)[70]이 겨울이 지나도록 일어나지 않으니 약물을 많이 복용한 효과인 듯하다. 그런데 좌우의 손가락이 이따금 종기처럼 부어올라 통증이 며칠간 이어지는데 가라앉기도 하고 그렇지 않기도 한다. 풍토병을 얻은 것과 매우 흡사한데 그 연유를 모르겠다. 이만 줄인다. 경신년 1월

70 담벽(痰癖) : 수음(水飮)으로 인하여 생성된 담이 가슴과 옆구리에 고여 발생하는 벽병(癖病)이다.

아들 진후에게 답하다 경신년(1680) 1월 19일

答兒鎭厚 庚申元月十九日

편지를 보고 너의 병세가 조금 나아졌다고 하니 기쁘구나. 다만 글씨가 난삽하여 가까스로 모양을 이룬 것을 보니 이미 병세가 나아지는 상황이라고 말할 수 없구나. 몹시 염려가 된다. 오직 바라는 것은 더욱 잘 조섭하여 차분하게 효과를 내어 몸이 더욱 상하여 재발하는[71] 우환이 없도록 하는 것이니, 이렇게 하는 것이 매우 좋겠다. 2월 12일 기제(忌祭) 때 네가 비록 병이 낫더라도 기력이 필시 제사지내기 어려울 것이니 절대 함부로 움직여 억지로 참석하지 말아라. 혹 너의 종형에게 대신 지내도록 청하거나 혹 너의 아내로 하여금 설행하게 하더라도 모두 불가할 게 없다. 이만 줄인다. 경신년 1월 19일

71 재발하는 : 원문은 '後發'인데, 문맥을 고려하여 '後'를 '復'로 바로잡아 번역하였다.

아들 진후에게 답하다 경신년(1680) 1월 24일

答兒鎭厚 庚申元月二十四日

학노(鶴奴)가 와서 편지를 받았는데 너의 병이 나아지는 상황이라니 다행이다. 그러나 병은 조금 나아졌을 때 심해진다는 것[72]은 참으로 절실한 말이다. 음식과 거처가 마땅함을 잃으면 필시 재발할 것이고, 재발하면 필시 처음보다 위중할 것이다. 이 병은 집안사람들 노인과 아이 모두 전염되어 앓으니 또한 전염병이라고 말하지 않을 수 없다. 더욱 더 조심하여라. 기제(忌祭) 때 기력이 완전히 회복되지 않으면 너는 제사에 참석하지 말고 다만 너의 아내로 하여금 제사를 지내게 하는 것이 좋겠다. 억지로 참석하여 병을 만든다면 제사지내지 않는 것과 똑같은 것이다. 이만 줄인다. 경신년 1월 24일

72 병은……것 : 병은 조금 나았다고 하여 계속 치료하지 않으면 더 심해진다는 뜻이다. 한(漢)나라 유향(劉向)의 《설원(說苑)》 〈경신(敬愼)〉에 "벼슬살이는 현달한 자리에 올랐을 때 게을러지고, 질병은 조금 나았을 때 가중되며, 화는 태만에서 생겨나고, 효는 처자식으로 인하여 쇠해진다. 네 가지를 잘 살펴서 처음 시작할 때처럼 끝까지 신중히 해야 한다.〔官怠於宦成, 病加於少愈, 禍生於懈惰 孝衰於妻子 察此四者 愼終如始〕"라는 말이 나온다.

아들 진후에게 답하다 경신년(1680) 2월 15일

答兒鎭厚 庚申二月十五日

길제(吉祭)의 축문(祝文)에 '입묘(入廟)' 두 글자는 《상례비요(喪禮備要)》를 참고하면 온당치 않은 점이 없을 듯하다. 반부(班祔)[73]는 사당에 들이는 것과는 다르다. 그러나 '추제(追隮 뒤늦게 올림)'[74]라고 바꾸면 문제가 없겠느냐? 더욱 상세히 알아보거라.

조생(趙生)의 편지에는 매번 '도체(道體)' 두 글자를 사용하는데, 이것은 아무에게나 쓰는 것이 아니다. 보는 자들은 필시 놀랄 것이니 그를 만나서 이 얘기를 전하고 앞으로는 사용하지 않게 하여라.

대개 제물(祭物)이라는 것은 힘이 미치지 못하는 곳이라면 지나치게 넉넉히 차려서는 안 되고, 마련한 제수가 있다면 또한 지나치게 줄여서도 안 된다. 듣자니 설날에 두 곳의 산소에 각각 청어(靑魚) 8마리를 보냈다고 한다. 6마리는 탕을 끓이고 2마리만 구울 것이니 그 부족함을 알 만하다. 이는 필시 네가 자세히 살피지 않아서 그런 것이다.

73 반부(班祔) : 자식이 없는 사람의 신주를 조상의 사당에 함께 모시는 것을 말한다.

74 추제(追隮) : 원문은 '延隮'인데, 문맥을 고려하여 '延'을 '追'로 바로잡아 번역하였다.

참의 이 차산(李次山)의 상례에 나는 이미 한 번 곡하지도 못하였고 또 사람을 보내 술 한 잔 올리지도 못했으니 몹시 애통하구나. 여기 2개의 좋은 부목(賻木)을 부치니, 너의 아내로 하여금 이령(李令)의 부인에게 편지를 쓰게 하여 나의 뜻을 전하고 제물을 보태도록 하여라. 이전에 비록 서찰을 주고받지 않았지만 두 집안의 친분이 각별하니 편지에 말을 잘 만드는 것이 좋겠다. 이는 상주가 어려서 내가 직접 보낼 수 없기 때문이다. 이 일은 인편을 통하면 필시 부침(浮沈)[75]을 초래할 것이니 득량(得良)을 따로 보내는 것이 좋겠다.

네가 여기 올 줄은 예상하지 못한 것이니 모름지기 더욱 잘 조섭하고 또한 날마다 숙제로 책을 읽어야 할 것이다. 책을 읽는 것이 기력을 손상시킨다면 책을 훑어보는 것도 좋다. 한 번 훑어보는 것과 한 번 읽는 것이 그 공부에 큰 우열은 없다. 경신년 2월 15일

75 부침(浮沈) : 210쪽 주34 참조.

아들 진후에게 답하다 경신년(1680) 2월 27일

答兒鎭厚 庚申二月二十七日

네가 여기에 오지 못해서 광질(狂疾)이 발작하려고 한다더구나. 조금만 뜻대로 안 된다고 그때마다 광질이 발작한다면 도대체 그 사람은 어떤 사람이겠냐. 몹시 망령되구나.

노질(魯姪 민진로(閔鎭魯))[76]의 혼례일이 이미 정해졌으니, 모름지기 노봉(老峰)에 미리 가서 종질(宗姪)의 아내와 상의하여 빌릴 만한 관복(冠服)과 여러 물건들은 혼례일 전에 주선하여 군색하지 않도록 하는 것이 매우 좋겠다. 또한 혼서지(婚書紙)를 이미 만들어서 장흥(長興)으로 보냈는데 서명을 받아 왔느냐?

나는 정월부터 기침과 가래가 재발하여 목이 쉰 증세까지 생겼다. 오랫동안 낫지 않아 부득이하게 간유혈(肝兪穴)에 뜸을 백 번 뜨고도 효과가 없었는데 근래에 들어 이전에 비해 조금 누그러졌다. 이외에는 별다른 증상은 없고 자고 먹는 것도 좋다. 이것으로 내 스스로 헤아려보니 기침과 가래는 평생을 따라다니는 병이 되었다.

노질의 혼례가 이미 임박했는데 우리들이 그 경사스러운 예식을 직접 보러갈 수가 없으니 주위를 둘러봄에 서글퍼서 마음을 가눌 수가

76 노질(魯姪) : 원문은 '魯侄'인데, 문맥을 고려하여 '侄'을 '姪'로 바로잡아 번역하였다.

없다. 저쪽 집안에서도 예법을 따라 친영(親迎)하였느냐? 아니면 시속의 예법을 따랐느냐? 혼례일에 네가 데리고 갈 것인데, 저쪽 집안에서 비록 예로써 음식을 대접하더라도 절대 술을 먹지 말고 억지로 권하더라도 힘써 사양하도록 하여라. 다만 어른이 주면 수작하며 잔에만 입을 대고 말은 반드시 공손하게 하도록 하여라.

노질의 혼례를 치른 이후에 주(周 민진주(閔鎭周))의 병이 심각해지지 않고 또 긴박한 일이 없다면 즉시 내려오너라. 만약 너의 병세가 회복되지 않아 먼 길을 감당하기 어렵다면 억지로 길을 나서서 몸을 더 손상시켜서는 안 되니, 잘 생각해서 해라. 경신년 2월 27일

아들 진후에게 답하다 경신년(1680) 가을
答兒鎭厚 庚申秋

명아(明兒)의 어머니는 가마를 타도록[77] 허락해서는 안 되고 말을 타게 하여라. 아이는 가마를 타도[78] 괜찮다. 경신년 가을

아들 진후에게 답하다 신유년(1681, 숙종7)
答兒鎭厚 辛酉

종가(宗家)의 망참례(望參禮)가 멀지 않았으니 녹미(祿米) 10말을 먼저 보내거라. 그 나머지 제수는 뒤이어 보내는 것이 좋겠다. 신유년

77 가마를 타도록 : 원문은 '藁乘'인데, 문맥을 고려하여 '藁'를 '轎'로 바로잡아 번역하였다.

78 가마를 타도 : 원문은 '藁乘'인데, 문맥을 고려하여 '藁'를 '轎'로 바로잡아 번역하였다.

아들 진후에게 답하다 13일

答兒鎭厚 十三日

권 의원이 그 집 뒤에 있으니 네가 가서 직접 물어보는 것이 좋겠다. 어찌 너희들을 위해 의원을 부른단 말이냐.

조전(祖奠)과 견전(遣奠)[79]은 응당 시속의 예법을 따라 성대하게 차리되 조전은 오색(五色)의 탕을 사용하고 견전은 삼색(三色)의 탕을 사용하며, 조과(造菓)는 모두 한 그릇에 담도록 하여라.

어제 편지를 잘 읽었다. 표시한 혈 자리 아래에 비록 옛날 무덤인 듯한 형상이 있으면 절대로 침범하여 훼손시키지 말고 훗날 다시 살펴보기를 기다려라. 그곳이 과연 옛날 무덤이 아님을 확인한 뒤에 평평하게 만들도록 하여라. 하관하는 날에 직접 가서 영결할 수가 없으니 애통함이 끝이 없구나. 13일

79 조전(祖奠)과 견전(遣奠) : 조전은 발인 하루 전날 노신(路神)에게 올리는 제전(祭奠)을 말하고, 견전은 발인할 때 문 앞에서 지내는 제전을 말한다.

아들 진후에게 답하다 15일

答兒鎭厚 十五日

너는 병들고 허약한 사람인데 소식(素食)한 지가 오래되었으니 큰 병이 생길까 걱정이다. 장례를 마치고 고기를 먹었느냐? 만약 아직 먹지 않았다면 오늘부터 먹기 시작해야 할 것이다. 이 때문에 따로 편지를 부친다. 15일

아들 진후에게 답하다 임술년(1682, 숙종8)인 듯함

答兒鎭厚 似是壬戌

시험장에서 쓸 종이를 이미 샀느냐? 절대로 지나치게 좋은 것을 사지 말아라.

오늘은 정매(鄭妹 정보연(鄭普衍)에 시집간 누이)의 생일이다. 음식을 갖추어 보내도록 하여라.

《의례통해(儀禮通解)》[80]를 이미 보았느냐? 포와 젓갈 등의 물명(物名)을 이해하였느냐? 자세히 살펴야 할 것이다. 임술년인 듯함

80 의례통해(儀禮通解) : 《의례경전통해(儀禮經傳通解)》의 준말로, 주희가 《의례》를 중심으로 해서, 《예기》와 경사(經史)의 예설(禮說) 및 선유(先儒)의 학설 등을 모아 편찬한 책이다.

아들 진후에게 답하다 임술년(1682) 11월

答兒鎭厚 壬戌十一月

듣자니 광성부원군(光城府院君)[81]이 제사 때문에 집에 계시지 않았다고 한다. 반촌(泮村)에서 돌아올 때 들러 인사드리는 것이 좋겠다. 오늘은 입직을 벗어나기 어려운 것이냐? 거행조건(擧行條件)[82]은 초안을 작성한 후에 반드시 편지를 통해 진언한 이에게 질정한 뒤에 써넣어야 한다. 절대로 곧바로 써넣으면 안 된다.

신부(新婦)가 시집오는 날짜를 점쟁이를 시켜 택하게 하였더니, 12월 11일, 13일, 16일이 길일이라고 한다. 내 생각에는 13일은 기제(忌祭) 날짜와 가까워 16일이 좋을 것 같은데 본가에서 문제가 없는지 모르겠다. 첨정 송(宋) 어른을 만났더니, 신부가 천연두를 앓은 뒤라 부기가 여전히 얼굴에 있어 올해 안에 길을 떠나기가 편하지 못할 것 같다고 하는데, 정말 그러하냐? 그러나 이는 그리 대단한 일도 아니니, 한 해가 되도록 서로 만나지 못하는 것도 온당치 않은 일이다. 그러므로 겨울이 끝나갈 무렵에 거행하고자 하니 다시 생각해보

81 광성부원군(光城府院君) : 숙종의 장인인 김만기(金萬基, 1633~1687)로, 본관은 광산(光山), 자는 영숙(永淑), 호는 서석(瑞石)·정관재(靜觀齋)이다. 1671년 딸이 세자빈으로 책봉되었는데 그가 바로 인경왕후(仁敬王后)이다. 1675년 사위인 숙종이 즉위하면서 광성부원군에 봉해졌다. 김익희(金益熙), 송시열(宋時烈)의 문인이다.

82 거행조건(擧行條件) : 일종의 문서로서, 신하들이 연석에서 진달한 말들 중에 조보(朝報)에 낼만한 것을 승지가 뽑아서 조보에 반포하는 것을 말한다.

고 알려주어라. 네가 비록 멀리 있지만 집안에는 특별히 긴요한 일이 없으니 빨리 돌아올 필요는 없고 22일과 23일 사이에 집으로 돌아오도록 하여라. 임술년 11월

아들 진후에게 답하다 계해년(1683, 숙종9) 3월 1일 새벽

答兒鎭厚 癸亥三月初吉曉

이곳에서 계문(季文)[83]을 장사지내는 일은 내일을 기다려 거행할 것이다. 그러나 비가 그치지 않고 가난한 집이라 도구들이 무척 갖추어지지 않아 장례를 제대로 마치지[84] 못할까 걱정이다. 근심하고 탄식하는 마음뿐이다. 계해년 3월 1일 새벽

83 계문(季文) : 원문은 '李文'인데, 문맥을 고려하여 '李'를 '季'로 바로잡아 번역하였다.

84 장례를 제대로 마치지 : 원문은 '卒袁'인데, 문맥을 고려하여 '袁'를 '襄'으로 바로잡아 번역하였다.

아들 진후에게 답하다 계해년(1683) 7월 29일

答兒鎭厚 癸亥七月卄九日

나는 어제 양산(楊山)에 도착하였다. 오늘 저녁에 빙호(氷湖)로 돌아갔다가 다음 달 1일에 출발할 것이다. 필요한 물건들을 미처 챙기지 못하였으니 미리 헤아려서 처리해야 한다. 추증(追贈) 교지를 찾아서 황지(黃紙)에 베껴 쓰고, 제주(題主 신주에 글자를 씀)할 때 사용하는 붓과 먹, 분교(粉膠) 등의 도구들을 모두 당일 안에 마련하여라. 제주에 숙련된 사자관(寫字官)은 누구냐? 이 또한 응당 물어보고 준비해라. 이를 위해 먼저 알린다. 모름지기 과거 공부는 그만두고 길 떠날 준비에 전념해야 할 것이다. 계해년 7월 29일

아들 진후에게 답하다 계해년(1683) 9월 25일

答兒鎭厚 癸亥九月卄五日

사당(祠堂)은 1일에 옮겨서 봉안할 수 있겠느냐? 지신제(地神祭)도 2일에 거행할 수 있겠느냐? 축문을 읽는 일은 윤학주(尹學周)에게 시키는 것이 마땅할 듯하다. 제문의 첫머리 몇 구절을 고쳐서 보내는데, 문자가 좋지 않으니 이를 형님께 물어보고 다시 자세히 의론하는 게 좋겠다.

"제가 변변찮은 재능으로 오랫동안 재상의 자리를 함부로 차지하였으나 집안이 평소 가난하여 집을 지을 방법이 없었습니다. 생각건대 지금 집을 짓는 것은 실로 애초의 바람이 아니었습니다. 외람되이 왕실의 외척이 되어 성상의 총애를 지나치게 입었습니다." 계해년 9월 25일

아들 진후에게 답하다 2일 낮

答兒鎭厚 初二日午

지신(地神)에게 올리는 제문은 급박하여 주선하기가 어렵다면 5일로 날짜를 미루어도 안 될 것은 없다. 제사는 응당 정성과 문식을 다하여 신령을 감동시켜야 하니, 구차하고 간략하게 해서는 안 된다. 만약 며칠 전에 네가 지은 초고를 보았다면 그 즉시 수정해줄 수 있었겠지만 지금은 이미 때가 늦었다. 어찌하겠느냐? 초2일 낮

아들 진후에게 답하다 갑자년(1684, 숙종10) 국상(國喪)의 발인(發靷) 때

答兒鎭厚 甲子國引時

음식을 많이 차려서는 안 된다고 이미 말하였다. 이미 백어탕(白魚湯), 청어(靑魚) 구이를 차리고 또 삶은 전복탕을 차렸으니 먹지 않을 수는 없지만, 사치에 가까워 편안하지 않다. 유념하여라.

우재(尤齋)께서 식사하실 때 한 숟가락도 드시질 않아 기력이 이전보다 많이 소진되었으니 몹시 근심스럽다. 좋은 술이 남은 게 있다면 몇 잔을 어른에게 들여보내는 것도 좋겠다.

박령(朴令)이 병으로 교외에 머물고 있으니, 우리집안과 서로 사랑하는 의리로 보자면 어찌 위문을 가지 않을 수 있겠느냐. 다만 자취가 구애되어 그에게 누를 끼치고 싶지는 않다. 김사직(金士直 김유(金楺)) 군에게 물어보고 혐의될 만한 게 없다고 하면 네가 위문을 가는 게 좋겠다.

동보(同甫)를 위해 감조관(監造官)을 시키려고 하는데 어떠할지 모르겠구나. 이 벗이 벼슬길에 나온 것이 처음에는 부모님 봉양을 위해서였으니, 감조관의 공로로 승진한다면 불가할 게 없을 듯하다.

집안의 부녀자들은 내일 발인할 적에 응당 망곡례(望哭禮)를 행해야 할 것이니, 상복을 입어야 하는 이는 자신의 상복을 입는 것이 좋겠다. 이 뜻을 전하여라. 갑자년 국상(國喪)의 발인(發靷) 때

아들 진후에게 답하다 4월 14일

答兒鎭厚 四月十四日

'영월헌(迎月軒)' 세 글자는 《전운(篆韻)》과 여러 서예가들의 전서(篆書)를 살펴서 뽑아내고 거기에 찌를 부치도록 하여라. 급한 인편이 이르러 이미 계묘(啓墓)[85]했음을 알았으니 지극히 서글픈 마음을 금할 수 없구나. 외관(外棺) 위에 습기가 없다면 참으로 다행이지만, 무덤구덩이 밑에는 과연 어떠한지 모르겠구나. 나는 17일에 차자를 올려 휴가를 청하고 20일에는 저쪽에 도착하여 발인을 감독할 계획이다. 발인은 22일과 23일로 날짜를 정하고자 한다. 여러 도구들을 미처 주선하지 못한 게 많고 중사(中使) 또한 날짜가 임박한 것을 걱정하기 때문이다. 이만 줄인다. 4월 14일

85 계묘(啓墓) : 반장하기 위하여 묘를 허무는 것을 말한다.

아들 진후에게 답하다 18일 낮

答兒鎭厚 十八日午

내게 평소 입던 옷 두 벌을 보내니 소렴(小斂)할 때 사용하도록 하여라. 초종(初終 초상부터 졸곡까지)의 상구(喪具)와 관재(棺材)를 이미 보냈는데 도착하였느냐? 인편이 끊이지 않고 있으니 모든 일을 계속해서 알려주도록 하여라. 18일 낮

아들 진후에게 답하다 18일 신시

答兒鎭厚 十八日申時

슬픔으로 창황한 가운데[86] 너희들에게까지 미처 신경 쓸 겨를이 없었구나. 여정 중에 밥을 지어줄 노비 하나도 없었을 텐데, 이제 비로소 학노(鶴奴)를 보내니 그에게 이 일을 맡겨라. 너희들은 응당 스스로 밥을 챙겨먹기를 생각하여 때를 놓쳐 병이 생기지 않게 해야 할 것이다. 너의 누이는 지탱해나갈 만큼 힘을 내느냐? 슬픔과 걱정이 끝이 없구나. 이만 줄인다. 18일 신시

86 슬픔으로 창황한 가운데 : 저자의 조카 민진로(閔鎭魯, 1662~1684)의 죽음을 가리키는 듯하다.

아들 진후에게 답하다 19일 진시

答兒鎭厚 十九日辰時

편지를 보았는데 염습(斂襲)을 마쳤다고 하니 애통한 마음이 더욱 간절하구나. 오늘 대렴(大斂)은 언제 하느냐? 내가 보낸 옷 두 벌은 이미 소렴(小斂)때 도착하지 않았으니 대렴 때에 온전한 옷으로 사용하도록 하여라. 혹 사용하지 못한다면[87] 관을 채우는 데 사용해도 불가할 것은 없다. 이만 줄인다. 19일 진시

아들 진후에게 답하다 갑자년(1684, 숙종10) 8월 11일

答兒鎭厚 甲子八月十一日

아침에 남한산성(南漢山城)으로 들어가 이 정승과 마주보고 통곡하는데 속이 찢어지는 것 같았다. 어찌하냐, 어찌하냐. 갑자년 8월 11일

87 사용하지 못한다면 : 원문은 '才得用'인데, 문맥을 고려하여 '才'를 '不'로 바로잡아 번역하였다.

아들 진후에게 답하다 갑자년(1684) 10월 21일

答兒鎭厚 甲子陽月卄一日

나는 16일에 유양(維楊)의 선영에 와서 떼를 고쳐 입히는 일〔改莎〕을 마쳤다. 오늘은 상석(床石)을 설치하고 표석(表石)을 세웠다. 내일 서울로 돌아갈 것이다. 갑자년 10월 21일

아들 진후에게 답하다 을축년(1685, 숙종11) 1월 22일

答兒鎭厚 乙丑正月卄二日

소나무를 심을 때에는 수직으로 세워서는 안 되고, 비스듬하게 뿌리를 꽂고서 흙을 덮고 꾹꾹 밟아 누르면 비록 오뉴월에 식재(植栽)하더라도 하나라도 살지 못할 것이 없다고 한다. 이 방법을 따라 하는 것이 마땅할 듯하다. 을축년 1월 22일

아들 진후에게 답하다 을축년(1685) 1월 27일

答兒鎭厚 乙丑正月廿七日

양주(楊州)의 질부가 아들을 분만한 게 사실이냐? 천리(天理)가 어그러지지 않아 석과(碩果)[88]의 증험이 있는 것이니, 기쁘고 슬픈 마음이 교차하여 아득한 심정을 뭐라 표현할 수가 없구나. 을축년 1월 27일

88 석과(碩果) : 평생에 자신의 복을 다 누리지 않으면 자손이 대신 누린다는 의미이다. 《주역(周易)》 박괘(剝卦) 상구(上九)에 "큰 과일은 먹히지 않는다.〔碩果不食〕"고 하였는데, 이는 다섯 개의 효(爻)가 모두 음(陰)인 상태에서 맨 위의 효 하나만 양(陽)인 것을 석과(碩果)로 비유한 것으로서, 하나 남은 양의 기운이 외로운 것처럼 보이지만 결코 끊어지지 않고 계속 이어진다는 뜻을 보인 것이다.

아들 진후에게 답하다 을축년(1685) 3월 14일

答兒鎭厚 乙丑三月十四日

진원(鎭遠)이의 아내가 지난 새벽에 아들을 분만했다고 하니 이는 실로 온 집안의 경사이다. 아현(鵝峴)의 이처(李妻)[89]는 엊그제 가슴이 꽉 막히는 증세가 있었는데, 하루에도 번번이 재발하였으니 이는 지나치게 애훼(哀毁)하다 생긴 병인 듯하여 몹시 걱정이다. 진원이는 지금 아현에 있다. 을축년 3월 14일

아들 진후에게 답하다 을축년(1685) 6월 7일

答兒鎭厚 乙丑六月七日

지은 글들이 차츰 나아지고 있구나. 생질 홍(洪)에게 보내 감사 박태상(朴泰尙)의 평가를 받고서 보낸다. "진후(鎭厚)가 지은 것은 문자를 많이 사용하니, 이는 도리어 진원(鎭遠)의 정밀하고 간약함만 못하다."라고 평가를 했으니, 잘 알고 있어라. 을축년 6월 7일

89 아현(鵝峴)의 이처(李妻) : 저자의 딸이다. 이만창(李晩昌)의 아내이자 이재(李縡)의 모친이다.

아들 진후에게 답하다 을축년(1685) 6월 9일

答兒鎭厚 乙丑六月九日

노선생의 유고(遺稿)[90]가 오늘 연현(延縣)에서 도착하였다. 이제 막 자화(子華 송병하(宋炳夏))로 하여금 홍문관에게 바치도록 하였다. 을축년 6월 9일

90 노선생의 유고(遺稿) : 송준길(宋浚吉, 1606~1672)의 유고인 듯하다.

아들 진후에게 답하다 을축년(1685)인 듯함

答兒鎭厚 似是乙丑

지난날 우재(尤齋) 스승께서 말씀하시기를,

"송자화(宋子華 송병하)는 정리(情理)로 보자면 몹시 불쌍하다. 만약 궤연(几筵)을 모시고 서울로 올라가 형제들이 모두 한데 모이면, 의리에 미안한 것이 없고 아울러 멀리서 온 상주를 간호하고 치료하기도 편할 것 같다. 어떻게 생각할지 모르겠다."

하였다. 내가 대답하기를,

"서로 상의해야 결정해야 하지만, 머물러 지낼 집도 없고 또 양식을 계속 잇기가 어려우니 이것이 염려가 됩니다."

하였다. 자화를 만나거든 이를 생각해보도록 하여라. 을축년인 듯함

아들 진후에게 답하다 3월 12일 을축년(1685)인 듯함

答兒鎭厚 三月十二日似是乙丑

회천(懷川)의 산역(山役)을 끝냈다고 하니 다행이다. 미진한 것들은 내가 나가기를 기다렸다가 헤아려 처리할 생각이다. 3월 12일 을축년인 듯함

아들 진후에게 답하다 을축년(1685) 8월 12일

答兒鎭厚 乙丑八月十二日

이른바 봉사(封事)라는 것은 모든 소장(疏章)을 지칭하는 것이니, 유독 응지(應旨)만을 지칭하는 것은 아니다. 응지와 모든 봉사를 막론하고 일절 '성(聖)' 자를 말하지 않는 것이 바로 겸손한 덕이다. 명제(明帝)도 선제(先帝 광무제(光武帝)) 때의 소장에 '성(聖)' 자를 말하지 말라고 하였다고 칭찬하며 역시 칭송하는 말을 금지시켰다.

길을 떠난 뒤에 소식을 듣지 못했고 다만 시냇물이 크게 불어나 도로가 막혔다는 얘기를 들었다. 어떻게 도착했느냐? 도착했는지의 여부는 본디 염려할 만하지 않고, 가장 염려가 되는 것은 위험을 무릅쓰고 강을 건너 옛사람의 경계를 범하는 것이니, 밤낮으로 근심과 염려가 계속 이어진다. 돌아갈 때 또 비를 만나면, 매우 조심하여 비록 가는 곳마다 체류하여 갖가지로 고생을 하더라도 절대 함부로 위험한 길에 오르지 말아라. 네가 낙정(樂靜 조석윤(趙錫胤)) 외숙이 한 것[91]처럼 위험을 앞두고 들어가지 않는다면 내가 어찌 수고롭게 걱정

91 낙정(樂靜)……것 : 조석윤(趙錫胤, 1606~1655)은 본관이 배천(白川), 자는 윤지(胤之), 호는 낙정(樂靜)이다. 어느 날 한강을 건너는데 풍파가 거세고 건너 갈 사람들이 많이 밀리는 바람에 나룻배가 도중에 침몰하였다. 마침 그의 친구 한 사람이 언덕 위에서 조석윤이 그 배에 오르는 것을 목격하였기에 반드시 함께 빠져죽었을 것으로 생각하고 그의 아버지에게 찾아가서 사실을 알리니 그의 아버지가 믿지 않으면서 말하기를 "우리 아이는 함부로 건널 자가 아니라."라고 하였는데 과연 조금 뒤에 조석윤이

하겠느냐. 이만 줄인다. 을축년 8월 12일

뒤따라왔다. 그러니까 처음에 배를 탄 것은 사실인데 그 위태로움을 헤아려 다시 내려서 인마(人馬)가 거의 드물 때까지 기다려 비로소 건너온 것이었다.

아들 진후에게 답하다 을축년(1685) 8월 12일

答兒鎭厚 乙丑八月十二日

산골짜기 안에 시내가 많은데 비가 내리면 갑자기 불어나니 함부로 건너는 것은 매우 위험하다. 제사 때 날짜를 맞추기 어려울 것 같으면 날이 개이기를 기다리면서 하루하루 날을 물리더라도 무슨 문제가 되겠느냐. 같은 날

아들 진후에게 답하다 병인년(1686, 숙종12) 3월 1일

答兒鎭厚 丙寅三月初一日

이제 어디에 도착했느냐? 길을 가면서 병은 생기지 않았느냐? 소보(小報)와 수의(收議)를 보낸다. 이번의 전교(傳教)는 실로 내전(內殿)이 여러 날 사정을 호소한 데서 나온 것이다. 비록 다시 생각해보라는 하교가 있었지만 며칠 후에 또 처분이 내려질 듯하다. 대개 내전에서 조처한 것은 성덕(盛德)의 일이고, 대신이 몹시 우려하고 지나치게 경계한 것은 사리가 본래 그러하다. 대체(大體)가 이미 옳으니 그 나머지는 말할 것도 없다. 10일 전에 들어올 계획이다. 이만 줄인다. 병인년 3월 1일

아들 진후에게 답하다 병인년(1686) 4월 22일

答兒鎭厚 丙寅四月卄二日

나는 연일 종기가 난 곳을 목욕하여 씻어내고 있는데 차츰 효과가 있어 24일에는 이곳을 떠나려고 한다. 청풍(淸風)에서 제천(堤川)으로 들어갔다가 길을 돌려 노봉(老峰)으로 나와 배를 타고 올라갈 계획이다. 지체하기가 몹시 힘들기도 하고 또 폐단이 있기에 13일만 목욕하였으니 부족한 듯하다. 이번의 별시(別試) 시장(試場)[92]은 무슨 관사(官司)에서 설행하느냐? 너희들은 어느 곳으로 들어가고 싶으냐? 모름지기 생질 홍(洪)과 상의하여 평안하고 좋은 곳을 골라 녹명(錄名)[93]하도록 하여라. 문에 들어갈 적에는 더욱 두려워하고 신중히 하여 절대로 먼저 들어가지 말아라. 조카 송(宋)은 조금 나아졌으니 다행이다. 광림(光林)의 거취가 결정되었으니 몹시 상쾌하다. 이만 줄인다. 병인년 4월 22일

92 별시(別試) 시장(試場) : 저자의 장남 민진후는 1686년(숙종12) 별시 문과에 병과로 급제해 승문원정자(承文院正字)가 되었다.

93 녹명(錄名) : 과거 응시자가 이름을 적고 등록하는 것을 말한다.

아들 진후에게 답하다 병인년(1686) 9월 15일

答兒鎭厚 丙寅九月十五日

청안(淸安)에 이 두 통의 편지를 남기고 오늘 아침에야 돌아간다. 사앙(士昂 민태중(閔泰重))이 그제께 나를 찾아와 그대로 머물면서 이야기를 나누었으니 몹시 다행스러웠다.

황려(黃驪 여흥(驪興))를 지나간 뒤로 더 이상 편지를 받지 못했구나. 추위를 무릅쓰고 길을 떠났는데 특별히 병은 생기지 않았느냐? 여정을 계산하면 오늘이나 내일 청안에 도착하겠구나. 며칠 휴식하여 여독에서 회복하기를 바란다. 근래 듣자니 기호(畿湖)로 가는 큰 길에는 사람을 살해하는 강도가 몹시 많다고 한다. 아침 일찍 길을 가지 말고 반드시 날이 밝아지면 출발하고 반드시 해가 지기 전에 숙박하도록 하여라. 군관(軍官) 최첨(崔添)이 유씨(兪氏) 집안의 일로 산을 보기 위해 고양(高陽)으로 나갔다가 짐을 싣는 말을 도적에게 빼앗기고 말 주인은 피살되었다고 한다. 몹시 놀랍구나. 이만 줄인다. 병인년 9월 15일

아들 진원[94]에게 부치다

寄兒鎭遠

아래 세 편지는 신해년(1671, 현종12) 9월에 보낸 것이다.

편지를 보고 너의 병이 이미 차도가 있다는 것을 알았으니 무척 다행스럽다. 병이 차도가 있으면 다시 책을 읽는 것이 좋겠다.

편지를 보고 병이 차도가 있어 책을 읽는다는 것을 알았다. 나는 10일 이후에 들어갈 것이다. 이만 줄인다.

편지를 보니 기쁘구나. 네가 지은 짧은 시 또한 좋다. 매일 책을 읽어 나태해지지 말아라.

94 진원(鎭遠) : 저자의 차남 민진원(閔鎭遠, 1664~1736)를 가리킨다. 민진원의 자는 성유(聖猷), 호는 단암(丹巖)·세심(洗心), 시호는 문충(文忠)이다.

아들 진원에게 부치다 계축년(1673, 현종14) 5월

寄兒鎭遠 癸丑五月

연이어 편지를 보고 네가 책을 읽는다는 것을 알았다. 게다가 편지글이 통창하니 무척 기쁘구나. 계축년 5월

아들 진원에게 부치다 갑인년(1674, 현종15) 4월

寄兒鎭遠 甲寅四月

지난번 편지를 보고 네가 잘 지내고 있다는 것을 알았으니 기쁘구나. 나 또한 별일 없이 근근이 버티고 있다. 이만 줄인다.

너의 형이 이미 노치(老峙)에 도착했으니 내일쯤 여기에 도착하겠구나. 갑인년 4월

아들 진원에게 부치다 을묘년(1675, 숙종1) 1월

寄兒鎭遠 乙卯正月

지난번에 경황이 없어 자세히 말하지 못했으니 탄식할 만하다. 며칠간 먹고 자는 일은 어떠하냐? 아이들도 편안하냐? 몹시 그립고 염려가 되는구나. 나는 근근이 버티고 있다. 다만 어제와 오늘 미약하게 감기 기운이 있어 중씨(仲氏)를 따라 산골짜기로 향하지 못했으니, 하루 이틀 머물렀다가 충주(忠州)에 잡은 산들을 살펴보러 갔다가 돌아올 계획이다. 사직상소는 그믐날쯤 올려 보낼 것이다. 중씨에게 괸직을 새로 제수하는 명이 내려졌다고 들었는데, 낭패스러워 더욱 걱정이 된다. 백씨(伯氏)는 이미 무사히 서울에 들어가셨느냐? 이만 줄인다.

을묘년 1월

관아(觀兒)는 오늘 충주에 들여보냈다.

아들 진원에게 부치다 기미년(1679, 숙종5) 5월 29일

寄兒鎭遠 己未五月二十九日

뱃길이면 어제 서울에 들어갔겠구나. 바닷가 고을에 안개가 자욱하니 병들거나 몸이 상하지는 않았느냐? 무척이나 그립구나. 나는 그럭저럭 지내고 있다. 우리들을 멀리 유배시키라는 논의가 과연 나왔느냐? 이미 나왔는데 아직 성상의 윤허를 받지 않았거나 아직 논의가 나오지 않았다면 너는 응당 그대로 머물러 있다가 형세를 보고 내려와야 할 것이다. 머물러 있는 동안 절대로 한가롭게 출입하지 말아라. 오로지 책을 읽고 또 신중히 조섭하여 병이 생기지 않도록 하는 것이 좋겠다. 학송(鶴松)이 돌아올 적에 주동(鑄洞), 야동(冶洞), 성서(城西)의 여러 곳에서 서간(書簡)을 받아오라고 거듭 주의를 주어야 마땅하다. 야동에는 한글편지와 받아올 물건이 있다고 한다. 이만 줄인다. 모든 일은 생질 홍(洪)[95]과 상의해서 하여라. 기미년 5월 29일

95 생질 홍(洪) : 홍만형(洪萬衡)의 두 아들인 홍중모(洪重模)와 홍중해(洪重楷) 가운데 한 사람을 가리킨다.

아들 진원에게 부치다 기미년(1679) 6월 8일

寄兒鎭遠 己未六月初八日

대각(臺閣)의 논의가 혹 아직 나오지 않았거나 혹 이미 나왔는데 아직 성상의 윤허가 없다면 그 사이 며칠이 더 지체될 듯하니, 돌아오는 배를 얻도록 도모하여 너의 아내를 데리고 물길을 거슬러 올라와 속히 시아버지를 뵙는 예를 행하는 것이 마땅할 듯하다. 혼례를 치른 후에 반년이 되었는데 길이 멀기 때문에 아직 만나지 못했는데,[96] 지금 만약 멀리 유배를 간다면 와서 보고자 해도 그 형세상 방법이 없으니 이를 유념하지 않을 수 없다. 지금은 평상시 시아버지를 뵙는 예와는 같지 않으니 결코 행장을 꾸리고 예식을 준비해서는 안 된다. 이 뜻을 상의하여 알려주는 것이 더욱 좋겠다.

너는 서울에 머문 지 20여 일이 지났겠구나. 모름지기 독서에 전념하고 절대로 경솔하게 출입하지 말아라. 차산(次山) 이 영공(李令公)을 한번 찾아뵙고 소매 속에 이 편지를 넣어가서 전하여라. 만약 손님이 있으면 뵙지 않고 돌아와 사람을 보내 말을 전하는 것도 괜찮다. 지황(地黃)과 같은 부류의 약재를 여기서는 몹시 얻기 어려우니 구해서 보내줄 수 있겠느냐?

96 아직 만나지 못했는데 : 원문은 '來得相見'인데, 문맥을 고려하여 '來'를 '未'로 바로잡아 번역하였다.

두 노복이 연달아 와서 편지를 받아보고 편안히 있다는 것을 알게 되어 기쁘구나. 신부(新婦)가 이미 길을 떠났느냐? 날씨가 이처럼 더운데 염려가 되는구나. 아직 출발하지 않았다면 서울에 오랫동안 체류할 수 없을 듯하니 모름지기 마부와 말을 구해서 내려와야 할 것이다. 이만 줄인다. 기미년 6월 8일

아들 진원에게 부치다 6월 13일

寄兒鎭遠 六月十三日

편지를 받고 9일에 배를 타고 물길을 거슬러 올라간 것을 알았으니, 여정을 계산하면 오늘이나 내일 이곳에 도착할 수 있겠구나. 강물이 크게 불고 거센 바람이 계속 불며 때때로 폭우가 내리니 뱃길이 몹시 어렵겠구나. 지금은 어디쯤 도착했는지 모르겠지만 크게 낭패스러운 일은 없었느냐? 절대로 빨리 오려는 마음을 먹지 말고, 위험한 여울이나 큰 물결을 무릅쓰지 말아서 편의에 따라 가고 멈추는 것이 지극히 마땅하다. 여주(驪州)를 지날 때 또한 미리 사람을 보내 나에게 알려주면 마부와 말을 빌려놓을 생각이다. 나는 그럭저럭 지내고 있다. 대각의 글은 8일 이후로 다시 들은 소식이 없다. 네가 오다가 낭패를 볼까 염려가 되어 노복 한 명을 따로 보내 도중에 기다리게 한다. 이만 줄인다. 6월 13일

아들 진원에게 부치다 기미년(1679) 9월 24일

寄兒鎭遠 己未九月二十四日

편지를 보고 배가 이미 가까이 왔고 여러 일들이 편안한 것을 알았으니 몹시 위로가 된다. 나는 그럭저럭 지내고 있다. 생질 홍(洪)이 어제 도착했는데 서울 소식은 더 이상 새로운 게 없었다. 정박하거든 즉시 따로 사람을 보내 속히 알려주어라. 이만 줄인다.

길을 떠난 후에 소식이 들리지 않는데 이미 무사히 산골 집에 도착했느냐? 어제 기제(忌祭)를 지내고 다시 서울로 향했느냐? 염려가 그치질 않는다. 이미 서울에 체류한 지 곧 20여 일이 지나가는데, 절대 경솔하게 출입하지 말고 독서에 전념하다가 기일이 되면 돌아오는 것이 매우 좋겠다. 너의 누이가 위중한 병에 걸려 온천(溫泉)에 가서 목욕을 했다고 들었는데 이미 돌아왔겠구나. 온천에 갔다 온 후에 병세의 차도가 어떠하냐? 걱정되고 답답한 마음이 몹시 간절하구나. 너의 형이 오늘 돌아가서 급히 써서 부친다. 기미년 9월 24일

아들 진원에게 부치다 기미년(1679) 9월 27일

寄兒鎭遠 己未九月二十七日

영천 군수(永川郡守)[97]가 부모님 병환 때문에 허둥지둥 올라갔다고 하니 몹시 염려가 되는구나. 너는 집에 돌아가거든 영천의 노비들 처소에 패자(牌子)를 보내거라. 그곳 태수가 올라가서 전할 수 없기 때문이다.

서울에 들어간 지 며칠이 되었는데 먹고 자는 일은 어떠하냐? 염려가 그치질 않는구나. 나는 그럭저럭 지내고 있다. 이진탕(二陳湯)[98]을 이미 50첩(貼)이나 복용했는데 조금도 효과가 없구나. 이녀(李女)[99]는 온양(溫陽)에 갔다가 이미 돌아왔느냐? 병세의 차도는 과연 어떠하냐? 증세가 점점 고질병이 되니 참으로 작은 근심거리가 아니다. 너의 형은 24일에 돌려보냈으니 다음 달 초에 산골짜기 집에 도착할 것 같구나. 그가 떠날 때 이미 편지를 부쳤는데, 서울로 올라가는 마을 사람이 있어 대략 안부 편지를 부친다. 너의 누이, 그리고 큰조카와 생질 홍(洪)에게는 모두 편지를 미처 보내지 못했으니 얘기를 전해주어라. 이만 줄인다.

기미년 9월 27일

97 영천 군수(永川郡守) : 이사영(李思永)을 가리키는 듯하다.

98 이진탕(二陳湯) : 반하(半夏), 진피(陳皮), 적복령(赤茯苓), 자감초(炙甘草), 생강으로 구성된 처방이다. 담음(痰飮)으로 가슴과 명치 밑이 그득하고 불러오르며 기침을 하고 가래가 많으며, 메스껍고 때로 토하면서 어지럽고 가슴이 두근거리는 데 쓴다.

99 이녀(李女) : 저자의 딸이자 이만창(李晩昌, 1654~1684)의 부인을 가리킨다.

아들 진원에게 부치다 기미년(1679) 9월 그믐날

寄兒鎭遠 己未九月晦

어제 마을 사람 인편으로 편지를 부치고, 또 상경하는 아전이 있다고 들어서 대략 언급한다. 나는 여전히 그럭저럭 지내고 있다. 다만 너의 형제가 모두 나의 곁에 없으니 몹시 외롭고 쓸쓸하구나. 영천 군수(永川郡守)가 부모님 병환 때문에 허둥지둥 올라갔다고 지난번에 들었는데 다시 아무런 소식이 없으니 염려가 되는구나. 너는 모름지기 한 번 가서 위문하고, 이어서 내가 미처 편지를 쓰지 못하고 너를 보내 대신 위문하는 뜻을 말해주어라. 이녀(李女)[100]는 필시 온천에서 이미 돌아왔을 것인데 병세의 차도가 근래 어떠하냐? 매번 생각할 때마다[101] 몹시 애가 타는구나. 이만 줄인다.

홍 판부(洪判府)가 편지를 보내 안부를 물어 여기에 답장을 보내니 즉시 전해주고 그의 답장을 받아 이 인편에 부쳐서 보내도록 하여라. 답장을 보내면서 약재도 구했기 때문이다. 기미년 9월 그믐날

100 이녀(李女) : 원문은 '李汝'인데, 문맥을 고려하여 '汝'를 '女'로 바로잡아 번역하였다.

101 매번 생각할 때마다 : 원문은 '每命'인데, 문맥을 고려하여 '命'을 '念'으로 바로잡아 번역하였다.

아들 진원에게 부치다 기미년(1679) 10월 9일

寄兒鎭遠 己未陽月九日

서울에 들어간 후 자고 먹는 일은 어떠하냐? 지금까지도 너의 편지를 받지 못하고 있으니 염려가 그치질 않는구나. 나는 그럭저럭 지내고 있다. 너의 누이가 온천에서 목욕한 후에 병세의 차도는 또 어떠하냐? 밤낮으로 근심하고 있다. 마침 서울로 가는 마을 사람이 있어 그 사람을 통해 편지를 보낸다. 이만 줄인다. 기미년 10월 9일

아들 진원에게 부치다 경신년(1680, 숙종6) 5월 4일

寄兒鎭遠 庚申五月初四日

너는 양산(楊山)에서 출발해 이미 서울에 도착했겠구나. 길을 간 뒤로 자고 먹는 일은 어떠하냐? 염려를 금할 수 없구나. 나는 기침은 여전하지만 목이 쉰 증세는 예전보다 조금 나아졌다. 기력이 쇠약해지기는 더욱 심해져 고통스럽구나. 뜻밖에 새로 관직을 제수하는 명이 또 내려와 황공하여 몸둘 바를 모르겠다. 토역(討逆)의 옥사가 이미 끝났다고 들었으니 여기서 상소를 올려 면직을 청하려고 한다. 만약 성상의 허락을 받지 못하면 경기로 나아가 다시 상소를 올릴 계획이다. 공조(工曹)의 하례(下隷)가 먼저 돌아가기에 급히 써서 편지를 부친다. 중씨(仲氏)가 정승에 제수된 것[102]은 성상의 총애가 지극한 것이지만 걱정과 두려움도 깊어진다. 경신년 5월 4일

102 중씨(仲氏)가……정승에 제수된 것 : 1680년(숙종6)에 민정중(閔鼎重)은 우의정에 제수되었다.

아들 진원에게 부치다 경신년(1680) 5월 6일

寄兒鎭遠 庚申五月初六日

서울에 들어간 후 무탈하냐? 경솔하게 돌아다니지 말고 가는 곳마다 부지런히 책을 읽는 것이 나의 지극한 바람이다. 나의 목이 쉰 증세는 좋았다가 나빠졌다가 하는데 대체로 여전하다. 이 때문에 사은숙배를 하지 못하고 이미 현도(縣道)[103]를 통해 사직상소를 올렸는데 10일 이후에 성상에게 전해질 것 같다. 모름지기 오후선(吳厚先)에게 말하여 비답이 내리기를 기다렸다가 즉시 파발을 통해 전해주는 게 어떠하냐? 생질 홍(洪) 형제[104]에게는 바빠서 미처 편지를 쓰지 못했으니 만나서 얘기를 전해주어라. 이만 줄인다. 경신년 5월 6일

103 현도(縣道) : 현(縣)과 도(道)이다. 시골에 있는 신하가 직접 승정원에 소(疏)를 접수시키기 거북할 경우에는 지방의 현이나 도에 소를 접수시켜 대신 올리게 하였다.

104 생질 홍(洪) 형제 : 홍만형(洪萬衡)의 두 아들 홍중모(洪重模)와 홍중해(洪重楷)를 가리킨다.

아들 진원에게 부치다 경신년(1680) 5월 9일

寄兒鎭遠 庚申五月九日

호조(戶曹)의 하례(下隷)가 도착하여 네가 6일에 보낸 편지를 받아 보았다. 서울에 들어가서 편안하게 지내고 있다고 하니 멀리 있는 나의 걱정에 위로가 된다. 나는 조리하며 쉰 지 여러 날이 되어 기력이 조금 회복되었지만 기침과 목이 쉰 증세는 지금까지도 매한가지라 고통스럽구나. 이전 관직의 사직상소를 올리자마자 또 뜻밖에 새로운 관직에 제수하는 명이 내려오니 진퇴가 낭패스러워 무슨 말을 하겠느냐. 그러나 성상의 소명을 받든 이후에 뱃길을 통해 출발하여 경기로 나아가 다시 사직상소를 올릴 계획이다. 이만 줄인다. 경신년 5월 9일

아들 진원에게 부치다 경신년(1680) 5월 25일

寄兒鎭遠 庚申五月二十五日

너는 오늘 회천(懷川)에 도착했겠구나. 무더위를 무릅쓰고 길을 갔는데 병은 생기지 않았느냐? 몹시 염려가 되는구나. 어제 소결(疏決)할 때 우재 선생(尤齋先生)을 특별히 석방하라는 명이 내리고 황 교관(黃敎官)을 비롯한 여러 공들은 모두 사면을 받았으니 그 기쁘고 다행스러움이 어찌 끝이 있겠느냐. 나는 여전히[105] 피곤하게 지내고 있다. 너는 언제쯤 길을 돌아서 중원(中原 충주)에 도착하느냐? 다음 달 초에 고향집에 따로 사람을 보내서 네가 오기를 기다리게 하려고 한다. 몹시 바빠서 이만 줄인다. 경신년 5월 25일

105 나는 여전히 : 원문은 '告一味'인데, 문맥을 고려하여 '告'를 '吾'로 바로잡아 번역하였다.

아들 진원에게 부치다 경신년(1680) 5월 29일

寄兒鎭遠 庚申五月二十九日

너는 다음 달 초에는 고향집에 도착하겠구나. 여러 날 길을 갔는데 먹고 자는 것은 어떠하냐? 몹시 염려가 된다. 나는 여전히 그럭저럭 지내고 있다. 네가 도착한 후에는 즉시 내행(內行)을 모시고 올라가라. 돌아오는 배는 개인적으로 마련하기 어려울 것이다. 그래서 목사에게 편지를 써서 보냈으니 모름지기 즉시 전하여 배를 잡아서 타고 오거라. 너의 형은 오늘 배를 타고 갔으니 며칠 안에 들어갈 것이다. 바빠서 이만 줄인다. 경신년 5월 29일

아들 진원에게 부치다 신유년(1681, 숙종7) 10월 26일

寄兒鎭遠 辛酉十月二十六日

의녀(醫女) 정옥(貞玉)을 내국(內局)에서 그만두게 한 지 이미 오래되었는데 그가 있는지 없는지 살펴서[106] 불러 보낼 계획을 잡았다. 말남(㖙男)과 귀상(貴上)이 올라간다고 하니, 이들을 머물러 기다리게 하여라.

편지를 받아보고 네가 편안히 지낸다고 하니 기쁘구나. 나 또한 여전하다. 네가 지은 세 편은 다만 예전 그대로이고 진전된 부분은 없구나. 비록 자세하게 글을 엮었으나 몹시 기력이 없으니, 계속해서 수 편을 짓고 때때로 책을 읽는 것이 좋을 듯하다. 이만 줄인다. 신유년 10월 26일

106 살펴서 : 원문은 '當其'인데, 문맥을 고려하여 '當'을 '審'으로 바로잡아 번역하였다.

아들 진원에게 부치다 신유년(1681, 숙종7) 11월 9일

寄兒鎭遠 辛酉十一月初九日

편지를 보니 위로가 된다. 나는 여전하다. 곡식 한 말과 새우젓〔蝦鹽〕 한 항아리를 보낸다. 소금 한 말도 보내니 이것은 태남(太男)에게 주어 그 노고를 보상해주어라.

간밤에 모든 일이 편안했느냐? 나는 서울에서 바쁘게 지내다가 갑자기 길을 떠나게 되어 피곤하여 견디기 어렵구나. 이제 막 남한산성(南漢山城)에서 이천(利川)으로 출발했다. 어제 송 첨정(宋僉正)이 내가 가는 길에 편지를 부탁하려고 했는데 시간을 지체할 수 없어서 우선 출발했으니, 사람을 보내 편지를 찾아 집안의 편지와 함께 봉해서 파발을 통해 전해주는 게 어떠하냐? 내가 돌아가기 전까지 너는 절대 출입하지 말고 밤낮으로 부지런히 책을 읽어야 할 것이다. 이만 줄인다. 신유년 11월 9일

아들 진원에게 부치다 9일

寄兒鎭遠 初九日

아침에 보낸 편지가 이미 도착했느냐? 나는 간밤에 아파서 고생했는데 아침에 일어나보니 조금 나아졌다. 막 경안(慶安)에 도착했는데, 권 군(權君)과 남 군(南君)은 산을 보고 오느라 도착하지 않아 기다리고 있다. 선문(先文)[107]을 보낼 때 나는 자세히 보지 못했는데, 지금 들으니 여주(驪州)로 길을 잡아 안부를 묻는 관리가 문안을 왔다고 하기에 비로소 잘못한 것을 알게 되었다. 여기서 곧장 이천(利川)과 음죽(陰竹)으로 가겠다. 돈녕부 관리의 흐리멍덩한 일처리가 놀랍고 우습구나. 이만 줄인다. 9일

107 선문(先文) : 중앙의 벼슬아치나 중요 인물이 해당 고을에 도착하기에 앞서 도착 날짜를 미리 통지(通知)하던 공문(公文).

아들 진원에게 부치다 신유년(1681) 11월 13일

寄兒鎭遠 辛酉十一月十三日

《휘어(彙語)》는 호남(湖南)에서 간행한 것이 아직 도착하지 않아 아직 인출(印出)하지 못했다.

지난번 종가(宗家)에서 빚어 온 술을 양산(楊山)에 나누어주고 남은 것은 보관하여 제서(堤西)와 충주(忠州)의 두 산소의 제주(祭酒)로 준비하려고 이 뜻을 의비(義婢)에게 자세히 전하였다. 그런데 여기에 와서 물어보니 가지고 오지 않았다고 해서 매우 놀랐다. 의비에게 물어보고 한 병을 단단히 봉하여 준노(準奴)에게 따로 전해주어 보내는 것이 좋겠다. 열 예닐곱 잔이면 사용할 수 있고 비록 이 수량을 넘더라도 좋으니 모두 보내는 것이 좋겠다. 다만 밖은 마른풀로 싸서 얼거나 상하지 않게 하는 것이 가장 좋겠다. 전복(全鰒) 한 첩(貼)과 문어(文魚) 한 미(尾)도 보내라. 백어(白魚)가 천신(薦新)[108]할 때 도착하지 않아 마음이 몹시 미안하니, 주부(主簿)에게 편지를 보내 별도로 빙호(氷湖)에서 사서 동지(冬至)나 보름에 사용하는 것이 좋겠다. 우리 집에 있는 백어는 세 접시에 들어가는 것 외에 나머지는 종가에 보내어 도와주는 것이 좋겠다.

108 천신(薦新) : 계절마다 새로 나오는 먹을 것을 먼저 신위(神位)에 올리는 일을 말한다.

파발편이 먼저 도착하고 집안의 노복이 이어서 도착하여 두 통의 편지를 받았다. 모두 편안하게 잘 지낸다고 하니 몹시 위로가 된다. 나는 그저께 노치(老峙) 산 아래로 오느라 여행에 지쳐 이루 말할 수 없이 피곤하였다. 후아(厚兒 민진후(閔鎭厚))는 모레면 여기에 올 것이니 기다리고 있다. 편지에서 말한 여러 가지 일들은 잘 알겠다. 제주, 문어, 전복은 잘 도착했다. 이만 줄인다. 신유년 11월 13일

아들 진원에게 부치다 신유년(1681) 11월 15일

寄兒鎭遠 辛酉十一月十五日

동짓날에 보낸 편지를 받아보았는데 온 집안이 모두 편안하다고 하니 위로가 된다. 나는 어제와 오늘 여독이 조금 회복되어 이제 밥을 먹을 수 있다. 후아(厚兒)가 오기를 기다렸다가 즉시 제서(堤西)로 들어가려고 한다. 역서(曆書) 몇 건은 인편을 통해 보내는 게 좋겠다. 여러 편지들도 잘 도착하였다. 신유년 11월 15일

아들 진원에게 부치다 신유년(1681) 11월 16일

寄兒鎭遠 辛酉十一月十六日

방금 후아(厚兒)의 편지를 받아보니 오늘 저녁이나[109] 내일 아침에 도착하겠구나. 듣자니 천권(賤眷)에게 근래 왼쪽 수족에 허비(虛痺) 증세가 있다고 한다. 즉시 가서 살펴보고 이어서 최 의원(崔醫員)에게 물어보고 약을 쓰는 것이 어떠하냐? 금궤당귀산(金匱當歸散)은 이미 복용했느냐? 인삼(人蔘)을 추가해서 복용하는 것이 좋을 듯하니, 이것을 상의해보는 것이 어떠하냐?

방금 14일에 보낸 편지를 받아보고 여러 근황이 모두 편안함을 잘 알겠으니 기쁘구나. 나는 며칠 휴식을 취해 기력이 이제 평상시처럼 회복되었다. 후아(厚兒)가 어제 주촌(周村)[110]에서 잤으니 오늘 낮에 여기 도착할 것이다. 내일 아침에 묘소에 가서 제사지낸 다음 즉시 제서(堤西)로 들어갈 계획이다. 여러 편지들과 역서(曆書)는 잘 도착하였다. 이만 줄인다. 신유년 11월 16일

109 오늘 저녁이나 : 원문은 '今久'인데, 문맥을 고려하여 '久'를 '夕'으로 바로잡아 번역하였다.

110 주촌(周村) : 원문은 '周柳'인데, 문맥을 고려하여 '柳'를 '村'으로 바로잡아 번역하였다.

아들 진원에게 부치다 신유년(1681) 11월 17일

寄兒鎭遠 辛酉十一月十七日

지난번에 보낸 편지가 이미 도착했느냐? 나는 오늘 선영에 가서 은혜로운 경사를 고한 다음 제천(堤川)으로 향할 생각이다. 다행스러운 것은 병이 재발하지 않는 것이다. 모름지기 이러한 뜻을 형님에게 전하여라. 이만 줄인다. 신유년 11월 17일

아들 진원에게 부치다 신유년(1681) 11월 17일

寄兒鎭遠 辛酉至月十七日

여기서 우재(尤齋)의 편지를 보내니 즉시 원문 1자 판독 불가 아우 수실(秀實)의 집에 전하는 게 어떠하냐? 전할 사람을 찾는 것이 어려운 일이 아니라 잃어버리지 않게 해야 한다. 아침에 편지를 파발편으로 부쳤다. 동춘(同春) 스승의 기일(忌日)이 임박하였는데 내가 마침 지방에 나가 제수를 마련해 보낼 수가 없으니 송구하고 안타깝다. 백어(白魚) 200마리를 사서 귀익(貴益)에게 주고 기일에 맞추어 따로 보내라. 너는 이러한 뜻을 문재(文哉)에게 편지를 쓰는 것이 좋겠다. 그로 하여금 먼저 서호(西湖)의 계선(戒先), 마포(痲浦)의 응룡(應龍), 임지무(林之茂) 등에게 분부하여 돈을 지불하고 백어를 사게 한다면 그리 어려운 일은 아닐 것이다. 200마리를 채우지 못하더라도 응당 보내거라. 이 때문에 귀익을 먼저 보낸다. 이만 줄인다. 신유년 11월 17일

아들 진원에게 부치다 신유년(1681) 11월 19일

寄兒鎭遠 辛酉十一月十九日

방금 16일에 보낸 편지를 받아보고 온 집안이 모두 편안하다는 것을 알게 되어 기쁘구나. 나는 그저께 제천(堤川)에 가서 성묘를 하고 어제는 또 공전(公田)에 다녀오고 오늘은 이제 노봉(老峰) 골짜기로 향한다. 다행스러운 것은 피곤한 와중에 아직 병은 없다는 것이다. 역서(曆書)는 잘 도착하였으니, 앞으로는 보내지 않아도 될 것이다. 이만 줄인다. 신유년 11월 19일

아들 진원에게 부치다 신유년(1681) 11월 20일

寄兒鎭遠 辛酉十一月二十日

이생(李生) 시태(時泰)에게 보내는 답장과 역서(曆書) 2건을 함께 보내니, 산성의 인편에 부쳐서 보내어 전달해달라고 하는 게 어떠하냐? 그 지명(地名)을 잊었는데 너는 기억하고 있느냐?

나는 어제 노봉(老峰) 골짜기에 도착하고 오늘 아침에는 경사를 고한 후에 괴산(槐山)으로 출발할 계획이다. 앞으로 파발편과 어긋나니 다시는 편지를 보내지 말아라. 만약 알려줄 일이 있거든 평시서 사령을 따로 보내 편지를 전하는 게 좋겠다. 《대명률(大明律)》 2책을 우선 보낸다. 신유년 11월 20일

아들 진원에게 부치다 신유년(1681) 12월 18일

寄兒鎭遠 辛酉十二月十八日

그저께 보낸 편지를 보았다. 이틀 사이에 먹고 자는 일은 어떠하냐? 책을 읽고 글을 짓는 일은 한가로이 고요히 지내면서 유익함이 있느냐? 염려가 그치질 않는구나. 나는 무탈하게 지내고 있다. 안부를 알고 싶어서 따로 아이종을 보낸다. 이만 줄인다. 신유년 12월 18일

아들 진원에게 부치다 신유년(1681) 12월 23일

寄兒鎭遠 辛酉十二月二十三日

아이종에게 오늘 저녁이나 내일 아침 일찍 땔감을 지게 하여 뒤따라 보내고, 귀익(貴益)은 하루 더 머물게 하여 병을 조섭한 다음 모레 땔감을 지게 하여 뒤따라 보내도록 하여라.

며칠 동안 소식을 듣지 못하니 답답하구나. 요새 이녀(李女)는 며칠 감기에 걸려 차츰 병세가 위중해지고 아직 낫지 않아 밤낮으로 극심해지니 애가 타고 걱정되는구나. 나는 어제 밤새 간호하고 오늘도 가 볼 생각이다. 오늘이나 내일 증세를 다시 살펴보다가 계속해서 낫지 않으면 따로 사람을 보내 알려줄 계획이다. 그러나 정신은 어제부터 조금 나아졌으니 몹시 다행이다. 이만 줄인다. 신유년 12월 23일

아들 진원에게 부치다 신유년(1681) 12월 24일

寄兒鎭遠 辛酉十二月二十四日

어제 보낸 편지는 보았느냐? 너의 누이가 병을 앓지만 정신은 이전보다 나아진 듯한데 원기(元氣)는 차츰 쇠약해지고 열이 자주 오르내려 몹시 걱정이다. 그러나 위중한 지경까지는 이르지 않은 듯하니 오늘이 지나면 상태를 알 수 있을 것이다. 이 노비를 보내니 미리 땔감을 캐라고 하고 내일 아침에 짊어지워 보내도록 하여라. 신유년 12월 24일

아들 진원에게 부치다 임술년(1682, 숙종8) 3월 25일

寄兒鎭遠 壬戌三月二十五日

나는 어제 파주(坡州)의 촌사(村舍)에서 자고 오늘 낮에 장단(長湍)에서 말을 먹였다. 듣자니 형님의[111] 행차가 내일 저녁에 송도(松都)에 도착한다고 하는구나. 길을 가던 중에 손수 쓴 서찰을 보냈으니, 이를 보거든 정동(貞洞), 승로동(承露洞), 야동(冶洞) 등의 집에 전달하도록 하여라. 이만 줄인다. 임술년 3월 25일

111 형님의 : 원문은 '兄王'인데, 문맥을 고려하여 '王'을 '主'로 바로잡아 번역하였다.

아들 진원에게 부치다 임술년(1682) 3월 27일

寄兒鎭遠 壬戌三月二十七日

학노(鶴奴)가 이미 돌아왔다면 내일 그 말을 가지고 교외나 고양(高陽)로 가서 명아(明兒)를 맞이하도록 하여라.

며칠 동안 온 집안의 근황은 어떠하냐? 염려가 된다. 나는 어제 천마산성(天磨山城)에 도착하여 중씨(仲氏)를 맞이하여 인사드렸고, 오늘은 중씨를 모시고 화장사(華藏寺)에서 와서 묵으니 다음 달 1일이면 서울에 들어갈 것 같다. 명아(明兒)는 어제 금천(金川)에서 곧장 보내어 나는 보지 못했는데 내일 저녁이면 도착할 것 같다. 모름지기 삼가면서 함께 거처하도록 하여라. 또한 학비(鶴婢)로 하여금 간호하게 하고, 또 아침저녁에 먹는 음식을 별도로 점검하는 게 좋겠다. 그 아이는 모친과 헤어져 왔으니 마음이 필시 편안하지 못할 것이다. 내가 돌아가기 전까지 해남(海男)의 무리들은 머물러 기다리게 하는 것이 좋겠다. 이만 줄인다. 임술년 3월 27일

아들 진원에게 부치다 임술년(1682) 5월 24일

寄兒鎭遠 壬戌五月二十四日

편지를 받고서 거기 도착한 후에 무탈함을 알았으니 기쁘구나. 나 또한 여전히 그럭저럭 지내고 있다. 너의 형은 어제 학현(鶴峴)에 갔다. 얼마 전[112] 《고문진보》 1권을 잃어버렸는데 네가 있는 곳으로 가져간 것 아니겠느냐. 곡식 2말을 아이종에게 지고 가게 하니, 수량을 살펴보고 받도록 하여라. 이만 줄인다. 임술년 5월 24일

아들 진원에게 부치다 임술년(1682) 5월 27일

寄兒鎭遠 壬戌五月二十七日

며칠 동안 편안하였느냐? 나는 여전하다. 다만 가뭄이 이처럼 심하니 몹시 걱정이 된다. 《남화경》 2책은 과연 책을 보관한 방에 있는데, 《고문진보》는 끝내 찾지 못하였으니 의아스럽다. 떠나온 지 이미 오래되었는데 몇 편을 지었느냐? 보여다오. 이만 줄인다. 임술년 5월 27일

112 얼마 전 : 원문은 '文食耳'인데, 문맥을 고려하여 '文食'을 '屬'으로 바로잡아 번역하였다.

아들 진원에게 부치다 임술년(1682) 6월 6일

寄兒鎭遠 壬戌六月初六日

며칠 동안 먹고 자는 일은 어떠하냐? 그리움을 금할 수 없구나. 나는 여전히 그럭저럭 지내고 있다. 책을 읽고 글을 짓는 공부를 모두 그만두지는 않았느냐? 나태해지지 말아야 한다. 곡식 2말을 아이종에게 짊어지워 보낸다. 임술년 6월 6일

아들 진원에게 부치다 임술년(1682) 6월 12일

寄兒鎭遠 壬戌六月十二日

편지를 받으니 기쁘구나. 나 또한 아무 일이 없다. 오랫동안 산당(山堂)에 있으면서 공부는 착실히 했느냐? 그렇지 않다면 들어오도록 하여라. 임술년 6월 12일

아들 진원에게 부치다 갑자년(1684, 숙종10) 11월 10일

寄兒鎭遠 甲子十一月初十日

7일에 보낸 편지를 받아보았다. 혹독한 겨울에 먹고 자는 일은 어떠하냐? 그리운 마음이 그치질 않는구나. 성상의 체후가 차도를 보인 후에 여러 날 완쾌가 되지 않더니 어제부터는 번열(煩熱)[113]이 오르락내리락 하는 증세는 더 이상 일어나지 않아 주무시는 것도 편안하여 물에 말아 끓인 밥을 계속해서 드시고 있다. 그 기쁘고 경사스러움[114]을 어찌 다 말할 수 있겠느냐. 집안에도 그리 특별한 일은 없구나.

우재(尤齋)의 병환은 몹시 염려가 되었는데, 지금은 이미 조금 편안해졌으니 몹시 다행이다. 종가(宗家)의 시제(時祭)를 16일에 지낼 것이니 우리 집안에서는 12월에 제사지내야 할 듯하다. 마부와 말을 20일 무렵에 보낼테니 그 날짜에 맞춰 올라가는 게 좋겠다. 여기 하인 한 명을 따로 보내 안부를 전한다. 이만 줄인다. 갑자년 11월 10일

113 번열(煩熱) : 원문은 '煩勢'인데, 문맥을 고려하여 '勢'를 '熱'로 바로잡아 번역하였다.

114 기쁘고 경사스러움 : 원문은 '欣廢'인데, 문맥을 고려하여 '廢'를 '慶'으로 바로잡아 번역하였다.

아들 진원에게 부치다 갑자년(1684) 11월 13일

寄兒鎭遠 甲子十一月十三日

너희 형이 와서 네가 편안히 잘 지내고 있다는 것을 알았으니 기쁘구나. 성상의 체후는 이미 평상시처럼 회복되었지만 다만 수라를 드시는 일이 평소에 미치지 못한다. 걱정하고 애를 태운 뒤이니 기쁜 마음이 어찌 끝이 있겠느냐. 너는 먼 곳에서 홀로 머물러 있기 어려울 것이므로 여기서 노복과 말을 보내니 즉시 돌아오도록 하여라. 용진(龍津)이 엷게 얼어있다면 비록 며칠 머물러 있을지라도 절대 경솔하게 건너지 말아라. 새벽에 쓴다. 이만 줄인다. 갑자년 11월 13일

아들 진원에게 부치다 을축년(1685, 숙종11) 3월 8일

寄兒鎭遠 乙丑三月八日

나는 어제 저녁에 평구(平丘)에 도착하였는데 중씨(仲氏)가 와서 베개를 나란히 하고 함께 잤다. 이제 막 배를 타고 올라가니 내일이면 조현(鳥峴)에 도착할 것이다. 김진해(金振垓) 집안 사람 인편이 돌아갈 때 인삼(人蔘)을 1냥을 싸서 상주 송(宋)에게[115] 보내거라. 어제 유익진(柳震益)을 통해 이 뜻을 전했다. 장흥고(長興庫)의 하인 한 사람에게 조보(朝報)을 지참하여 보내도록 하여라. 이만 줄인다. 을축년 3월 8일

115 상주 송(宋)에게 : 원문은 '宋哀不'인데, 문맥을 고려하여 '不'을 '下'로 바로잡아 번역하였다.

아들 진원에게 부치다 을축년(1685) 3월 13일

寄兒鎭遠 乙丑三月十三日

두 명의 하례(下隷)가 연달아 와서 전후로 보낸 편지를 받았다. 근래 온 집안이 편안하고 잘 지낸다고 하니 참으로 위로가 된다. 나는 어제 여주(驪州)에서 배를 돌려 밤에 보안역(保安驛)에서 자고 오늘 저녁에는 서울에 들어갈 것이다. 여기 보내는 한글편지는 즉시 전하여 올리도록 하여라. 윤녀(尹女)가 병을 앓는다고 하니 몹시 염려가 된다. 을축년 3월 13일

아들 진원에게 부치다 을축년(1685) 4월 5일

寄兒鎭遠 乙丑四月初五日

태어난 아이가 남자인지 여자인지 상관없이 무사히 출산했으니 매우 좋고 다행스럽다. 산후에 응당 복용해야 하는 약은 의원에게 물어보고 속히 복용하게 하여라. 나는 나가려고 말을 준비하여 기다리고 있었는데, 이 소식을 듣고 도로 멈추었다. 너는 종부(宗婦)와 상의하여 그대로 머물러 있는 것이 좋을 듯한데 생각해보고 하여라.

어제 정매(鄭妹 정보연(鄭普衍)에 시집간 누이)의 병을 살펴보았는데 자못 그쳐가는 형세였다. 어제 저녁부터 다시 통증이 일어나 밤새도록 매한가지였다. 밥을 먹지 않은 지 이미 3일이고 게다가 때때로 손발이 차가워져 몹시 걱정이다. 이제 막 의원 김여기(金汝器)에게 부탁하여 보냈으니 너는 빨리 가서 증세를 자세히 전하고 함께 약을 상의하는 게 어떠하냐? 정 조카는[116] 필시 증세를 잘 말하지 못할 것이라 언급한다. 나는 상의원의 봉진(封進)하는 일로 대궐에 나아간다. 네가 필시 일찍 가서 허기가 졌을 것이므로 백필(白弼)을 창동(倉洞)에 가서 기다리게 하였다.[117] 의원 이이정(李以楨)도 응당 보내겠다. 위급하

116 정 조카는 : 원문은 '鄭侄'인데, 문맥을 고려하여 '侄'를 '姪'로 바로잡아 번역하였다.

117 가서 기다리게 하였다. : 원문은 '佼之往待'인데, 문맥을 고려하여 '佼'를 '使'로 바로잡아 번역하였다.

면 단중(亶中) 등의 혈에 뜸을 뜨는 것이 어떠하냐? 내 생각에는 상한(傷寒 감기나 폐렴)인 듯하다.

밤사이 모든 일은 어떠하냐? 염려가 된다. 나는 어제 저녁에 산 아래에 잘 도착했고 오늘은 이제 일을 시작하였는데, 쓸 일이 있어서 말을 먹였다. 김씨(金氏) 집안에서 보낸 술 3병을 책방 안에 두었으니 내일 아침에 별도로 도방자(都房子)를 정하여 짊어지워 보내는 게 어떠하냐? 지사(地師) 이해(李嶰)를 반드시 불러오고자 한다. 상의할 일이 있으니 이 편지를 따로 심부름꾼에게 전하도록 하여라. 의녀(醫女)를 오늘 또 불러다가 침을 놓았느냐? 이만 줄인다. 을축년 4월 5일

아들 진원에게 부치다 을축년(1685) 4월 5일

寄兒鎭遠 乙丑四月初五日

아침에 보낸 편지는 보았느냐? 노복 생남(生男)은 일을 게을리하지 않는데, 그 사람의 말이 여름옷이[118] 없어서 지금도 솜옷을 입고 있어 몹시 힘들다고 한다. 큰며느리에게 얘기해서 여름옷을 만들어 보내 주는 것이 어떠하냐? 송광촌(宋光村)이 보내준 죽목(竹木)은 모레 학노(鶴奴)를 보내 찾아오게 하여라. 이만 줄인다. 을축년 4월 5일

아들 진원에게 부치다 을축년(1685) 4월 5일

寄兒鎭遠 乙丑四月初五日

편지를 보고 네가 앓던 병이 다시 심해진 것을 알았으니 염려가 된다. 최 의원과 이 의원을 만나 약을 상의하도록 하여라. 이만 줄인다. 을축년 4월 5일

118 여름옷이 : 원문은 '憂服'인데, 문맥을 고려하여 '憂'를 '夏'로 바로잡아 번역하였다.

아들 진원에게 부치다 을축년(1685) 4월 7일

寄兒鎭遠 乙丑四月初七日

편지를 보니 몹시 기쁘구나. 다만 너의 아내가 젖앓이를 해서 고름이 생기는 것을 면하지 못할 것이라고 하니, 몹시 걱정된다. 나는 무탈하게 지내고 있다. 산소의 표석(表石)은 어제 저녁에 세우기를 마쳤으나 아직 남은 일이 있다. 내일 만약 완료하지 못하면 모레 일찍 돌아갈 것이다. 격포(格浦) 사람을 머물게 할 수 없어 그의 편지를 보내니, 막송(莫松)으로 하여금 편지대로 받아 임지무(林之茂)의 집에 두게 하여라. 막노(莫奴)가 광주(廣州)에 있어 돌아오지 않았다면 상택(尙澤)으로 하여금 가서 받아오게 하는 것도 괜찮다. 또한 너의 말로 답장을 하는 것이 좋겠다. 을축년 4월 7일

아들 진원에게 부치다 을축년(1685) 8월 12일

寄兒鎭遠 乙丑八月十二日

어제 저녁에 노복이 돌아와서, 무사히 배를 탔으나 다만 강물이 크게 불어나 아득히 끝이 보이지 않을 정도였다는 얘기를 들었다. 만약 그랬다면 강가를 거슬러 올라가는 것도 다만 몹시 어려울 뿐만 아니라 또한 위험한 길이니 어찌 돌아오지 않았느냐. 오늘 강물의 형세는 줄지 않았느냐? 뱃사람과 상의하고 또 스스로 헤아려 가기가 어렵거든 우선 아무 곳에 정지하여 머물렀다가 하루나 이틀 기다려 물이 줄어든 후에 출발해서 제사를 17일이나 18일에 지내도록 하여라. 반드시 추석에 맞추어 도착할 필요는 없다. 네가 위험한 곳에 가까이 가지 않고 한결같이 낙정(樂靜 조석윤(趙錫胤)) 외숙이 한 것[119]처럼 한다면 내가 어찌 헛되이 걱정하겠느냐. 갑자기 물이 불어났다는 소식을 듣고 몹시 걱정스러워 급히 사람을 보내 따라가게 하였다. 또한 절대로 배 안에서는 잠을 자지 말아라. 중습(中濕)[120]을 앓을까 염려가 되고, 야간에 바람을 맞으면 혹 배가 뒤집어지는 우환이 없을 수 없다. 새벽에 일어나 쓴다. 이만 줄인다. 을축년 8월 12일

119 낙정(樂靜)……것 : 280쪽 주91 참조.

120 중습(中濕) : 습기로 피부 감각이 둔해져서 뻣뻣해지거나 팔다리 관절을 잘 쓰지 못하는 병이다.

아들 진원에게 부치다 을축년(1685) 9월 3일

寄兒鎭遠 乙丑九月初三日

며칠 동안 안부는 어떠하냐? 염려가 된다. 나는 여전히 그럭저럭 지내고 있다. 너의 형은 박군(朴君)을 따라 용문사(龍門寺)에 갔는데 모레쯤 돌아오겠지만 확신할 수 없다. 종가(宗家)의 시제(時祭)는 6일로 정해졌는데, 주(周 민진주(閔鎭周))가 염찰(廉察)하는 일로 명을 받들어 멀리 나가는 터에 장(長 민진장(閔鎭長))이 5일 저녁에 들어온다고 한다. 기일보다 미리 가서 제사를 준비할 사람이 달리 없으니, 너는 내일 저녁이나 모레 아침 이전에 미리 들어오도록 하여라. 여기서 노복과 말을 보낸다. 이만 줄인다. 을축년 9월 3일

아들 진원에게 부치다 을축년(1685) 11월 24일

寄兒鎭遠 乙丑復月二十四日

어제 보낸 편지는 받아보았느냐? 성상의 체후가 오늘밤에 주무시는 것이 편안하고 한기(寒氣)와 열기(熱氣)[121]가 어제도 일어나지 않았으니 감기가 다 나으셔서 그런 듯하다. 참으로 기쁘고 다행스럽다. 다만 수라를 드시는 것은 아직 좋아지질 않으니 오늘 드시는 수라를 살펴본 이후에 어떠한지를 알 수 있을 것이다. 이만 줄인다. 을축년 11월 24일

121 한기(寒氣)와 열기(熱氣) : 원문은 '寒勢'인데, 문맥을 고려하여 '勢'를 '熱'로 바로잡아 번역하였다.

아들 진원에게 부치다 을축년(1685) 11월 25일

寄兒鎭遠 乙丑復月二十五日

지난번에 보낸 편지를 방금 보고 몹시 위로가 된다. 성상의 체후는 오늘 밤 주무시는 것이 편안하고 어제부터 수라를 드시는 것이 이전보다 조금 나아졌으니 기쁘고 경사스러움이 어찌 끝이 있겠느냐. 너는 내일 아침 일찍 돌아오도록 하여라. 다만 도중에 불결한 일을 만날까 걱정되니 잘 피해서 다녀라. 이만 줄인다. 을축년 11월 25일

아들 진원에게 부치다 을축년(1685) 12월 1일

寄兒鎭遠 乙丑臘月初吉

어제 저녁에 편지를 보았는데 산당(山堂)에 잘 도착했다고 하니 위로가 된다. 나는 여전히 그럭저럭 지내고 있다. 성상의 체후는 한결같이 편안하시지만 수라를 드시는 것이 여전히 평소만 못하다. 오늘은 부득이하게 관소(館所)에 친히 행차를 하시었다. 수고롭게 거둥하여 몸을 더욱 상할까 삼가 걱정이니 염려스러운 마음이 어찌 끝이 있겠느냐. 이만 줄인다. 을축년 12월 1일

아들 진원에게 부치다 을축년(1685) 12월 2일

寄兒鎭遠 乙丑臘月初二日

편지를 보니 몹시 위로가 된다. 어제는 성상께서 관소(館所)에 거둥하셨으니 실로 몹시 부득이해서였다. 그런데 옥체를 수고롭게 움직이신 뒤에 별달리 몸이 더 상하지 않고 밤에는 편안하게 주무셨으며 오늘은 수라를 드시는 것이 이전보다 나아졌으니 기쁘고 경사스러움이 어찌 끝이 있겠느냐.

조사하는 일[122]에 성상께서 친림하신 후에, 청나라 사람들과 함께 감정(勘定)하여 청나라 사람에게 창을 던진 자는 사형에 처하도록 하시고 더하여 가산을 몰수하고 처자를 노비로 삼았다. 그 나머지 따라서 죄를 저지른 자들도 모두 사형으로 논죄하였다. 감사와 병사는 파직시키고, 삼수 군수(三水郡守)는 삼천 리 밖으로 유배시키고, 평안 감사(平安監司)는 두 품계 강등시켜 도로 임소로 보냈는데 이미 후임자를 내었기에 누차 논쟁하여 중지시켰다. 함흥 판관(咸興判官), 안주 목사(安州牧使), 강계 부사(江界府使), 희천 군수(熙川郡守)는 모두 세 품계 강등시키고 그대로 서용하였으니 감률(勘律)한 것은 몹시 평온하고 순조로웠다. 청나라 사람들이 처음에는 문자로 문목(問目 죄인을 심문하는 조목)을 만들어 성상을 침범하려 하자, 여러 대신들이 말하

122 조사하는 일 : 1685년(숙종11)에 우리나라 사람이 창(槍)을 던져 압록강(鴨綠江) 삼도구(三道溝)의 사람에게 상처(傷處)를 입혔다고 고발한 청(淸)나라의 자문(咨文)이 와서, 우리나라와 청나라가 함께 조사하는 일이 있었다.

기를,

"수령과 감사를 조사한 이후에도 계속 또 이러한 일이 있으니 일의 체모가 몹시 온당치 않아 결코 따를 수 없습니다."

하고, 계속해서 논쟁하니 저들이 문자로 만들지 않고 다만 말로 경계하는 뜻을 전하였는데, 대체로 "어찌 엄하게 금령을 내리지 않아 이렇게 국경을 침범하는 일이 있는가." 등의 말이었다. 성상께서도 "편안치 않다" 등의 말로 대답하시니, 저들이 문자로 써서 주도록 청하였다. 대신이 또 일의 체모가 온당치 않다고 논쟁하니, 그가 스스로 기록하기를 청하면서 "변방의 방비를 바랍니다." 등의 말을 하고 파하였다. 조사하는 일이 결국 난처한 단서가 없었으니 그나마 다행이다. 바빠서 이만 줄인다. 을축년 12월 2일

아들 진원에게 부치다 을축년(1685) 12월 3일

寄兒鎭遠 乙丑臘月三日

어제 보낸 편지는 보았느냐? 성상의 체후가 한결같이 편안하시니 기쁘고 경사스러움이 어찌 끝이 있겠느냐. 조사한 일에 대해 어제 알려 준 것은 바빠서 상세하게 쓰지 못했다.

대개 저들이 문자를 사용하지 않고 말로 전달하기를 허락한 것은 성상께서 그들을 만나기 전이었다. 그러므로 만난 이후에는 하나하나 편리하고 순탄하여 끝내는 생경하고 난처한[123] 일이 없었다. 저들이 파할 무렵 성상에게 사례하며 말하기를,

"애당초 자문(咨文)에서 지역과 성명을 알지 못하고 다만 체포하라고만 했습니다. 그래서 혹 체포하지 못해 지체될까 염려하였는데, 국경을 넘은 부류를 모두 체포하여 기다렸으니 몹시 다행입니다.……"

하였다. 이만 줄인다. 을축년 12월 3일

123 난처한 : 원문은 '雜處'인데, 문맥을 고려하여 '雜'을 '難'으로 바로잡아 번역하였다.

아들 진원에게 부치다 을축년(1685) 12월 4일

寄兒鎭遠 乙丑十二月初四日

편지를 보고 몹시 위로가 되었다. 성상의 체후는 한결같이 편안하시니 몹시 다행이다. 종용(從龍)은 이미 덕산(德山)[124]에게 허락했으니 떠날 때 데리고 가서 보내도록 하여라. 이만 줄인다. 을축년 12월 4일

아들 진원에게 부치다 을축년(1685) 12월 8일

寄兒鎭遠 乙丑臘月八日

공홍도(公洪道 충청도) 병영(兵營)에 남겨둔 말은 이미 도착했느냐? 며칠 동안 혹한이었는데 여전히 무탈하냐? 염려가 된다. 시제(時祭)가 이미 임박하였으니 네가 내일 들어와야 하므로 하인 한 명을 보내고 또 휘항(揮項)[125]을 함께 보낸다. 이만 줄인다. 을축년 12월 8일

124 덕산(德山) : 덕산 현감(德山縣監)으로 있던 송병하(宋炳夏)를 가리킨다.

125 휘항(揮項) : 목덜미까지 덮어 보호한다고 하여 지어진 이름이다. 방한모의 일종으로, 정수리 부분은 트여 있으며 뒤는 긴데, 작은 것은 뒤통수와 목을 두르고 큰 것은 어깨와 등도 덮을 수 있다. 앞쪽에 끈을 달아 앞가슴에서 여미도록 되어 있다. 담비 가죽이나 족제비 가죽으로 만든다. 호항(護項)·풍령(風領)·휘양[揮項]이라고도 한다.

아들 진원에게 부치다 을축년(1685) 12월 9일

寄兒鎭遠 乙丑臘月初九日

어제 보낸 편지는 보았느냐? 강의 얼음이 튼튼하지 않아 쉽게 건너기 어려울까 몹시 염려가 된다. 송파(松波)를 건너기가 위험할 것 같으면 마전도(麻田渡)의 뱃길을 경유하고, 여기도 얼음이 녹아서 흘러 배를 타기가 어려우면[126] 도로 남한산성으로 향해야지, 위험한 곳을 지나서 들어와서는 안 될 것이다. 이 때문에 따로 심부름꾼을 한 명 보내서 알려준다. 나머지는 이만 줄인다. 을축년 12월 9일

126 배를 타기가 어려우면 : 원문은 '灘可行舡'인데, 문맥을 고려하여 '灘'을 '難'으로 바로잡아 번역하였다.

아들 진원에게 부치다 을축년(1685) 12월 22일

寄兒鎭遠 乙丑十二月二十二日

전후로 보낸 편지를 모두 보았다. 다만 너의 아내의 젖[127] 위에 생긴 부기(浮氣)가 비록 줄어들었으나 또 흘러내리는 우환이 있으니 심상하게 둘 것이 아닌 듯하다. 27일 사이에 들어와서 여러 의원들과 다시 치료법을 상의하고, 이어서 가묘(家廟)의 설날 천신(薦新) 의식에 참여한 다음 양산(楊山)으로 나가는 것도 괜찮을 것이다. 나의 병은 이미 나았지만, 다만 먹는 일이 평소만 못하다. 을축년 12월 22일

127 너의 아내의 젖 : 원문은 '汝乳'인데, 문맥을 고려하여 '汝婦乳'로 바로잡아 번역하였다.

아들 진원에게 부치다 을축년(1685) 12월 23일

寄兒鎭遠 乙丑十二月二十三日

어제와 오늘 큰바람이 불었는데 몸이 상하지 않았느냐? 염려가 된다. 조카딸이 아이를 데리고 무사히 도착했느냐? 나는 여전히 그럭저럭 지내고 있다. 점쟁이 지성한(池星漢)이 여러 차례 우리 집에 방문하였다. 먼저 너희들이 과거 시험 운수가 좋다고 하고 이어서 그가 간청하였다. 대개 들어보니, 그의 아들 이름이 양원(養源)인데 현재 수어청 기패관(旗牌官)을 하고 있어 앞으로 교련관(敎鍊官)에 오르기를 원한다는 등의 말이었다. 그 말이 몹시 번다하였는데 다만 그 대체만 언급하니 고할 만하다. 우습기도 하고 괴롭기도 하다. 이만 줄인다. 을축년 12월 23일

아들 진원에게 부치다 을축년(1685) 12월 24일

寄兒鎭遠 乙丑十二月二十四日

어제 보낸 편지를 보았다. 나는 여전히 그럭저럭 지내고 있다. 너의 형은 내일 신현(新峴)으로 출발할 예정이다. 네가 뜸을 뜨는 일을 아직 마치지 않았다면 29일까지 기다렸다가 들어오도록 하여라. 그러나 매일 7번 뜸을 뜨는 것은 너무 적으니 매일 14번 뜸을 뜬 이후에 하루 이틀 머물면서 조리한 다음 29일에 들어오는 것이 온당할 것이다. 이대로 행하여라. 양산(楊山)에는 양천(陽川)[128]이 갈 것이다. 이만 줄인다. 을축년 12월 24일

아들 진원에게 부치다 을축년(1685) 12월 26일

寄兒鎭遠 乙丑十二月二十六日

연이어 편지를 받으니 위로가 된다. 근래 자고 먹는 일은 또 어떠하냐? 염려가 된다. 나 또한 별일 없이 지내고 있다. 너의 형은 오늘 아침에 비로소 초현(草峴)으로 출발하였다. 너는 모레 들어오는 것이 좋겠다. 이만 줄인다. 노복과 말은 네 말대로 보내지 않는다. 을축년 12월 26일

128 양천(陽川) : 양천 현감(陽川縣監)을 가리키는 듯하다.

아들 진원에게 부치다 병인년(1686, 숙종12) 1월 12일

寄兒鎭遠 丙寅正月十二日

연이어 두 통의 편지를 보았는데 근래 그럭저럭 지내고 있다고 하니 다행이다. 다만 듣자니 체증이 있다고 하는데, 시간이 오래되면 필시 가볍지 않을 것이니 이진탕(二陳湯)[129]을 먹는 것이 알맞은 처방인 듯하여 다섯 첩(貼)을 조제하여 보내니 우선 달여서 복용하도록 하여라. 나는 두통(頭痛)과 비통(臂痛)이 연일 생겨 고통스럽다. 너는 14일에 들어오는 것이 좋겠다. 이만 줄인다. 병인년 1월 12일

129 이진탕(二陳湯) : 원문은 '二味湯'인데, 문맥을 고려하여 '味'를 '陳'으로 바로잡아 번역하였다.

아들 진원에게 부치다 병인년(1686) 1월 13일

寄兒鎭遠 丙寅正月十三日

며칠 동안 추위가 심해졌는데 먹고 자는 일은 어떠한지 알 수가 없어서 염려가 된다. 나는 여전히 그럭저럭 지내고 있다. 이진탕(二陳湯)을 계속해서 복용한 효과가 있느냐? 생강과 대추를 구해서 같이 넣어서 달였느냐? 하인들이 잊어버려 보내지 못했다고 하니 염려가 된다. 내일 네가 필시 들어올 것인데 다만 거센 바람과 혹한이 어제와 같으니 오늘은 그대로 머물러 오지 말고 우선 날이 따뜻해지길 기다렸다가 들어오는 것이 좋겠다. 이 때문에 따로 심부름꾼을 보내서 알려준다. 양피(羊皮)로 만든 배자(背子)도 보낸다. 이번에 올 때에는 서책과 이부자리를 모두 가지고 와서 여기서 머물며 조섭하고 약을 복용하도록 하여라. 이만 줄인다. 병인년 1월 13일

아들 진원에게 부치다 병인년(1686) 4월 26일

寄兒鎭遠 丙寅四月二十六日

파발편으로 22일과 24일에 보낸 두 통의 편지를 모두 받아보았다. 편지에서 알려준 것도 잘 알겠다. 나는 청풍(淸風)에서 출발하여 제서(堤西)로 들어갔다가 오늘 또 노봉(老峰)으로 나왔다. 목욕을 하고 곧장 말을 달리며 계속해서 바람을 맞아 기력이 크게 소진되었다. 형세상 여기서 머물며 조섭한 다음 모레 배를 타고 길을 떠날 계획이다. 서울에 들어가면 다음 달 초3일이나 4일이 될 것 같다. 덕산(德山)의 소식은 몹시 염려가 된다. 바빠서 이만 줄인다. 병인년 4월 26일

아들 진원에게 부치다 병인년(1686) 4월 27일

寄兒鎭遠 丙寅四月二十七日

청안(淸安)에서 연이어 편지를 받고 편안히 잘 지낸다는 것을 알았다. 너의 아내에게 보낼 두 통의 편지가 있었는데 봉하고 다른 물건으로 싸느라 파발편으로 보내지 못했으니 이 뜻을 전해주어라. 나는 몹시 고단하여 너의 아내에게 답장을 하지 못한다.

어제 보낸 편지가 이미 도착했겠구나. 나는 어제 몹시 고단하고 아팠는데 밤이 지나자 더 심해져 그대로 여기서 머물면서 조섭하고 내일 길을 떠날 계획이다. 이번 여정이 매우 지체되어 다음 달 4일과 5일 사이에 서울에 들어갈 것 같다. 이만 줄인다. 병인년 4월 27일

아들 진원에게 부치다 24일 저녁

寄兒鎭遠 廿四夕

4일에 보낸 편지는 이미 보았다. 근래 유수(留守) 영감의 종기는 차도가 어떠하냐? 이미 고름이 생기는 지경에 이르렀느냐? 먹고 자는 일은 또한 어떠하냐? 상세하게 알려주어라. 너는 일단 종기를 째기를 기다린 후에 그 증세를 살펴보고 조용히 들오는 것이 마땅할 듯하다. 이곳에서 두증(痘症)을 앓았던 아이들이 모두 호전되고 다른 걱정이 없으니 다행이다. 이만 줄인다.

유수 영감의 증세를 알아보려고 따로 심부름꾼만 보냈다. 그가 답장을 쓸까 염려되어 편지는 감히 보내지 않았으니 이 뜻을 전해주는 게 어떠하냐?

간밤에 성상으로부터 주찬(酒饌)을 하사받았기에 남은 음식을 보내니 나누어 먹도록 하여라. 이하 연월(年月)은 미상이다

오늘밤 통증이 그친 후에 주무시는 일이 조금 편안해지셨다. 속미인삼음(粟米人蔘飮)을 밤에는 3홉, 새벽에는 3홉, 날이 밝으면 5홉을 드시고 이어서 귤치탕(橘梔湯)[130]을 드셨는데 모두 순조로이 넘어가

130 귤치탕(橘梔湯) : 원문은 '橘桅湯'인데, 문맥을 고려하여 '桅'를 '梔'로 바로잡아 번역하였다.

고 구토 기운이 없어 체후가 어제보다 훨씬 나아졌다. 이 때문에 하교를 내리셨다. 뱃속이 지금까지 한데 뒤엉켜 평온하지 않으니 낮에 연제(煉臍)[131]를 시행할 생각이다.

듣자니 윤실(尹室) 질녀의 병환이 체증(滯症) 때문에 심해졌다고 한다. 형님이 이미 산릉(山陵)으로 나갔고 나는 지금 대궐에 문안하러 가니 네가 모름지기 박석동(薄石洞)으로 가서 윤(尹) 사위를 불러 간호하게 하는 것이 좋겠다. 의원 최유태(崔有泰)에게 이미 사람을 보내 청했는데 그가 별일 없이 집에 있는지 알 수가 없구나.

자하거환(紫河車丸)을 내가 복용하려고 하였는데, 걱정하고 심란한 가운데 구토 증세가 있어 삼키기가 어려우니 보낸다. 너는 응당 계속해서 복용해라. 앞으로 다시 자하거환을 구해서 복용할 생각이다.

오늘 체증은 어떠하냐? 너의 모습을 보니 병든 기색이 역력하더구나. 내일 시제(時祭)를 지내기 어려울 것 같으면 반드시 억지로 참석하지 말아라. 생각해보고 내게 알려주어라.

내일 장조카와 함께 양산(楊山)으로 가려고 하는데 비 내리는 형세가 계속 이와 같아 길을 떠나기 어려울 것이다. 비록 길을 나서더라도 시내의 물이 불어 넘치면 결코 함부로 건너서는 안 된다. 비록 제사를

131 연제(煉臍) : 훈제(熏臍), 증제(蒸臍)라고도 한다. 배꼽에 소금이나 약을 채워 넣고 그 위에 뜸을 떠서 배꼽을 덥게 하는 것을 말한다.

지내지 못하더라도 경솔하게 큰 강을 건너지 않는 것이 매우 옳은 일이다. 막송(莫松)에게 말하여 쌀 다섯 말을 별검(別檢)에게 바쳐서 양산의 제수를 돕고, 너도 별검에게 편지를 보내어 나의 뜻을 전하여라.

동지(冬至)에 올리는 두죽(豆粥)과 제물들을 미리 노리(盧吏)를 시켜 준비하여라. 하루 전에 밤새 정돈하고 문이 열리는 시간에 맞춰서 들여보내도록 하여라. 또한 그릇마다 백청(白淸)[132] 3되를 담는 것은 너무 지나친 듯하니 2되만 채워도 적당하다. 제수를 담는 그릇이 큰 것 같으니 시험 삼아 2량이나 2되만 담아라. 과연 그릇이 크면 다른 흰 그릇으로 바꾸도록 하여라. 너는 모름지기 즉시 상욱(尙郁)과 상의하여 시험 삼아 헤아려보고 유리(劉吏)를 시켜 바꾸는 것이 어떠하냐? 이 일은 당연히 내실(內室)에 자세히 전하고 너도 담당하고 지시해야 지극히 마땅하다.

새벽에 일어나 편지를 쓰느라 실수를 면하지 못하였으니 한탄스럽구나.[133] 죽과 꿀을 3되가 넘으면 너무 많으니 3되를 기준으로 삼고, 그릇은 작은데 담은 제수가 적으면 보기에 좋지 않으니 시험 삼아 그 그릇을 헤아려보고 너무 크면 바꾸는 게 마땅하다. 그렇지 않으면 그대로 사용하는 것도 괜찮다.

132 백청(白淸) : 흰색이 나는 꿀로 특수한 품종에 속한다.

133 한탄스럽구나 : 원문은 '可難'인데, 문맥을 고려하여 '難'을 '歎'으로 바로잡아 번역하였다.

꿀 3되와 살아있는 꿩 6마리를 보낸다. 꿩은 보관했다가 28일 기제(忌祭)에 사용하고 혹 말려서 사용해도 괜찮다.

민어(民魚) 2미(尾)와 석어(石魚) 4속(束)을 작은 집에 보내주어라.

여주(驪州) 묘소에 사용할 제물은 26일에 보내라. 네가 가서 성묘하게 되면 다음날 밥을 먹은 후에 행장을 꾸려 이곳으로 와서 하룻밤을 자고 길을 떠나는 것이 좋겠다. 행장을 수습하여 주동(鑄洞)에 먼저 도착하면 내가 마부와 말을 보내겠다. 24일 저녁

아들 진원에게 부치다 10월 27일

寄兒鎭遠 十月二十七日

편지를 보니 위안이 된다. 너의 병이 비록 차도가 있지만 출입을 삼가고 조리에 전념하는 게 좋겠다. 윤 참판(尹參判)이 떠나는 날짜는 서장관으로 새로 차임되었으므로 형세상 뒤로 물려서 정해야 하는데 언제로 잡을지 모르겠다. 상세하게 알아보고 알려다오.[134]

경상 좌수영(慶尙左水營)에서 하사받은 말을 보냈다. 최령(崔令)이 비록 체직되었지만 새로 부임한 수사(水使)는 연이어 혼사를 맺은 친한 사람이다. 모름지기 송자징(宋子徵 송병원(宋炳遠))한테 전하여 신임 수사에게 다시 부탁하여 남겨두고 기르게 하는 것이 마땅할 듯하다.

간밤에 비바람이 몰아쳤는데 먹고 자는 일은 어떠하냐? 염려가 된다. 모레 가묘(家廟)에 일을 고하는 예식이 있으므로 마부와 말을 보낸다. 너는 내일 들어와 예식을 치른 뒤에 나가는 것이 좋겠다. 작은 고모들은 지금 그대로 머물며 기다리는 것이 더욱 마땅하다. 이만 줄인다. 10월 27일

134 알려다오 : 원문은 '衣之'인데, 문맥을 고려하여 '衣'를 '示'로 바로잡아 번역하였다.

아들 진원에게 부치다

寄兒鎭遠

뱃길로 이미 출발했느냐? 날씨가 비록 무덥지만 날이 개일 듯하니 다행이다. 예노(禮奴)가 마침 도착하여 뒤따라 보냈으니 모름지기 행차에 데려가고, 인배(引陪)[135] 구정(九鼎)은 돌려보내도록 하여라. 어제 낮에 예발(禮發)이 돌아왔기에 너의 행차를 뒤쫓아 가라고 했는데 이미 만났느냐? 만약 그대로 갔다면 이 하인이 돌아오는 편에 맨 먼저 여정의 소식을 알려주고, 인배 구정은 초현(草峴)에 도착해서 돌려보내는 것이 좋겠다. 오직 네가 생각해보고 행하는 데 달려있다.

135 인배(引陪) : 당상관이 행차할 때 그 앞을 안내하던 관노(官奴)이다.

문정공유고

제10권

書서

동춘당 송 선생[1] 준길 에게 올리다 ○계사년(1653, 효종4)
上同春堂宋先生 浚吉○癸巳

청주(淸州)에 도착하여 삼가 편지를 써서 돌아가는 인편에 부쳤으니, 삼가 생각건대 이미 편지를 살펴보셨을 것입니다. 오랜 가뭄에 비가 내려 날씨가 맑고 상쾌하니, 삼가 생각건대 이러한 때에 도체(道體)의 기거가 신령의 보살핌으로 두루 평안하실 것이니, 밤낮으로 앙모하는 저의 마음을 감당할 수 없습니다. 저는 도중에 다행히 아무런 질병이 없이 11일에 본가에 돌아가 부모님을 모셨는데 노소가 모두 평안하였으니, 그 기쁜 마음을 어찌 말하겠습니까. 삼가 생각건대, 저는 어려서 가정에서 가르침을 받았으나 마음에 새겨 부지런히 힘쓰지 못하였고, 장성해서는 과거시험에 뜻을 두어 단지 문자를 엮을 줄만 알았기에 총명한 성품이 날로 더욱 가려지고 이욕(利慾)의 유혹이 날로 더욱 흔들었습니다. 20년 동안 갈팡질팡 길을 잃었으니 평생을 돌아보건대, 한 일이 무엇이겠습니까. 평상시에 마치 용납될 곳이 없는 것처럼 부끄러워하였으나, 일상을 따르고 옛 것에 익숙하여 게으른 성질을 스스로 떨쳐내지 못하였습니다. 다행히도 선생의 문하에 나아가 책상 옆에서 모시면서 날마다 덕스러운 모습을 보고 때때

1 동춘당 송선생 : 송준길(宋浚吉, 1606~1672)을 가리킨다. 본관은 은진(恩津), 자는 명보(明甫), 호는 동춘당(同春堂), 시호는 문정(文正)이다. 이이(李珥)를 사숙하고, 김장생(金長生)에게 수학하였다. 집의, 이조 판서, 대사헌 등을 역임하였다. 저자는 1652년(효종3) 첫 번째 부인 덕수 이씨(德水李氏)와 사별한 뒤, 1659년(효종10) 전후에 송준길의 딸과 두 번째로 혼인하였다.

로 온화한 가르침을 받아서, 홀연 감발하여 흥기하는 단서가 있어 용렬하고 비루한 성품을 문득 잊었으니, 이에 감히 선생께 배우기를 청하였습니다. 이 어찌 경모하는 정성이 평소 마음속에 쌓이고 게을리 하지 않는 가르침[2]이 또 남의 아름다움을 능히 도와서 이루어 준 것[3]이 아니겠습니까.

저의 개인적인 계획으로는, 처음엔 한두 달 동안 머물러 선생을 모시면서 《소학》과 주서(朱書) 등의 책을 배운 뒤에 돌아가 부모님께 인사드리고 삼가 혼정신성(昏定晨省)을 하며 한가한 때에 배운 것을 다 외우고 나서, 몇 달이 지나 다시 문하에 나아가 처음과 같이 가르침을 받고자 하였습니다. 이때부터 서울과 고향을 마음대로 왕래하며 시서(詩書)를 강습하여 때때로 힘썼습니다. 그런데 마침 부친께서 동쪽으로 가시게 되어[4] 달려가 모시기에 급급하느라 아직도 위로는 성대한 뜻을 받들지 못하고 아래로는 미천한 정성을 이루지 못했습니다.

근래에 배운 것은 다만 《소학》 수십 장뿐이었는데 또한 계속 외울

2 게을리……가르침 : 원문의 불권지교(不倦之敎)는 가르침을 게을리 하지 않는 것을 말한다. 《논어》 〈술이(述而)〉에 공자(孔子)는 "말없이 기억하고 배우기를 싫증 내지 않으며 남을 가르치기를 게을리 하지 않는 것, 이 중에 어느 것이 나에게 있는가?〔默而識之, 學而不厭, 誨人不倦, 何有於我哉?〕"라고 하였다.

3 남의……것 : 《논어》 〈안연(顔淵)〉에 "군자는 남의 아름다움을 도와서 이루어주고, 남의 악을 도와서 이루어주지 않는다. 소인은 이와 반대이다.〔君子成人之美, 不成人之惡, 小人反是.〕"라고 하였다.

4 부친께서 동쪽으로 가시게 되어 : 1653년(효종4)에 저자의 부친 민광훈(閔光勳)이 강원 감사로 부임하였다.

겨를이 없었습니다. 돌아오니 마음이 무언가를 잃은 것처럼 서운하였습니다. 물러날 때 삼가 띠에 써 놓을 말[5]을 청하여 가슴에 새기고자 하였으나, 빈객이 자리에 가득하고 갈 길이 또 바빠서 감히 경솔하게 소회를 아뢰지 못하였습니다. 불민(不敏)한 잘못을 스스로 용서할 수 없으나, 만약 비루하게 여기지 않으시고 혹 깨우쳐 가르쳐 주신다면 어찌 구의(摳衣)의 반열[6]에서 진퇴하고 주선하는 것과 다르겠습니까. 마침 어수선한 때를 만나 말을 다 다듬지 못하였으니, 나머지는 삼가 훗날의 인편을 기다리겠습니다. 삼가 바라건대, 도를 위하여 건강하셔서 좌하를 앙모하는 저의 마음을 위로해 주십시오.

5 띠에……말 : 중요한 말을 잊지 않도록 허리에 맨 띠에 적어 두는 것이다. 《논어》 〈위령공(衛靈公)〉에 "자장(子張)이 공자의 말을 띠에 썼다.〔子張書諸紳〕"라고 하였다.

6 구의(摳衣)의 반열 : 스승의 곁에서 직접 배우는 것을 뜻한다. 《예기》 〈곡례 상(曲禮上)〉에 "스승에게 나아갈 적에는 옷자락을 잡고 구석을 향해 종종걸음으로 가서 앉고, 반드시 삼가서 응대해야 한다.〔摳衣趨隅, 必愼唯諾.〕"라고 한 데서 나온 말이다.

동춘당 송 선생에게 올리다
上同春堂宋先生

상소를 올려 비답을 받은 뒤에 대궐에서 곧바로 돌아가서 다시 상소를 올릴 계획이었는데, 내일은 승문원의 포폄(褒貶)을 하는 날이라고 합니다. 근신(近臣)은 일반적인 관원과 달라, 똑같이 죄를 지었는데 홀로 은혜로운 제수를 받아서는 안 되니, 중고(中考)[7]를 받아 스스로 편안하고자 하는데 어떻게 생각하실지 모르겠습니다. 감히 이렇게 우러러 여쭙니다.

7 중고(中考) : 관원의 근무 성적을 상·중·하로 나누어 고과하는데, 그 중 중(中)을 매긴다는 말이다. 이조나 병조에서 매년 두 차례 관원의 공과(功過)를 조사하여 벼슬을 올리기도 하고 내리기도 하는데, 중고를 받게 되면 승진하지 못하였다.

동춘당에게 올리다
上同春堂

이미 체차되었다가 다시 제수 받은 것은 애초에 아무 일이 없었던 것만 못하니, 삼가 생각건대 괴롭고 불안하실 것입니다. 그러나 성상께서 특별히 호의를 베푸셨고 뭇 사람들의 기대도 저버리기 어려우니, 한 번 상소를 올린 뒤에 굳이 힘써 사직할 필요는 없을 듯합니다. 어떻게 생각하실지 모르겠습니다.

동춘당에게 올리다
上同春堂

어제 삼가 상소에 대한 비답을 보았는데, 실로 성대한 뜻에서 나왔으니, 이제부터 다시 사직할 수 없지 않겠습니까. 삼가 바라건대 힘써 직무에 나아가 상하의 바람에 부응하십시오.

동춘당에게 올리다 상제(喪祭)에 대한 문목(問目)
上同春堂 喪祭問目

만약 상중(喪中)에 상사(喪事)나 부득이한 일로 출입할 경우, 도중에 슬픈 마음이 생겨 곡하는 것이 어떠한지 모르겠습니다. 혹자는 "분상(奔喪)[8]하는 경우가 아닌데 길에서 곡하는 것은 야곡(野哭)[9]에 가까우니, 옳지 않다."라고 하고, 혹자는 "여관에 머문다면 곡해도 된다."라고 하니, 어떻게 처리해야 합니까?

길에서 혹은 여관에서 아는 사람을 만난다면, 집에 있을 때와 같이 곡하고 조문을 받습니까?

친족(親族)의 집에 들어가 서로 조문하는 경우 집에 있을 때의 예처럼 합니까? 만약 친족의 집에 있을 때 와서 조문하는 자가 있으면, 또한 집에 있을 때 조문을 받는 예와 같이 합니까?

《예기》에 "서자(庶子)는 상장(喪杖)을 짚고서 곡하는 자리〔位〕에 나아갈 수 없다."[10]고 하였는데, 이른바 자리〔位〕라는 것은 무엇입니

8 분상(奔喪) : 먼 곳에서 부모의 죽음을 듣고 급히 집으로 달려오는 것을 뜻한다.

9 야곡(野哭) : 야외(野外)에서 곡하는 것을 가리킨다. 《예기》 〈단궁 상(檀弓上)〉에 "공자는 야곡(野哭)하는 사람을 미워한다."고 하였는데, 이는 다른 사람에게 영향을 끼치기 때문에 공자가 미워한 것이라고 하였다.

까? 조문을 받고 전(奠)을 올리며 곡하는 자리입니까? 적자(嫡子)가 상(喪)을 주관하므로 서자가 감히 상장을 짚고서 자리에 나아갈 수 없으니, 단지 여차(廬次 여막)에서만 상장을 짚을 수 있는 것입니까? 아버지가 어머니의 상을 주관하면, 적자가 또 감히 상장을 짚고서 조문을 받고 전(奠)을 올리며 곡하는 자리에 나아갈 수 없습니까? 조석상식(朝夕上食)[11]을 할 때에도 감히 상장을 짚을 수 없습니까? 아버지가 혹 상차(喪次 초상을 치르는 곳)에 있지 않으면, 적자가 조문을 받고 전(奠)을 올리며 곡하는 자리에 상장을 짚고서 나아갈 수 있습니까? 적자가 또 나가고 없으면 서자도 상장을 짚고서 그 자리에 나아갈 수 있습니까? 아버지와 적자가 비록 나갔더라도, 적자는 아버지가 그 자리에 있는 것처럼 여기고 서자는 적자가 그 자리에 있는 것처럼 여겨서, 처음과 다름이 없이 감히 상장을 짚을 수 없습니까? 적자가 비록 나갔더라도 적부(嫡婦)가 그 자리에 있으면, 서자는 여전히 감히 상장을 짚을 수 없습니까? 아니면 남녀는 위차(位次)가 다르니, 혐의될 바 없이 상장을 짚을 수 있습니까? 《예기》에서 "상장을 짚고서 곡하는 자리에 나아갈 수 없다.〔不以杖卽位〕"라고 한 것은 서자가 조문을 받고 전(奠)을 올리며 곡하는 자리에 서서 상장을 들고〔擧杖〕 곡하는 것입니까, 아니면 상장을 버리는〔去杖〕 것입니까? 만

10 서자(庶子)는……없다 : 《예기》 〈상복소기(喪服小記)〉에 "서자(庶子)가 아버지의 집에서 살면 어머니의 상에 담제(禫祭)를 지내지 않으며 상장(喪杖)을 짚고 곡하는 자리에 나아가지 않는다. 아버지는 서자의 상에 상주가 되지 않으니, 서자의 아들은 상장을 짚고 고하는 자리에 나아가는 것이 옳다."라고 하였다.

11 조석상식(朝夕上食) : 매일 아침저녁으로 궤연(几筵)에 밥상을 올려놓고 분향하고 곡을 하는 것을 말한다.

약 서자와 서로 아는 자가 와서 서자에게 조문을 하거나, 혹 적자가 병이 있어 서자가 홀로 조문을 받는다면, 서자가 상장을 짚을 수 있습니까?

묏자리를 잡기 위해 산을 보러 가거나 성묘하러 갈 적에, 선산을 지나더라도 전배(展拜)하는 예가 없는 것이 어떠한지 모르겠습니다. 감히 상복(喪服)을 입고 예를 행할 수 없어서입니까? 혹자는 "선산에 올라가면 경례(敬禮)가 없을 수 없으니, 상장(喪杖)을 버리고서 곡(哭)하고 곡한 뒤에 절하는 것이 옳다."라고 하고, 혹자는 "출입할 때 입는 방립(方笠)[12]과 생포(生布)로 만든 직령(直領) 차림으로 전배하되 곡은 하지 않는 것이 옳다."라고 하니, 이 두 가지 설이 어떠합니까?

졸곡(卒哭) 전에 명절을 만나면, 조전(朝奠)에 절과(節果)와 시수(時羞)[13]까지 함께 진설해야 합니까?[14] 《격몽요결(擊蒙要訣)》에 "빈소(殯所)를 차린 뒤에 부인은 이전대로 당(堂) 위에 자리하되 남쪽을 상위(上位)으로 삼고, 남자는 섬돌 아래에 자리하되 그 위치는 북쪽을 상위석으로 삼아야 한다."[15]라고 하였습니다. 만약 상사(喪事)나

12 방립(方笠) : 원래 입어야 할 상복 대신에 예를 줄여서 착용한 것이다.

13 절과(節果)와 시수(時羞) : 절과(節果)는 그 철에 나오는 과일을 가리키고, 시수(時羞)는 그 철에 맞는 식품을 가리킨다.

14 졸곡(卒哭)……합니까 : 《동춘당집(同春堂集)》별집(別集) 권5 〈답민지숙(答閔持叔)〉에는 이 내용 뒤에 "혹은 상식(上食)한 뒤에 삭망(朔望) 때의 예와 같이 따로 주찬(酒饌)을 차려야 하는지요? 졸곡 후에는 조석전(朝夕奠)이 없으니, 아침 상식 때에 절과와 시수까지 함께 차려야 하는지요?"라는 내용이 더 있다.

부득이한 일로 출입할 경우, 나갈 때 고하고 돌아와서 절하는 예도 그 자리에서 행합니까? 아니면 영좌(靈座) 앞에 가서 예를 행합니까? 섬돌 아래에서 북쪽을 향해 서서 앞을 향하여 예를 행합니까?

《상례비요(喪禮備要)》의 '우제주인이하입곡조(虞祭主人以下入哭條)' 주(註)에 "모두 들어가 영좌(靈座) 앞에서 곡하되 그 자리는 모두 북쪽을 향한다. 장부(丈夫)는 동쪽에 자리하되 서쪽을 상위로 삼고, 부인은 서쪽에 자리하되 동쪽을 상위로 삼는다.[16]"라고 하였습니다. 그렇다면 우제(虞祭) 때 남녀의 자리가 모두 당(堂) 위에 있습니까? 우제 이후 조석상식(朝夕上食) 때의 위차도 우제 때의 의절과 마찬가지입니까?

발인(發靷)할 때 남녀의 자리도 한결같이 빈소를 차린 뒤의 의절을

15 빈소(殯所)를……한다 : 《격몽요결(擊蒙要訣)》 〈상제장(喪制章)〉에 다음과 같은 내용이 보인다. "시신이 방에 있고 아직 빈(殯)을 하지 않았을 때에 남녀가 시신의 곁에 있을 때에는 그 위치는 남쪽을 상석으로 삼으니, 이는 시신의 머리가 있는 곳을 상성으로 삼기 때문이다. 빈소(殯所)를 차린 뒤에는 여자는 앞에서와 마찬가지로 당(堂) 위에 자리하되 남쪽을 상석으로 삼고, 남자는 섬돌 아래에 자리하되 그 위치는 북쪽을 상석으로 삼아야 하니, 이는 빈소가 있는 곳을 상석으로 삼기 때문이다. 발인(發靷)할 때에는 남녀의 석차(席次)가 다시 남쪽을 상석으로 삼으니, 이것은 영구(靈柩)가 있는 곳을 상석으로 삼기 때문이다. 때에 따라서 위치를 바꾸는 데에는 각기 예(禮)의 뜻이 있다."

16 장부(丈夫)는……삼는다 : 원문은 '丈夫處東西, 婦人處西東上上'인데, 문맥을 고려하여 '丈夫處東西上, 婦人處西東上'으로 바로잡아 번역하였다. 또한 《동춘당집(同春堂集)》 별집(別集) 권5 〈답민지숙(答閔持叔)〉에도 '丈夫處東西上, 婦人處西東上'으로 되어있다.

따르고 변함이 없습니까?

세상 사람들은 친상(親喪) 발인 전에 여러 아들과 딸이 족당(族黨)과 벗들이 치제(致祭)하는 의절처럼 각각 성찬(盛饌)을 장만하여 조석전(朝夕奠) 이외에 별도로 전을 올려 영결(永訣)의 정을 표합니다. 이는 예서(禮書)에 실린 내용은 아니지만 시속에서 이것을 따라서 일상적인 일로 여깁니다. 대개 부모님이 살아계시면 생신날에는 술을 올려 축수(祝壽)하고, 먼 길을 떠나실 때에는 술자리를 마련하여 전송하니, 이는 본디 자식이 부모님을 섬김에 음식을 가지고 정성을 다해 봉양하는[17] 예절입니다. 이미 돌아가신 뒤에 장례지낼 날짜가 정해지면, 종신토록 잊을 수 없는 영결의 애통함을 참을 수가 없어서 술 한 잔을 올려 지극한 정성을 조금이나마 펴는 것 또한 정리로 보아 당연합니다. 그러나 적자(嫡子)가 이미 궤전(饋奠)을 올렸으니 또한 별도로 전을 올릴 수 없고, 서자(庶子)는 감히 스스로 제사를 지내지 못하니 각자가 스스로 전을 올릴 수 없을 듯합니다. 어떠한지 모르겠습니다. 딸들의 경우에는 사위가 별도로 전을 올리는 것을 주관하는 것이 무방할 것 같습니다.

기년복을 입는 딸이나 손자들은 예법상 응당 연제일(練祭日)에 상복

17 음식을……봉양하는 : 《예기》 〈내칙(內則)〉에 "효자가 노부모를 봉양할 때에는, 그 마음을 즐겁게 해 드리고 그 뜻을 어기지 않으며, 그 눈과 귀를 즐겁게 해 드리고 그 잠자리를 편안하게 해 드리며, 그 음식을 가지고 충심으로 봉양해야 한다."라고 하였다.

을 벗어야 합니다. 그러나 11개월 만에 연제를 지낸다면, 저 기년복을 입는 사람들은 변복(變服)하는 예가 없습니까?

동자(童子)가 복상(服喪)하는 월수(月數)는 줄이지 않고 성인(成人)과 똑같이 합니까?

연복(練服) 한 절목에 대해 《상례비요》에 두 가지 설이 있습니다. 한 가지 설은 "관(冠)과 중의(中衣)만을 연포(練布)로 짓고, 최상(衰裳)은 다시 짓되 연포를 사용하지 않는 것이 고례(古禮)에 어긋나지 않는다."라고 하였고, 또 한 가지 설은 "《가례(家禮)》에 따라 최상까지 아울러 연포로 짓는 것도 근거할 바가 없지 않다."라고 하였으니, 어느 설을 따라야 할지 모르겠습니다. 일전에 이 예를 우암(尤庵) 선생께 여쭈었더니, 선생께서는 "《가례》에 따라 연포로 지은 옷으로 바꾸어 입으라."라고 답하셨습니다. 다만 생각건대,[18] 고례에 상고할 곳이 없다면 그만이지만 이미 명백한 글이 있으니, 고례를 따르는 것이 또한 마땅할 듯합니다. 삼가 바라건대 헤아려 가르쳐 주십시오.
《상례비요》의 〈성복(成服) 복제(服制)〉 '몌(袂)' 아래 주(註)에 "소매는 베 두 폭을 사용해 만든다."라고 하였고, 그 아래에 또 "각각 저고리 몸통[衣身]의 좌우에 꿰매어 붙인다."라고 하였습니다. 그렇다면 좌우에 각각 한 폭씩을 사용하는 것입니까? 아니면 좌우에 각각

18 다만 생각건대 : 원문은 '弟念'인데, 문맥을 고려하여 '弟'를 '第'로 바로잡아 번역하였다. 또한 《동춘당집(同春堂集)》별집(別集) 권5 〈답민지숙(答閔持叔)〉에도 '第念'으로 되어있다.

두 폭씩을 사용하여 소매를 만드는 것입니까?

소상(小祥)과 대상(大祥) 이후에 검은 망건(網巾)에 백립(白笠)을 쓰는 것은 몹시 합당하지 않습니다. 백립은 참관(黲冠 옅은 청흑색의 관)에 비해 순소(純素)이고, 검은 망건은 호관(縞冠 흰색과 검은색이 섞인 관)에 비해 도리어 길관(吉冠)에 가까워서 길흉이 서로 섞였으니, 같이 사용하기에 편치 못합니다. 《의례문해(疑禮問解)》에는 백포(白布)로 지은 망건을 해괴한 풍속으로 여겨 희고 검은 말총을 섞어 망건을 만들라는 말이 있지만, 이러한 제도가 풍속을 놀라게 함은 도리어 백포로 망건을 만드는 것보다 심합니다. 그러므로 예전에 모친상의 상복(祥服)을 백포로 망건을 만들어 쓰고서 이어 좌하(座下)께 여쭈었더니 좌하께서도 무방하다고 답하셨고, 보는 사람들도 해괴하게 여기지 않으니, 이제 이대로 따라서 만들려고 하는데 과연 어떨지 모르겠습니다. 삼가 바라건대 가르쳐 주십시오.

보내주신 말씀을 잘 알았습니다. 상복(祥服)을 순소(純素)로 만드는 것은 실로 옛 제도가 아니니, 세속에 따라 망건을 쓰는 것이 매우 불가하지는 않습니다. 그러나 이전에 상을 당했을 때 이미 백포로 만든 망건을 썼는데 지금에 이르러 다른 망건을 쓴다면, 이전의 상과 지금의 상에 경중을 둔다는 혐의가 있을 듯합니다. 게다가 한 번 거행한 것은 감히 폐기하지 못한다는 뜻이 있으니,[19] 이렇게 하는 것이 의리

19 한번……있으니 : 《예기》 〈곡례 하(曲禮下)〉에 "모든 제사는 이미 폐지한 것은 감히 다시 지내지 못하고, 한 번 거행한 것은 감히 폐기하지 못한다.〔凡祭, 有其廢之,

에 방해가 되지 않을지 모르겠습니다. 다시 가르쳐 주십시오.

6대조의 사위(祠位 사당에 모신 신주)를 체천(遞遷)해서 청주(淸州)에 있는 족조(族祖)의 집에 봉안(奉安)했습니다. 제가 가묘에 전알(展謁)할 때에 술과 과일을 올리고 싶어서, 어제 이미 뵙고서 가르침을 받았습니다. 그러나 다시 생각해 보건대, 이번에 가서 이미 묘소에 제사를 지냈는데 또다시 가묘(家廟)에 제사를 지낸다면 신(神)을 번거롭게 하는 데 가까울 듯하니, 어떠한지 모르겠습니다. 삼가 바라건대 다시 생각하여 가르쳐 주십시오.

이번에 길을 떠나 선영에 성묘하는 날짜가 응당 단오(端午) 이후가 될 것이니, 별도로 술과 과일을 마련해 올려야 합니다. 그렇다면 응당 축문(祝文)도 있어야 합니까? 축문은 감히 사용할 수 없을 듯한데, 어떻습니까? 또 만약 단옷날에 성묘하게 된다면 예에 따라 참배하는 것을 스스로 주관할 수 없을 듯한데 또한 어떠합니까? 삼가 바라건대 가르쳐 주십시오.

莫敢擧也, 有其擧之, 莫敢廢也.]"라고 하였다.

우암 송 선생 시열 에게 올리다 ○을사년(1665, 현종6)
上尤庵宋先生 時烈○乙巳

유중(維重)은 삼가 재배합니다. 유중은 효묘(孝廟) 원년(1650)에 급제하여 외람되이 큰 은혜를 입어 오랫동안 시종신의 반열에 있었습니다. 기해년(1659, 효종10) 4월에 영남을 염찰(廉察)하라는 밀명(密命)을 받고서[20] 하직인사를 한 지 24일째 되는 날 진해현(鎭海縣)에 이르렀는데, 갑자기 효묘께서 승하하셨다는 소식을 받았습니다. 통곡하며 바삐 돌아왔으나 궁검(弓劍)이 이미 멀어졌으니[21], 오장이 찢어질 듯 애통해 한들 무슨 소용이 있겠습니까.[22] 오직 제가 받은 어서(御書) 한 통을 열 겹으로 싸서 보관하여 감히 잃어버리지 않고 때때로 공경히 완상하는데, 가슴이 찢어지고 피눈물을 닦지 않은 적이 없었습니다. 세월이 점점 멀어지는 것에 상심하고 수택(手澤)이 혹 훼손될까 두려워, 이에 영구히 보존하기를 도모하여 4폭으로 마름질해 만들었으니, 1첩에 모두 37글자입니다.

20 기해년……받고서 : 1659년(효종10)에 저자는 영남우도(嶺南右道)의 염찰사(廉察使)가 되었다.

21 궁검(弓劍)이 이미 멀어졌으니 : 임금의 서거를 가리키는 말로 '궁검'은 군주가 남긴 활과 검을 이른다. 황제(黃帝)가 용을 타고 승천할 적에 신하들이 용의 수염을 부여잡고 매달리다가 수염이 끊어지며 떨어지고 말았다. 이때 황제의 활과 칼도 함께 떨어졌는데, 신하들은 그 활과 칼을 안고 통곡하였다. 《史記 卷28 封禪書》

22 무슨 소용이 있겠습니까 : 원문은 '何逮何反'인데, 문맥을 고려하여 '反'을 '及'으로 바로잡아 번역하였다.

아, 우리 선왕께서는 이미 성인이신데도 배우기를 싫어하지 않으셨고, 어진 이를 높이셨는데도 예우를 더욱 부지런히 하셨으며, 요순(堯舜)을 능가하여 지치(至治)를 회복하고자 하셨으며, 오랑캐를 물리치고 주(周)나라를 받들어 장차 대의(大義)를 펼치고자 하셨습니다. 정신을 운용하는 바가 천지를 감동시킬 만하였는데, 성대한 공업을 이루기 전에 갑자기 신민을 버리셨으니, 이것이 어찌 다만 우리나라 운수의 불행일 뿐이겠습니까. 또한 천하 후세가 모두 오열하며 길이 애통해하는 바입니다. 보잘 것 없는 미천한 신하가 지금까지 죽지 않고 살면서 하늘과 같은 선왕의 은혜에 뒤늦게라도 보답할 길이 없으니, 이 몸이 분골쇄신하기 전에는 장차 이 유묵(遺墨)을 안고서 갱장(羹墻)[23]을 대신할 것이며, 또 자손들로 하여금 집안 대대로 물려주는 보물로 삼게 할 것입니다. 옛일을 돌이켜 생각하건대 끝없이 비통하니 이 첩에 대해 기록하지 않을 수 없습니다. 감히 이로써 선생께 청하니, 바라건대 한마디 말을 써서[24] 슬퍼하고 앙모하는 저의 정성을 위로해 주십시오. 삼가 살펴주시기를 바랍니다.

23 갱장(羹墻) : 국그릇과 담장을 보고 그리워한다는 말로, 앙모(仰慕)의 정성이 지극함을 의미한다. 옛날 요(堯)임금이 별세하자 순(舜)임금이 3년 동안이나 요임금을 그리워하여, 앉아 있을 때면 담장에 요임금의 환영이 나타나고 밥을 먹을 때면 국그릇에 요임금의 모습이 아른거렸다고 한다. 《後漢書 卷63 李固列傳》

24 한마디 말을 써서 : 《송자대전(宋子大全)》 권146에 〈효묘어필첩발(孝廟御筆帖跋)〉이란 제목으로 수록되어 있다.

우암에게 올리다

上尤庵

유중(維重)은 거듭 선생의 귀를 더럽힙니다. 이적(夷狄)이 중국을 어지럽힌 지 오래되었으니, 의관(衣冠)과 문물(文物)의 성대함을 다시 볼 수 없습니다. 매번 서책과 기용(器用 문물과 제도)의 사이에서 중화(中華)의 제도를 볼 때면, 눈물을 흘리는 지경에 이르지 않은 적이 없었습니다. 우연히 집안의 오래된 책 상자를 열람하다가 숭정(崇禎) 3년 경오년(1630, 인조8)의 〈대통력(大統曆)〉을 얻었으니, 이는 바로 명(明)나라에서 반포한 것입니다. 그런데 유중이 태어난 것이 실로 이 해인지라 마음속으로 다행스러워하면서 아껴서 손에서 놓지 않았으니, 참으로 마치 한관(漢官)의 위의(威儀)[25]를 다시 보는 것 같아 산하거목(山河擧目)의 비통함[26]을 더욱 금할 수 없었습니다.

25 한관(漢官)의 위의(威儀) : 전한(前漢) 말엽 왕망(王莽)이 나라를 찬탈했는데, 이때 훗날의 후한(後漢) 광무제(光武帝)가 되는 유수(劉秀)가 사례교위(司隸校尉)에 발탁되어 그동안 왕망에 의해 폐기된 한나라의 복식(服飾) 등 옛 제도를 모두 복구하였다. 그러자 늙은 관리들이 눈물을 흘리며 "오늘에 다시 한관(漢官)의 위의(威儀)를 보게 될 줄은 생각하지 못하였다."라고 탄식한 고사가 전한다.《後漢書 卷1 光武帝紀上》

26 산하거목(山河擧目)의 비통함 : 서진(西晉) 말엽에 중원(中原)이 혼란하여 진(晉)나라 왕실이 양자강 이남으로 천도(遷都)하였을 때 벼슬아치들이 한가한 날 신정(新亭)에 나와 술을 마시는데 주의(周顗)가 그 가운데 앉았다가, "풍경(風景)은 다르지 않으나 눈을 들어보니 산하(山河)가 다르구나!"라고 탄식하자 서로들 바라보며 눈물을 흘렸다고 한다.《晉書 卷65 王導列傳》

이어 생각건대, 불초한 유중이 태어난 날로부터 오늘날에 이르기까지 부모님께서 남겨주신 몸을 보존하고 군신(君臣) 간의 대의(大義)를 대략이나마 알 수 있었던 것은 모두 명나라가 화육(化育)한 은혜 덕분입니다. 때를 만난 것이 불행하여 천지가 뒤집혔는데, 이미 동해(東海)의 물에 뛰어들어 노중련(魯仲連)의 뜻[27]을 지키지 못하였고, 또 제후를 규합하는 계책을 도와 관이오(管夷吾)의 자취[28]를 본받지 못했습니다. 요동(遼東)과 연경(燕京)을 돌아보면 비린내 나는 요기(妖氣)가 하늘에 가득한지라 한밤에 검을 어루만지며 강개하고 불평하였습니다. 더군다나 경오년에 역서(曆書)를 반포한 지 지금 36년이 되었고 유중의 나이도 따라서 이와 똑같은데, 하염없이 세월은 흐르고 지기(志氣)는 쇠퇴하였으니, 몸을 어루만지며 스스로를 돌아보건대 어찌 슬퍼하고 한탄하지 않겠습니까.

아, 세상의 변고는 다단하여 온전할 수 있는 사물이 없는데, 오직

27 동해(東海)의……뜻 : 전국시대 노중련(魯仲連)이 조(趙)나라에 머무를 적에 진(秦)나라가 조나라의 수도인 한단(邯鄲)을 포위하였다. 그때 조나라에 와 있던 위(魏)나라의 신원연(辛垣衍)이 조나라로 하여금 진나라 왕을 황제로 추대하여 군대를 철수시키게 하려고 하였다. 그러자 노중련이 신원연을 만나 진나라가 무도한 나라임을 역설한 뒤 "만일 진나라를 황제로 추대한다면, 나는 동해에 빠져 죽을지언정 진나라 백성이 되지는 않을 것이다."라고 하여 중지시키니, 진나라 군사들이 퇴각하였다. 《史記 卷83 魯仲連列傳》

28 제후를……자취 : 관이오(管夷吾)는 관중(管仲)을 가리킨다. 그는 제 환공(齊桓公)을 도와 패자가 되게 하였다. 이에 대해서 공자(孔子)는 《논어》 〈헌문(憲問)〉에서 "관중이 환공을 도와 제후의 패자가 되게 하여 한 번 천하를 바로잡아 백성들이 지금까지 그 혜택을 받고 있으니, 관중이 없었다면 우리는 머리를 풀고 옷깃을 왼편으로 하는 오랑캐가 되었을 것이다."라고 하였다.

이 역서(曆書)는 홀로 재앙에 훼손되지 않아 왕정(王正)[29]의 대통(大統)이 찬란히 그 속에 갖추어져 밝게 드러나, 떳떳한 기강이 무너진 뒤에 이것을 보는 자들로 하여금 분함을 느끼고 떨쳐 일어나 옷깃을 왼쪽으로 여미는 치욕을 부끄러워하고 중화를 생각하는 마음을 격발하게 하니, 세교(世敎)에 보탬이 되는 것이 어찌 우연이겠습니까. 사물이 드러나고 묻히는 것은 모두 때를 기다리는 법입니다. 이로써 미루어 보건대, 화정(火井)에 이미 꺼졌던 불길이 다시 타오를 것[30]임을 또한 미리 점칠 수 있으니, 하늘의 뜻이 정해짐이 과연 어떻게 될지 모르겠습니다. 이 역서(曆書)에 대해 실로 마음에 서글픔이 있어 삼가 이것을 받들어 선생께 보여드리니, 한마디 말의 글을 얻어[31] 반성하고 스스로 힘쓰는 방편으로 삼고자 합니다. 선생께서 부디 가르쳐 주십시오.

29 왕정(王正) : 왕조가 반포하는 정월(正月)의 역법(曆法)을 뜻한다.

30 화정(火井)에……것 : 화정(火井)은 촉(蜀) 땅 임공현(臨邛縣) 서남쪽에 있는 우물로, 제갈량(諸葛亮)이 처음 발견했는데 불길이 올라왔다고 한다. 화정에 불길이 타오르면 우레와 같은 소리가 나며 10리까지 불빛이 비친다고 한다. 여기서는 오랑캐를 몰아내고 다시 중화(中華)가 회복되는 것을 뜻한다.

31 한마디……얻어 : 《송자대전(宋子大全)》 권146에 〈경오대통역발(庚午大統曆跋)〉이란 제목으로 수록되어 있다.

우암에게 올리다
上尤庵

어필(御筆)은 제발(題跋)을 기다린 뒤에 장정(裝幀)하고자 하므로 우선 흩어져 있는 첩(帖)을 보내드리면서 빈 종이 12장을 함께 올리고, 역서(曆書)도 그 끝에 빈 종이 5장을 첨부합니다. 두 개의 발문(跋文)은 반드시 선생의 수필(手筆)을 얻고자 하니, 이러한 뜻이 몹시 간절합니다. 삼가 바라건대, 수고로움을 잊고 붓을 휘둘러 지극한 저의 바람에 부응해 주십시오. 관북(關北)의 유생들이 낙정서원(樂靜書院)[32]을 세우면서 황산서원(黃山書院)[33]의 제도를 알고자 한다고 하니, 삼가 바라건대 서원 건물의 제도를 그려서 보여주시는 것이 어떻겠습니까.

32 낙정서원(樂靜書院) : 이단하(李端夏)가 세운 종산서원(鍾山書院)을 가리키는 듯하다. 이단하가 1664년(현종5)부터 1665년까지 북평사(北評事)가 되어 함경도 지방을 순찰하였는데, 이때 종성(鍾城)에다 지역의 선비들과 협력하여 서원의 설립을 논의하여 1666년에 종산서원(鍾山書院)을 창건하였다. 기준(奇遵), 유희춘(柳希春), 정엽(鄭曄), 조석윤(趙錫胤), 유계(兪棨) 등이 배향되었다. 낙정(樂靜)은 조석윤의 호이기도 하다.

33 황산서원(黃山書院) : 충청도 연기(燕岐), 지금의 논산시 강경읍에 있는 서원이다. 이이(李珥)와 성혼(成渾)을 기리기 위해 1626년(인조4)에 세웠고 그 뒤에 김장생(金長生)을 추가로 배향하였다.

우암에게 올리다
上尤庵

역서(曆書)의 발문(跋文)에 대해 이렇게 특별히 저의 바람을 들어주시어 받은 은혜가 매우 성대하니, 그 어떤 감격이 이만하겠습니까. 두세 번 받들어 읽음에 감히 이론을 제기할 바가 없으니, 속히 지어서 보내주시기 바랍니다. 어필(御筆)의 발문 또한 이 인편에 한꺼번에 부쳐주시기를 몹시 바랍니다. 성주(星州) 군졸의 일[34]은 제가 어렸을 때 그 사람 됨됨이를 눈으로 보기는 했지만 그 곡절은 자세히 기억하지 못하는데, 선생께서 이미 묻힌 것을 드러내어 전(傳)을 쓰셨음을 삼가 알게 되었으니 몹시 보고 싶습니다. 쓰신 글을 보여주시기를 바라니, 어떠하신지요? 시남(市南 유계(兪棨))의 사원(祠院)에 대한 논의는 진실로 말씀해 주신 바와 같으니, 계주(季周 이단하(李端夏))의 견해가 옳은 듯합니다.[35] 더구나 관북(關北) 유생들이 유계가

34 성주(星州) 군졸의 일 : 군졸은 이사룡(李士龍, 1612~1640)을 가리킨다. 1638년(인조16)에 청(淸)나라에서 명(明)나라를 치기 위해 우리나라에 군사를 요구해 오자, 이사룡이 징발되었다. 저자의 부친 민광훈(閔光勳)이 성주 목사(星州牧使)로 있으면서 술자리를 마련하여 전송했는데, 이사룡은 청나라를 도와 명나라를 치는 것이 의리에 맞지 않는다 하여 죽을 생각으로 허물을 만들어서 목사가 있는 자리로 올라가 갖은 무례한 행동을 하였으나, 목사는 이를 허물하지 않고 도리어 존중하는 뜻을 보였다. 그는 금천(錦川) 싸움에 끌려갔으나 총알을 넣지 않고 공포(空砲)를 쏘다가 청나라 군대에게 발각되어 죽임을 당했다. 《宋子大全 卷146 庚午大統曆跋》《宋子大全卷213 砲手李士龍傳》

35 시남(市南)의……듯합니다 : 낙정서원(樂靜書院)에 유계(兪棨)를 향사하는 문제

귀양살이를 하고 있을[36] 때에 보고 감동하여 그 덕을 사모하여 이러한 청을 하였으니, 그 바람에 부응하여 이끌어주지 않아서는 안 됩니다. 더군다나 북방에 어찌 조 문열공(趙文烈公 조헌(趙憲))을 모시는 서원[37]이 없어서야 되겠습니까. 이는 큰 흠결입니다. 즉시 보내주신 편지를 함경도 감영에 전해 보낼 것이니,[38] 계획을 세우고 마련하는 일에 틀림없이 잘 대처할 것입니다.

에 대해, 이단하(李端夏)는 유계가 말년에 불만족스러운 점이 있기는 하지만 소절(小節) 때문에 대처(大處)를 가릴 수는 없다고 하였는데, 송시열은 이러한 이단하의 뜻에 동조했다. 송시열은 이러한 뜻을 저자와 저자의 중형(仲兄) 민정중(閔鼎重)에게 편지로 전하여 그들의 의견을 물었다. 《宋子大全 卷61 與閔持叔 乙巳三月》

36 유계가……있을 : 1650년(효종1)에 유계는 인조(仁祖)의 묘호를 정할 때 '조(祖)' 자의 사용을 반대하고 '종(宗)' 자를 주장하다가 선왕을 욕되게 하였다는 죄로 함경도 온성(穩城) 유배되고, 이듬해 영월(寧越)로 양이(量移)되었다.

37 조 문열공(趙文烈公)을 모시는 서원 : 1589년(선조22)에 조헌(趙憲)은 함경도 길주(吉州)에 유배되었다.

38 함경도……것이니 : 당시에 저자의 중형(仲兄) 민정중(閔鼎重)이 함경도 관찰사(咸鏡道觀察使)로 있었다.

우암에게 올리다
上尤庵

교산(喬山)[39]을 다시 옮기는 곳이 결국 홍제동(弘濟洞)으로 정해져[40] 안팎의 신민들의 바람을 크게 위로하였으니, 이는 모두 종묘사직이 묵묵히 도운 것입니다. 천봉(遷奉)의 예(禮)는 날짜가 정해졌으니, 생각건대 계릉(啓陵)하기 전에 조정으로 돌아오시는 것을 다시 볼 수 있기를 밤낮으로 간절히 바랄 뿐입니다. 어제 연석에서 상설(象設)과 의물(儀物)에 대해 여쭈었는데, 성상께서 선왕(先王 효종(孝宗))이 광릉(光陵 세조(世祖))을 전알할 때 내렸던 하교를 이끌어 하교하시고,[41] 또 가까이 있는 선릉(先陵)[42]의 제도를 넘어서는 것을 온당치

39 교산(喬山) : 황제(黃帝)의 무덤이 있던 데서 유래하여, 뒤에는 왕릉을 가리키는 말이 되었다. 여기서는 효종(孝宗)의 왕릉인 영릉(寧陵)을 가리킨다.

40 홍제동(弘濟洞)으로 정해져 : 원래 영릉(寧陵)은 송시열의 주장으로 양주(楊州)의 건원릉(健元陵) 경내에 있었는데, 석물에 틈이 생기는 등 갖은 변고가 생겨 더 이상 보수할 수 없게 되자 1673년(현종14)에 다시 세종의 영릉(英陵)이 있는 여주(驪州)의 홍제동(弘濟洞)으로 옮기게 되었다.

41 성상께서……하교하시고 : 저자가 연석(筵席)에서 아뢰기를 "광릉(光陵)과 영릉(英陵)에는 병석(屛石)을 설치하지 않았는데 제도가 매우 좋을 뿐만 아니라 비록 천만 년이 가더라도 반드시 걱정이 없을 것이 보장됩니다. 그리고 신릉(新陵)은 영릉과 같은 산 안에 썼으니 의물(儀物)도 영릉과 다르게 해서는 안 됩니다." 하니, 현종(顯宗)이 이르기를 "나의 뜻도 그렇게 여길 뿐만 아니라 선조(先朝)께서도 광릉의 석물(石物) 제도가 좋다고 하교하셨으니, 이제 그것에 따라 하도록 하라." 하였다. 《顯宗實錄 14年 6月 12日》

42 선릉(先陵) : 여기서는 영릉(英陵)을 가리킨다.

않게 여기셨습니다. 이는 실로 성덕(聖德)의 일이니 감탄을 금할 수 없습니다.

우암에게 답하다
答尤庵

예관(禮官)이 돌아와 손수 쓰신 답장을 받고서, 삼가 근래 도체(道體)가 신령의 도움으로 두루 평안하심을 알았으니 그립고 위안되는 심정을 가누지 못하겠습니다. 저는 분주하게 힘든 공무를 수행하느라 피로함을 견디기 어렵지만, 오직 산릉(山陵)의 큰 역사(役事)에 힘을 다하는[43] 것을 선왕 은혜에 조금이나마 보답하는 길로 삼아 감히 엎어지고 낭패되는 것을 스스로 돌아보지 않을 뿐입니다. 장응일(張應一)의 상소[44]를 엊그제 연석에서 삼가 보았는데, 성상께서 살펴보고 통촉하시어 명쾌하게 변석(辯析)하셨으니, 감격스럽고 다행스러운 마음을 어찌 이루 말할 수 있겠습니까. 지석(誌石)에 대한 일은 성상께서 "충주(忠州)의 돌은 견고하지 않으므로 강도(江都)의 돌을 쓰고자 한다. 응당 예전의 지문(誌文) 속에 옮겨서 안장하는 내용을 추가해 넣어야 한다."라고 하교하셨습니다. 제가 별도로 하나를 구워 만들어 만세토록 영구히 보존할 계책으로 삼도록 아뢰어 청하였는데, 성상께서 허락하셨습니다.[45] 이만 줄입니다.

43 산릉(山陵)의……다하는 : 저자는 1673년(현종14)에 영릉 천릉도감 제조(寧陵遷陵都監提調)가 되었다.

44 장응일(張應一)의 상소 : 장응일(張應一)이 상소하여, 영릉(寧陵)의 터를 정할 당시에 조정에서 수원산(水原山)이 좋다고 한 논의가 있었는데 당시에 송시열(宋時烈)이 이를 무시하고 현재의 자리에 능을 쓰도록 주장하였다고 하며 송시열을 논핵하였다.

45 지석(誌石)에……허락하셨습니다 : 김수흥(金壽興)이 아뢰기를 "국장(國葬) 때

지석(誌石)은 으레 충주(忠州)에서 가져 왔는데, 충주 돌의 품질이 점점 예전만 같지 못해 요즘 들어서는 사부가(士夫家)에서 강화(江華)의 돌을 많이 쓰고 있습니다."라고 하자, 현종이 강화의 돌은 새기기 몹시 어려운 문제가 있긴 하지만 품질이 월등하니 엄밀히 가려서 사용하라고 하교하였다. 《顯宗實錄 14年 6月 12日》 이후에 연석에서 현종이 또 이르기를 "지석(誌石)을 개조할 일을 송 판부사(宋判府事 송시열)에게 물어보았더니, '옛 지석에 남은 공간이 있으면 거기에 더 새겨 넣기만 하면 될 것이고, 만약 공간이 없다면 새 지석을 써야 할 것이다.'라고 하였다." 이에 김수홍이 아뢰기를 "당초에 글자를 계산한 뒤 안배해서 새겼을 텐데 어찌 남은 공간이 있겠습니까."라고 하였고, 저자는 아뢰기를 "그렇다면 새 지문은 강화(江華)의 돌을 써야 할 것입니다. 이 돌의 품질이 매우 견고하고 강해서 오래도록 전할 수 있는데, 그래도 모호하게 마멸되는 근심이 없도록 구워 만드는 것이 나을 것입니다."라고 하니, 현종이 받아들였다. 《顯宗改修實錄 14年 6月 20日》

우암에게 올리다
上尤庵

가을비가 자주 내려 날씨가 좋지 못하니, 이러한 때에 도체(道體)가 어떠하신지 모르겠습니다. 우러러 사모하는 마음이 더욱 간절합니다. 제가 이러한 중임(重任)[46]을 외람되이 맡아 이러한 흉년을 만났으니, 면례(緬禮)가 눈앞에 있는데도 국고가 텅 비었습니다. 게다가 몹시 피로하여 근력(筋力)이 미치기 어려우니 하는 일마다 근심하고 탄식함을 거의 형용하기 어렵습니다. 이번 천릉(遷陵)의 물목(物目)은 모두 기해년(1659, 효종10)을 따라서[47] 실제로 들어가는 수량을 지방에 분정(分定)하여 조금도 과하게 넘친 것이 없습니다. 그런데도 오히려 번다하다는 말이 있으니 사람을 두렵게 만듭니다. 아전들이 물품마다 정채(情債)를 받는 문제는 틀림없이 이런 일이 없지는 않을 것인데, 자세히 살펴 엄하게 막지 않은 것은 아니지만 또한 적발해 내기 어려우니 이것이 근심스럽습니다. 삼가 듣건대 조정에 나오시는 행차가 가까운 시일에 출발한다고 하니, 언제쯤 서울에 당도하실지 모르겠습니다. 지석(誌石)의 일이 가장 긴급한데, 날짜가 조금이라도 지체되어 대사가 낭패를 볼까 두려운지라 감히 이렇게 우러러 여쭙니다. 가르침을 받을 날이 멀지 않았으니 삼가 이만 줄입니다.

46 이러한 중임(重任) : 저자는 1673년(현종14)에 호조판서 겸 총융사가 되고, 이어서 영릉 천릉도감 제조(寧陵遷陵都監提調)가 되었다.

47 기해년을 따라서 : 1659년에 효종(孝宗)이 승하하여 영릉(寧陵)을 양주(楊州)의 건원릉(健元陵) 경내에 조성하였다.

우암에게 올리다

上尤庵

사직 상소에 대해서는 얼마 전에 비답을 내리셨는데 그 뜻이 매우 간절하셨습니다. 지금 듣건대 또 사직 상소를 올렸다고 하니, 삼가 생각건대 여강(驪江)에 머무를 계획이 더욱 견고하신 듯합니다. 성상의 체후가 슬픔으로 손상된 이래로 여러 날 건강이 좋지 못하시니, 우러러 생각건대 이러한 때에 성상께서 초조하게 어진 신하를 기다리는 정성이 배는 더 깊으실 것입니다. 면례(緬禮)하는 날짜가 차츰 다가오니, 만약 서울 가까이 교외에 나아가 머물면서 다시 면직을 청하고 청이 받아들여진 뒤에 임금의 명에 나아간다면 대사(大事)에 유감이 없을 듯합니다. 어떻게 생각하시는지요? 20일 이후에는 응당 새로 조성한 능에 나아가 여관에서 가르침을 받을 수 있을 것이니 우선 편지로 안부를 묻고 이만 줄입니다.

우암에게 올리다
上尤庵

얼마 전에 따로 사람을 보내 안부를 여쭈었습니다. 이미 도착했으리라 생각되는데 아직 답장을 받지 못했습니다. 저번 달 12일에 보내주신 편지를 서울의 인편을 통해 받고서 병세가 조금 안정되었음을 알았으니, 기쁘고 위안되는 심정을 금할 수 없습니다. 초여름인데도 여전히 한기(寒氣)가 있으니, 영외(嶺外)는 틀림없이 이보다 심할 것입니다. 요사이 도체(道體)의 조섭이 또 어떠하신지 모르겠습니다. 우러러 염려되는 마음이 더욱 심합니다.

제가 끝없는 비방을 받고 끝없는 죄목(罪目)을 받고 있는 것은 본디 운명에 맡길 따름인지라 이는 말할 것도 못됩니다. 다만 서울의 소식을 들을 때마다 근심스럽고 우려되는 일이 수도 없이 많으니, 멀리 초야와 강호에 있는 저도 애타는 마음을[48] 감당할 수 없거늘 하물며 서울에 있는 여러 공들은 더욱 마음이 어떻겠습니까. 이곳에 온 뒤로 비록 한가롭고 조용하지만 피로가 쌓인 뒤끝에 온갖 병들이 교대로 침범하여 날마다 쑥뜸을 일삼느라, 서책을 가까이 하지 못하여 종전의 게으름을 속죄하지 못하고 있습니다. 이런 때에 선생의 훈계를 받으니 어찌 부끄럽고 두려운 마음을 감당할 수 있겠습니까. 오랫동안 한가로이 요양하는 것이 벼슬살이에 그럭저럭 시간만 보내던 때보다 나은 듯합

48 애타는 마음을 : 원문은 '焦前'인데, 문맥을 고려하여 '前'을 '煎'으로 바로잡아 번역하였다.

니다. 마침 함경도 관찰사에게 편지를 보낼 일이 있어 이 인편에 감히 문안 편지를 부칩니다. 이만 줄입니다.

우암에게 답하다
答尤庵

전후로 손수 쓰신 편지를 연이어 받아보고 요사이 도체(道體)의 기거가 두루 평안하심을 알았으니 그립고 위안되는 마음을 가누지 못하겠습니다. 대군자(大君子)의 진퇴를 비록 어리석고 미천한 저의 견해로 감히 함부로 의론할 바가 아니지만, 나이를 이유로 돌아가기를 청하는 것은 끝내 의리에 마땅하지 않습니다. 조정에 나아갔을 때에는 정사를 논하고 부지런히 힘써서 군신(君臣) 간에 뜻이 부합함이 성대하였고, 조정을 떠남에 미쳐서는 근신(近臣)을 잇따라 보내어 은혜로운 말씀을 간절히 전하고 또 특별히 중신(重臣)을 보내라는 명을 내리셨습니다. 모르겠습니다만 집사께서는 이에 대해 또한 장차 어떻게 말씀하시겠습니까? 저의 마음은 성상의 하교를 힘써 받들어 안팎의 간절한 바람에 부응하시기를 원합니다. 큰일을 할 수 있는 때를 만났고 떠날 만한 의리가 없는데도 지금 물러나기를 결단하여 갑자기 여기에 이르렀으니, 실로 지극히 근심하고 개탄하는 마음을 금할 수 없으며, 또한 행지구속(行止久速)[49]의 사이에 바라는 바가 없을 수 없습니다. 회덕서원(懷德書院)의 제문(祭文)에 관한 일은 보내주

49 행지구속(行止久速) : 벼슬할 때 시의(時宜)에 맞게 처신함을 가리킨다. 《맹자》 〈공손추 상(公孫丑上)〉에 "벼슬할 만하면 벼슬하고 그만둘 만하면 그만두며, 오래 머무를 만하면 오래 머물고 빨리 떠날 만하면 빨리 떠나신 분은 공자이시다."라고 한 데서 나온 말이다.

신 말씀을 잘 알겠으니, 어제 이미 따로 사람을 보내서 회덕(懷德)에 알렸습니다. 이만 줄입니다.

우암에게 답하다

答尤庵

얼마 전에 문후하는 편지를 인편에 보냈는데 오랫동안 답장을 받지 못했으니, 그립고 답답한 심정이 어찌 끝이 있겠습니까. 가을이 이미 깊어졌으니, 도체(道體)의 기거가 절서에 따라 더욱 평안하리라 생각됩니다. 삼가 듣건대 근신(近臣)이 세 차례나 내려오고 은혜로이 부르심이 매우 정성스러워 길가의 사람들이 공경히 이마에 손을 얹고 바라보며 선생께서 조만간 대궐에 나아갈 것이라 말한다고 하니, 저의 구구한 마음은 더욱 간절히 바라고 있습니다. 그런데 여러 날 동안 좋은 소식을 듣지 못했으니, 혹 조섭하는 일이 건강을 회복하지 못하여 그러한 것입니까? 지극히 우려하는 마음을 더욱 금할 수 없습니다. 문재(文哉)[50]의 상(喪)을 치른 뒤에 장례하는 날짜를 정했다는 소식을 아직 듣지 못하였으니, 몹시도 슬픕니다. 이만 줄입니다.

50 문재(文哉) : 송병문(宋炳文, 1640~1682)으로, 송준길의 장손이다.

우암에게 올리다
上尤庵

여러 날 동안 안부를 듣지 못하였습니다. 여강(驪江)의 임시 처소에서 도체(道體)의 조섭이 또 어떠하십니까? 지극히 우러러 사모하는 저의 마음을 금할 수 없습니다. 일찍이 고려 원 찬성(元贊成 원관(元瓘))의 묘도(墓道)에 세울 비석 문자[51]를 선생께 청하여 허락을 받았습니다. 지금 그의 후손 원역(元湙)이 유지(幽誌 묘지)의 등본(謄本)을 가지고 선생의 문하에 나아가 앞서의 칭을 거듭 부탁하려고 하면서 저를 주선자로 삼아 성의를 전달해 줄 편지 한 통을 요구하였습니다. 삼가 바라건대 그와 함께 앉아 얘기하며 원 찬성의 일에 대해 상세하게 물어 원씨 후손이 조상을 불후하게 남기고자 도모하는 것에 특별히 부응해 주신다면, 이승과 저승에 유감이 없을 것이니 감사하고 다행스러움이 어찌 끝이 있겠습니까. 누차 선생을 번거롭게 하였으니 더욱 황송합니다. 이만 줄입니다.

51 고려……문자 : 이 글은《송자대전(宋子大全)》권164에〈고려 첨의찬성사 원공 묘비〔高麗僉議贊成事元公墓碑〕〉라는 제목으로 수록되어 있다.

우암에게 올리다
上尤庵

선생께서 행차를 돌려 남쪽으로 돌아가시어 여강(驪江)에 머무시기를 바라는 저의 간절한 소망을 이루지 못했습니다. 무더위를 무릅쓰고 가는 고단한 행차에 거듭 기력이 손상되었을까 몹시 염려 되니, 밤낮으로 그리워하는 마음이 곱절로 간절합니다. 어제 판관 형님[52]을 통해 삼가 듣건대 이제 회천(懷川)에 잘 도착하였고 도체(道體)의 조섭이 평안하다고 하니, 기쁘고 위안되는 마음을 형용할 수가 없습니다.

저는 어리석어 일에 밝지 못하고 게다가 자처하는 의리도 어두워 이미 많은 비방을 받았는데 마침내 언관의 논척을 초래하여 받은 죄명이 실로 평범한 허물이 아니니, 두렵고 부끄러워 둘러보아도 몸 둘 바를 모르겠습니다. 스스로 반성해보니 응당 직임을 모두 그만두고 문을 닫고 자취를 거두어 공의(公議)에 답해야 할 뿐입니다.

동춘 선생(同春先生)의 묘지(墓誌)는 구워서 만들 계획인데 여러 번 자세히 살펴보니 그 중에 다시 헤아릴 곳이 없지 않는 듯하여 참람하고 망령됨을 헤아리지 않고 감히 저의 견해를 덧붙였습니다. 또한 병조판서 남 대감〔南台〕[53]이 보여준 몇 가지 내용을 얻어서 원본 상단의 찌에 아울러 기록하여 채택할 수 있도록 갖추었습니다. 삼가 바라건대

52 판관 형님 : 원문은 '判官允'인데, 문맥을 고려하여 '允'을 '兄'으로 바로잡아 번역하였다.

53 남 대감 : 남구만(南九萬)을 가리키는 듯하다.

재차 살피시어 혹 고칠 부분이 있다면 속히 답변을 주십시오. 그렇게 해주시면 천만다행이겠습니다. 서질(暑疾 더위로 인한 병)을 앓은 중이라 사람을 시켜 쓰게 하여 문안을 아뢰니 더욱 송구합니다. 이만 줄입니다.

또 우암에게 올리다
又

새해를 맞이하였습니다. 신명(神明)이 도체(道體)를 부지하여 큰 복을 누리시리라 생각되니, 우러러 바라고 기뻐하는 구구한 저의 심정을 어찌 금할 수 있겠습니까. 은혜로운 소명이 누차 내려옴에 성상의 뜻을 저버리기 어려울 것이니, 조정에 나오실 날을 날마다 희망하고 있습니다. 삼가 들으니 근신(近臣)이 올린 치계(馳啓)에 성상의 명을 힘써 받들겠다는 뜻이 있다고 합니다. 이는 윗사람과 아랫사람의 간절한 바람을 크게 위로하는 일이니 몹시 다행입니다. 모르겠습니다만 선생께서는 언제 길에 오르시겠습니까? 봄추위가 갑자기 매서워졌으니 삼가 바라건대 더욱 몸을 보중하시어 사모하고 염려하는 저의 마음에 부응해 주십시오. 삼가 편지를 써서 안부를 여쭙니다. 이만 줄입니다.

또 우암에게 올리다
又

선생께서 멀리 떠나시고 오랫동안 안부를 여쭙지 못했으니 밤낮 그리운 마음으로 발돋움하여 동쪽을 바라보지 않은 적이 없습니다. 인편을 통해 17일에 보내신 편지를 받고서, 여정의 피로에도 도체(道體)가 평안하시고 형제들이[54] 단란하게 모여 형제간의 오랜 그리움을 푸셨음을 알았으니 간절한 저의 정성에 곱절로 기쁘고 그립습니다. 우의정 현석(玄石 박세채(朴世采))의 두 상소[55]를 베껴서 보냅니다. 오늘 재상들이 회의하여 '정의광덕(正義光德)' 네 글자의 시호를 태조묘(太祖廟)에 추상(追上)하고 이어서 도감을 설치하기를 청했다고 합니다. 이만 줄입니다.

성상의 은혜로운 하유가 누차 내려왔으니 오랫동안 머물러 있기는 어려울 듯합니다. 모르겠습니다만 언제쯤 돌아오십니까? 혹자의 말에 이번 행차가 풍악산(楓嶽山)으로 발길을 돌렸다고 하는데, 정말 그러합니까? 지극히 울적하고 그리운 마음을 금할 수 없습니다.

54 형제들이 : 원문은 '鴿原'인데, 《시경(詩經)·상체(常棣)》에 근거하여 '鴿'을 '鴒'으로 바로잡아 번역하였다. 원문의 영원(鴒原)은 척령재원(鶺鴒在原)의 준말로, 형제를 뜻한다. 《시경》 〈소아(小雅) 상체(常棣)〉에 "할미새가 언덕에 있으니, 형제가 급난을 구원하도다〔鶺鴒在原, 兄弟急難.〕"라고 한 데서 나온 말이다.

55 현석의 두 상소 : 기존의 태조(太祖)의 존호에 '정의광덕(正義光德)'이라는 네 글자를 추상(追上)하자고 송시열이 주장하였는데, 이를 반대하는 상소를 박세채가 올렸다.

우암에게 올리다

上尤庵

어제 인편으로 문안하는 편지를 보냈는데 이미 보셨습니까? 근래 도체(道體)의 기거가 어떠하신지 삼가 여쭙니다. 우러러 사모하는 마음 더욱 간절합니다. 저는 어지럼증이 날로 심해지는데 직사(職事)에서 아직 풀어나지 못하고 있으니 공사 간에 낭패스러움을 이루 다 말할 수 없습니다. 관동(關東)의 사인(士人) 최해웅(崔海雄)은 평소 알던 사이입니다. 듣기로 그의 선조가 율곡(栗谷 이이(李珥))과 우계(牛溪 성혼(成渾))의 문하에서 수학하여 세상에 명성이 있었는데, 지금 그 선조의 묘비(墓碑)를 조성하고자 선생의 한마디 말을 받기 위해서 직접 문하에 찾아간다고 합니다. 사문(斯文)의 돈독한 정의(情誼)가 본디 적지 않지만 그래도 감히 대번에 부탁드릴 수가 없어 저에게 주선하는 편지를 요구하기에 삼가 이렇게 알립니다. 선생께서 결정하시길 바랍니다. 이만 줄입니다.

우암에게 올리다 을축년(1685, 숙종11)

上尤庵 乙丑

송 우(宋郵)가 떠날 때 문안 편지를 부쳤는데, 듣기에 그가 길을 가다가 병이 나서 중도에 지체되었다고 하니 필시 늦게 편지를 보셨으리라 생각합니다. 근래 무더위에 도체(道體)의 조섭이 어떠하신지 모르겠습니다. 우러러 바라고 사모하는 심정을 가눌 수 없습니다. 동춘 선생(同春先生)의 문집을 일찍이 저의 아이를 시켜 선생께 전하여 감정(勘定)을 부탁드렸더니, "성상께서 일찍이 보셨기 때문에 의론하기 어려운 점이 있다."라고 말씀하시기에 감히 다시 아뢰지 않았습니다. 지금 듣건대 좌의정이 성상 앞에서 건의하여 이미 개정(改正)하라는 명이 있다고 하니, 지금 연석의 대화를 기록한 문서 한 통과 문집 몇 권을 아울러 삼가 덕산 현감(德山縣監)으로 하여금 따로 사람을 보내어 올려 보내게 하였습니다. 삼가 바라건대 자세하게 살피고 교감(校勘)하여 돌려보내시는 것이 어떻겠습니까. 이외에도 몇 권의 책이 남았으니 응당 계속해서 인편으로 부쳐서 선생의 가르침을 기다리겠습니다. 이만 줄입니다.

사신(使臣)의 선래(先來)[56]가 어제 돌아왔습니다. 대체로 들으니, 우의정이 벌금의 일로 정문(呈文)을 올려 쟁변하였더니[57] 예부(禮部)

56 선래(先來) : 외국에 갔던 사신(使臣)이 돌아올 때에 앞서 돌아오는 역관(譯官)을 가리킨다.

57 우의정이……쟁변하였더니 : 1685년(숙종11)에 함경도(咸鏡道) 지역 백성들이

의 의론이 들어가자 내각(內閣) 관원들이 교대로 상소를 올려 논죄하기까지 하였으며, 사행 때 가져간 방물(方物)을 모두 물리치고 받지 않으며, 늠궤(廩饋)도 주지 않고 상마연(上馬宴)도 베풀지 않는 등 40여 일 머무는 동안 곤욕이 극심하였다고 합니다. 애초에 사로잡아 본국으로 보내려고 했다가 곧장 사로잡아 보내는 것을 중지하고 다만 본국으로 하여금 사신의 죄를 감정(勘定)하게 하였는데, 그 자문(咨文) 속에 말이 몹시 패악하고 모욕이 심했다고 합니다. 듣고 나니 분통이 터져 마음이 찢어지려고 합니다.

중국의 국경을 넘어가 청(淸)나라 사람을 창으로 찌른 일이 발생하자, 청나라에서 칙사를 파견하여 직접 관련자들을 조사하였고, 우리나라에서는 청나라에 진주사(陳奏使)를 보내어 사건 처리를 보고하고 사죄하였다. 이때에 우의정 정재숭(鄭載嵩)이 진주사의 상사(上使)가 되고 최석정(崔錫鼎)이 부사(副使)가 되어 청나라에 갔는데, 청나라에서 이번 사건의 잘못을 물어 벌금을 요구해 오자 정재숭이 정문(呈文)을 작성하여 쟁변하였다. 《肅宗實錄 11年 10月 9日》

우암에게 올리다
上尤庵

새해가 돌아왔습니다. 삼가 신명(神明)이 도체(道體)를 도와 큰 복을 받으시리라 생각하니, 우러러 바라는 마음 더욱 간절합니다. 세전(歲前)에 보내신 답장을 삼가 받아보았으니 지금도 감격스럽고 다행입니다. 저는 병든 몸에 나이만 더해져 옛날의 기량을 근근이 보존하고 있습니다. 선생과 멀리 떨어져 오랫동안 가르침을 직접 듣지 못한지라 나태한 습성을 스스로 떨쳐버릴 길이 없으니 몹시 부끄럽고 두렵습니다. 중국 양식의 복두(幞頭)[58]가 집안에 옛날 것이 있으니 어찌 감히 장인을 불러 본 따서 만들어 선생의 말씀에 부응하지 않겠습니까. 강 리(姜吏)가 선생의 문하에 나간다고 하기에 그편에 안부를 여쭙니다. 이만 줄입니다.

58 복두(幞頭) : 관모(冠帽)의 하나로, 각이 지고 위가 평평한 관이다. 사모(紗帽)와 같이 두 단으로 되어 있으며, 뒤쪽의 좌우에 각(脚)이 달려 있다. 절상건(折上巾), 파두(帕頭), 연과(軟裹) 등으로도 불린다.

우암에게 올리다
上尤庵

출계(出繼)한 아들의 차남이 도로 소생조(所生祖)를 잇는 것이 이미 《통전(通典)》에 실려 있고, 오늘날 사대부 집안에서도 그런 경우가 많습니다. 다만 그 아버지가 출계했다면 그 아들이 기복(期服)으로 소생조의 복을 입을 수 없으니, 그렇다면 응당 종조(從祖)를 위해 입는 소공복(小功服)을 입어야 할 것입니다. 일찍이 이 일을 선생께 여쭈었더니, 본복(本服)에서 한 등급 내려서 입어야 한다고 말씀하셨습니다만 저의 마음에 의심나는 점이 없지 않았습니다. 본복에서 한 등급 내리면 대공복(大功服)이 되어야 하니, 본복에서 한 등급 내려서 입는 사람은 출계한 사람을 가리켜 말한 것입니다. 출계한 아들이 이미 본복에서 한 등급 내려서 입는다면 그의 아들은 소생조에 대해서는 곧 종손(從孫)이 됩니다. 종조를 위해 입는 상복(喪服)은 곧 소공복인데, 지금 또 도로 본복에서 한 등급 내려서 대공복을 입는다면 이는 끝내 종조를 위한 복상(服喪)이 아니니, 예법에 어떠한지 모르겠습니다. 출계한 사람과 출계한 사람의 아들·손자가 본생(本生) 부모를 위해 복상(服喪)하는 것이 각각 다른 점이 있는 듯한데, 일찍이 선유(先儒)의 정론(定論)이 없으니 또한 어째서입니까?

오늘날 출계한 사람의 아들로서 도로 소생조를 잇는 자는 상례(喪禮)를 주관했기 때문에 상기를 마친 후에 이어서 심상(心喪)을 펴서 삼년을 마치니 또한 예의(禮意)에 합당한 것입니까?

출계한 사람의 차남으로서 소생조를 잇는 자가 이미 본복(本服)에서 단지 한 등급 내려서 출계한 사람이 입는 상복과 똑같이 한다면, 그 나머지 손자들은 또한 소공복을 입지 않고 똑같이 대공복을 입는 것입니까?

신주(神主)에 망자를 기록할 때 분면(粉面)[59]에는 '현종조고(顯從祖考)'라고 쓰고, 방제(旁題)[60]에는 '종손(從孫) 아무개'라고 쓰는 것이 마땅한지요?

59 분면(粉面) : 분(粉)가루에 아교를 섞어 신주의 앞면에 발라 희게 만든 것이다.

60 방제(旁題) : 방제(傍題)라고도 하는데, 신주 하단의 왼쪽에 제사를 받드는 사람의 이름을 쓰는 것을 말한다.

홍 영상[61] 명하 에게 주다 ○정미년(1667, 현종8)

與洪領相 命夏○丁未

일전에 대감의 편지를 받아보았습니다. 어떤 일로 속히 상소를 올리고자 하시니 정성의 감응에 무슨 일이든 이루어지지 않겠습니까. 간절히 바라건대 빨리 일을 도모하시어 때를 놓치지 않는다면 매우 다행이겠습니다. 상소에 여러 대신(大臣)의 뜻을 두루 물어보라는 내용을 아울러 언급한다면 마땅할 듯합니다. 게다가 어리석은 제가 대감이 이 일을 위해 한 번 나아가길 힘써 원하는 것은 한때 구차하게 넘어가려는 계책이 아닙니다. 진퇴의 절의는 오직 때를 따르고 의리에 합당한 것을 귀하게 여기니 일률적으로 논할 수 없습니다. 이번에 조정의 처분이 결코 작은 일이 아닙니다. 만약 대감이 작은 혐의는 잊고 대의를 돌아보아 나아가서 담당하여 잘 처리한다면 거조가 마땅함을 얻고 진퇴는 의리에 합당하여 장차 우리 임금으로 하여금 천하후세에 영원히 할 말이 있게 할 것이니, 다만 대감 한 사람의 일뿐만이 아닙니다. 만약 이때를 놓치고 이 일을 그르친다면 앞으로 청(淸)나라 사신이 왔을 적에 성상의 명에 쫓기고 사세에 이끌려 억지로 나가는 것을 면하지 못할 것입니다. 그렇게 되면 자신의 마음에 미진한 바가 있을 뿐만 아니라 필시 몰래 비방하는 이들이 생길 것입니다. 오늘날 나아갈 만한 의리를 다시 생각해보신다면 그 득실이 과

61 홍 영상 : 홍명하(洪命夏, 1607~1667)로, 본관은 남양(南陽), 자는 대이(大而), 호는 기천(沂川)이다.

연 어떠하겠습니까. 만대(萬代)에 우러름을 받는 것이 오직 이번의 거조에 달려있으니, 대감께서 반복하여 헤아려 의리로 결단하시기를 거듭 바랍니다. 진심어린 마음에서 말씀을 올리느라 외람됨을 마다하지 않았으니 몹시 황공합니다.

유 시남[62] 계 에게 답하다

答兪市南 棨

도당(都堂)의 신록(新錄)[63]이 내내 지체되어 앞으로의 일을 또 알 수가 없는데, 여러 관료들의 뜻은 모두 15일에는 정해서 시행해야 실로 편하고 순리에 맞다고 합니다. 동벽(東壁)[64]이 비록 상소를 올려 면직을 청했으나 성상의 비답이 아직 내려오지 않았으니 계청하여 패초한다면 응당 출사하여 참석할 듯합니다. 이 교리(李校理)가 조정에 들어올 날은 아득하여 기다리기 어렵습니다. 이전부터도 비록 외방에 나가 있는 동료가 있더라도 기다릴 수 없어서 성상께 여쭈어 권점하였으니 이미 이러한 규례가 있습니다. 영감께서 옳다고 하신다면 내일 이 두 가지 일을 먼저 성상께 아뢰고 모레 한번 모이겠으니, 사체(事體)에 문제될 게 없을 듯합니다. 어떻게 생각하시는지요? 삼가 바라건대 생각하시고 답변을 주시기 바랍니다.

62 유 시남(兪市南) : 유계(兪棨, 1607~1664)로, 본관은 기계(杞溪), 자는 무중(武仲)이고 호가 시남이다.

63 도당(都堂)의 신록(新錄) : 의정부에 모여 홍문관의 교리나 수찬을 새로 뽑는 것을 말한다.

64 동벽(東壁) : 벼슬아치가 모여 앉을 때 벼슬의 차례에 따라 좌석의 동쪽에 앉던 벼슬로, 곧 의정부 좌・우찬성, 승정원의 우승지・좌부승지, 홍문관의 직제학・전한・응교・부응교 벼슬이 이에 해당한다. 여기서는 의정부의 좌・우찬성을 가리킨다.

유 시남 계 에게 답하다
答兪市南 棨

오랫동안 병이 낫지 않아 문안을 여쭙지 못한지라 몹시 송구하였는데, 매우 정성스럽게 아껴주시는 안부 편지를 삼가 받으니 지극히 감사하는 마음을 어떻게 표현할지 모르겠습니다. 편지에서 말씀하신 내용은 잘 알겠습니다. 이 전적(李典籍)이 오랫동안 낮은 자리에 있는 것은 공의(公議)가 모두 안타깝게 여깁니다. 비록 이전에 정해진 논의가 있기는 하지만, 실로 이 신통(新通)[65]의 일은 단지 낭관의 부재로 의망하여 올리기 어려운 정도만이 아닙니다. 일찍이 들으니 이조 판서가 불참한 정사(政事)에서 동료들의 의견이 완전히 정해졌더라도 신통으로 의망할 수 없었다고 합니다. 이것이 전부터 내려오는 체례(體例)이니, 경솔하게 시행할 수는 없을 듯합니다. 또 일찍이 보건대, 심 상(沈相)이 이조 판서로 있을 적에 한 사람의 명사(名士)에 대해 신통이 완전히 결정된 이후에 판서가 불참한 정사에서 새로 의망하여 낙점 받는 일이 일어나자, 심 상은 질책하였고 여론 또한 처음 있는 일로 여겼습니다. 당시 이조의 관원이 이 일로 조정에서 편안하지 못하였고 신통의 당사자 또한 출사하지 못했으니, 고례(古例)가 그러한 듯합니다. 어떻게 생각하시는지요? 제가 이미 인책하고 물러난 처지라 직무에 관여해서는 안 되지만, 일상의 규례를 벗어나

65 신통(新通) : 새로 어떤 벼슬에 임명될 자격이 있는가를 심사하여 후보로 삼는 것을 뜻한다.

하문하시기에 감히 묵묵히 있을 수 없어 말씀을 올립니다. 그러나 이 또한 분수를 넘는 일이니 두려운 마음을 금할 수 없습니다.

진산 군수 송시묵[66]에게 주다

與宋珍山時默

따로 사람을 시켜 보내신 답장에 정성과 예우가 비상하여 감사하고 송구한 마음을 형용할 수가 없습니다. 이어서 체기(體氣)가 조금 안 좋았다가 곧 평안해졌음을 알았으니 더욱 위안이 됩니다. 저는 앓고 있는 병이 아직 그대로인데 행역(行役)을 앞두고 있어 도로에서 쓰러질까 미리 걱정입니다.

보내신 편지에 원서(遠西)[67]로 직접 나오시겠다는 뜻이 있으시니, 너무도 놀랍고 두려워 마음을 가눌 수 없습니다. 저는 충주(忠州)에서 성상의 전지(傳旨)를 받았기에 곧장 이곳에서 부름에 달려가야 합니다. 선조의 분묘에 성묘하는 것은 법을 벗어난 사적인 발걸음이니 어찌 이를 관가에서 알아야 하는 일이겠습니까. 맞이하고 접대하는 것은 모두 시행할 일이 아니니, 삼가 바라건대 속히 이 거조를 중지하여 공적으로나 사적으로나 번거롭게 하지 않도록 하는 것이 어떻겠습니까? 따로 사람을 보내 안부를 여쭌 것은 애초에 멀리 떠나 서글프고 답답한 마음에서 나온 것이었는데, 되레 먼 고을까지 왕림하시어 관가에 폐를 끼치게 된다면 어찌 더욱 사적인 마음과 분의에 마땅한 일이겠습니까. 다시 헤아려주시기 바랍니다. 이만 줄입니다.

66 송시묵(宋時默) : 1605～1672. 본관은 은진(恩津), 자는 용보(容甫)이다. 부친은 송갑조(宋甲祚)이고 형은 송시열(宋時烈)이다. 1667년(현종8)에 진산 군수(珍山郡守)가 되었다.

67 원서(遠西) : 충북 제천의 원서면을 말하는 듯하다.

진산 군수 송시묵에게 주다

與宋珍山時默

우재(尤齋 송시열)가 이미 행재소(行在所)에 나아갔으니 중외에서 기대하던 사람들이 과연 실망하지 않았습니다. 우리 임금께서 병이 낫는 기쁨과 여러 현인이 무리지어 나아가는 경사가 마침 이때 모였으니, 이는 종묘사직의 복입니다. 어가가 돌아오는 날은 12일에서 아직 변동이 없습니다.

동춘 선생에게 올리다
上同春先生

어제 아침에 이달 초하루에 손수 적어 보내신 편지를 전해 받고서 다소의 말씀을 들으니 지극히 기쁘고 위안되는 마음이 다만 직접 곁에서 모시는 심정일 뿐만이 아니었습니다. 편지를 보내신 이후로 날짜가 많이 지났으니 도체(道體)의 안부가 또 어떠한지 모르겠습니다. 우러러 사모하는 마음이 어찌 끝이 있겠습니까.

저는 22일에 막 부임하였습니다. 몸에 아무 질병은 없지만 오직 부모님과 떨어져 지내 소식이 아득하니 저의 마음을 어떻게 다 말할 수 있겠습니까. 고을에 오랫동안 수령 자리가 비어있었던 터라 일이 허술한 것이 많은데 비록 다스린 것은 없지만 어디서부터 착수해야 할지 모르겠습니다. 백성은 완악하고 습속은 비루하여 인륜의 도리를 알지 못하니, 졸렬한 제가 어찌 잘 다스릴 수 있겠습니까. 청(淸)나라 사신을 위한 잡역(雜役), 금삼(禁蔘 인삼에 대한 금령), 개시(開市) 등의 일이 날마다 민간을 침탈하니 이 때문에 마음이 불안하여 또한 여가에 정신을 수양할 방도가 없습니다. 푸른 바다가 성 밖을 가까이 둘러싸고 늠연한 장백산(長白山)의 눈 빛깔이 멀리 보이는데 산중의 장기(瘴氣)와 자욱한 안개가 아침저녁으로 침침하게 깔려있어 여름의 절반이 지나도 겨울옷을 벗지 못하니 기후가 편중됨이 심합니다. 술에 대해 경계하신 말씀을 감히 따르지 않겠습니까. 다만 습기를 이기고 추위를 막기 위해 부득이 한두 잔 입에 대었다가 우연히 취하여 자책하고 있습니다. 《상례비요(喪禮備要)》 책이 이곳에 10여 개가 있는데 옛날에 간행한 것인 듯합니다. 할 말은 많은데 급한 인편에 부치느라 이만 줄입니다.

정유년(1657, 효종8)[68] 4월 그믐날

68 정유년 : 1657년(효종8)에 저자는 함경도 경성 판관(鏡城判官)이 되었다.

동춘당에게 답하다 정유년(1657, 효종8)

答同春堂 丁酉

인편을 통해 저번 달 16일과 18일에 손수 쓰신 편지를 받고서 그간의 안부가 평안하심을 알았으니 지극히 기쁘고 위안되는 마음을 가눌 수 없습니다. 편지를 보내고 여러 날이 지났는데 체기(體氣)가 또 어떠하신지요? 우러러 사모하는 마음을 더욱 잊을 수 없습니다.

저는 부임한 이후로 몸이 건강하고 아무런 질병도 없으니, 음식과 거처에 조금도 견디기 힘든 점이 없고 또 분주하게 수고할 일도 없어 고요하고 후미진 것이 저의 본성에 알맞기 때문입니다. 다만 백성의 풍속이 몹시 비루한 데다 굶주림과 추위까지 겹쳐 인륜의 도리를 알지 못하여 조수(鳥獸)와 똑같습니다. 이들을 가르쳐서 인도해야 하고 형벌을 가해서는 안 되는데 이러한 책무를 요구한다면 제가 감당할 바가 아니니니 두려운 마음을 어찌하겠습니까. 훈계하신 말씀은 감히 받들지 않겠습니까. 전후로 이곳에 있었던 자들이 모두 술과 여색에 빠졌으니 저 또한 어찌 이러한 우려가 없겠습니까. 다만 저의 졸렬한 성품이 여색에 몹시 덤덤하고 이곳에 도착해서 관가의 일을 점검하느라 여러 해 홀로 거처하고 있으니 또한 어려움이 없을 듯합니다. 술은 몹시 좋아하여 여전히 끊지 못하고 있지만, 항상 절제하고 신중하기 때문에 얼마 전 한두 번 술잔을 기울였어도 어지러이 취하지는 않았습니다. 일전에 가뭄으로 인해 전교가 내려 이미 관가의 술자리를 철폐하였습니다. 이곳은 연일 내리는 비에 이미 파종하였는데 추위가 풀리지 않아[69] 곡식에 해가 될까 염려가 됩니다.

이만 줄입니다.

69 풀리지 않아 : 원문은 '來解'인데, 문맥을 고려하여 '來'를 '未'로 바로잡아 번역하였다.

동춘당에게 답하다

答同春堂

4월 14일에 손수 쓰신 편지를 어제 전해 받았습니다. 삼가 말씀을 받드니 못난 저에게 면려하시는 뜻이 몹시 지극한지라 덕스런 뜻에 감격하여 가슴에 새겨 스스로 힘쓰기를 생각할 뿐입니다. 다만 여기에 부임한 이후로 관가의 일이 복잡다단하여 다스리기 급급한지라 실로 여가를 내어 서적을 볼 수가 없으니 피로하고 고단함을 이루 말할 수 없습니다. 그러나 천 리 밖 나그네로 지내면서 마음속으로 답답해 할 수는 없습니다. 정옹(靜翁)[70]이 세상을 떠난 뒤에 종성(鐘城)의 백성이 노소(老少)할 것 없이 거사비(去思碑)로 달려와 곡을 하여 지금까지도 눈물을 흘리며 은덕을 전하고 있으니 선인(善人)의 교화가 공경할 만하고 감격할 만합니다. 이만 줄입니다.

70 정옹(靜翁) : 조석윤(趙錫胤, 1606~1655)으로, 본관은 배천(白川), 자는 윤지(胤之), 호는 낙정재(樂靜齋)이다. 저자의 고모부로, 1653년(효종4)에 종성 부사(鍾城府使)에 임명되었다.

동춘당에게 올리다
上同春堂

지난번에 가뭄과 황충(蝗蟲)이 걱정이었는데, 겨우 단비가 내려 가까스로 메마른 곡식이 소생되었습니다. 그러나 때가 이미 늦은지라 가뭄의 해를 입은 곡식에 대해서는 구제할 길이 없습니다. 남방(南方)의 농사 형편은 어떠한지요? 농사가 또 흉년이면 나라의 걱정이 더욱 깊어질 것인데, 혹시라도 하늘이 천 리 땅을 적토(赤土)로 만들지는 않을 것입니다. 관리의 일이 한가롭지 않아 독서하기가 쉽지 않습니다. 매번 사산(沙山)의 재사(齋舍)에서 수학하고 비래암(飛來庵)[71]에서 고요히 머물렀던 일을 생각하건대 이 일은 우연이 아니었습니다. 지금은 그렇게 할 수 없으니 또한 어찌하겠습니까.

71 비래암(飛來庵) : 회덕(懷德)에 있는 비래암(飛來庵)을 가리킨다.

동춘당에게 올리다 무술년(1658, 효종9)

上同春堂 戊戌

《의례문해(疑禮問解)》[72]를 인행(印行)하는 일에 대해 말씀하신 것은 잘 알겠습니다. 《가례집람(家禮輯覽)》은 제가 재임 시절 미처 일을 끝내지 못했는데 마침 향교의 유생이 보여준 것을 보니 3월에 이미 완료했습니다. 조만간 반드시 인행하여 몇 본(本)을 보내드리겠습니다. 우러러 생각건대 새로 특별히 발탁되시어 은례(恩禮)가 더욱 융숭한데다 사직상소에 대한 성상의 비답에 그 뜻이 몹시 간절하니, 끝내 성상의 돌보심을 저버리지 못하실 듯합니다. 그런데 날씨가 한창 무더워 길에 오르기가 어려우니 공사 간에 걱정과 염려가 지극합니다. 윤(尹)은 이미 배척을 당해 물러났으니 비록 서울에 있은들 어찌 술수를 부려 그 계책을 이룰 수 있겠습니까.

72 의례문해(疑禮問解) : 김장생(金長生)이 예론(禮論)을 모은 책으로, 총 4권 4책이다.

동춘당에게 올리다
上同春堂

소보(小報)[73] 한 통을 올려 보냅니다. 순(舜)임금과 같은 성스런 덕을 오늘날 다시 보게 되었으니, 보고 듣는 이들이 누군들 감격하여 기뻐하지 않겠습니까. 성상의 교지를 받은 이후로 다시 어떤 계획을 생각하시는지 감히 여쭙니다. 저의 간절한 우려를 견딜 수 없습니다.

73 소보(小報) : 명령과 거행 사건이 있을 때마다 그날 뽑아서 반포하는 것으로, 분발(分撥)이라고도 한다.

동춘당에게 올리다
上同春堂

이전에 말씀 드린 일들은 반드시 해당 낭청에 맡기십시오. 집리(執吏)가 변통하는 일을 제멋대로 하지 않도록 해야 합니다. 금군(禁軍)이 입번(入番)하는 날 병조에서 점검하여 내시(內侍)가 차비문(差備門)의 일을 검열하지 않도록 해야 합니다. 대서(大書)는 반드시 궤 속에 담아 두었다가 안팎의 회의 때 각 관청의 규례처럼 가는 곳마다 지니고 가야 하고, 서리(胥吏)가 장방(長房)에 맡겨두어 도둑을 맞거나 잃어버리지 않도록 해야 합니다. 각 처(處)의 사환군(使喚軍)은 각 사(司)의 노비공(奴婢貢)으로 고용하고, 상번 군사(上番軍士)는 다만 호위하는 일만 시킵니다. 이러한 몇 가지 일을 유념하시어 헤아리고 널리 논의하신다면 천만다행이겠습니다.

주(周)와 홍(興) 두 사람은 혐의가 있는 자리에 둘 필요가 없으니 한결같이 공의(公議)에 따라 관직을 제수한다면 문제가 없을 듯합니다. 더군다나 주(周)는 두 선생께서 전형(銓衡)을 맡고 있을 적에 맨 처음의 단초를 열어놓지 않는다면 필시 나중에 구실이 될 것이니 깊이 생각하지 않을 수 없습니다. 우암(尤庵)은 끝내 잠시도 머물지 않았으니 개탄스러움을 어찌하겠습니까. 떠나고 머무는 이치가 다를 수 없으니 과연 말씀하신 것과 같습니다. 다만 지금 돌아가길 청하는 것은 너무 급박하니 혹시 내일 정도 조금 기다릴 수 있는지요? 이전에 올린 차자에 대해 성상의 비답이 내리지 않은 것은, 생각건대 성상의 뜻은 입고출순(入告出順)[74]의 은미한 뜻을 굽어 살펴 번거롭게 대답을 하지 않고자 하시는 것이겠지요. 이미 보류를 청했으니 비답이 없는 것을 가지고 문제로 삼아서는 안 될 듯합니다. 모르겠습니다만 어떻게 생각하시는지요? 시사가 이 지경에 이르렀으니 걱정하고 개탄하는 마음이 어찌 끝이 있겠습니까.

지금 어디쯤 당도하셨습니까? 날씨가 고르지 않은데 힘겨운 가운데 체기(體氣)가 상하지는 않으셨습니까? 애타게 걱정하고 사모하는 마음이 어찌 끝이 있겠습니까. 얼마 전 권(權)의 상소[75]가 또 나와서 윤선도(尹善道)의 말을 빌려와 자신의 허물로 귀결시켰습니다. 이것으로 말을 꺼내어 처음에는 자신의 허물로 인책하는 듯하였지만, 기실 두 선생을 공격하였습니다. 그 의도가 몹시 음험하여 윤선도를 변명하고 윤선도를 칭찬하기를 그치지 않고 반복하여 기필코 성상의 마음을 움직이고야 말겠다는 심사였습니다. 그의 상소 가운데 '그 잘못을 말할 적에 속으로만 비방하고 감히 말하지 못하였다.'·'권세가 아래로 옮겨갔다는 참소를 실증하였다.'라는 말은 은연중에 날조한 것이 윤선도가 말한 뜻과 똑같습니다. 또 '과감하게 할 말을 하는 선비이다.'·'과감하게 말하는 장점을 취한다.[76]'·'무고하게 선비를 죽이는 것이다.'라는

74 입고출순(入告出順) : 신하가 조정에 들어가서 임금에게 계책을 아뢰고, 밖에 나가서는 이를 따라 실행하는 것을 가리킨다. 《서경》 〈군진(君陳)〉에 "너는 아름다운 꾀와 아름다운 계책이 있거든 들어와 안에서 네 임금에게 고하고, 너는 마침내 밖에서 이를 따라 실행하라.〔爾有嘉謀嘉猷, 則入告爾后于內, 爾乃順之于外.〕"라고 한 데서 나온 말이다.

75 권(權)의 상소 : 1660년(현종1) 우윤(右尹) 권시(權諰)가 윤선도(尹善道)의 죄를 용서하기를 청하면서 올린 상소를 가리킨다.

76 취하다 : 원문은 '揚'인데, 《현종실록(顯宗實錄)》 1월 4일 권시의 상소에 근거하

말은 윤선도와 거취를 함께 하고자 한 것이니 윤선도를 위해 변론한 것이 지극합니다.

이 사람의 말과 행동이 어긋나는 것은 본디 알고 있었으나, 망령되고 간괴함이 이렇게 심한 지경에 이를 줄 어찌 생각이나 했겠습니까. 얼굴과 머리를 뒤바꾸고 간악한 마음을 제멋대로 부려 조금도 꺼리는 바가 없는 것이 윤선도와 무슨 차이가 있겠습니까. 그러나 윤선도의 흉악한 상소는 본디 괴이할 것도 없지만 이 상소는 미처 생각지도 못한 것이니, 비로소 세상의 변고는 벌어지지 않는 일이 없다는 것을 알게 되었습니다. 공의(公議)가 있으니 필시 조치하는 일이 있을 듯하지만, 조정의 의론이 분열됨이 이미 여기서 결단이 났습니다. 이제부터 끝없이 좋지 못한 꼴이 있을 것이고 또한 끝없이 좋지 못한 일이 생길 것이니 통탄하고 걱정스러운 마음에 차라리 잠들어 깨어나지 말았으면 합니다.[77] 듣건대 유 내한(兪內翰)이 유지(諭旨)를 받들어 내려갔다고 하니, 여기의 일들에 대해서 모두 들으셨으리라 생각합니다. 또한 몹시 바쁜 터라 일일이 다 말씀드리지 못합니다.

> 강(姜), 안(安), 목(睦) 세 사람이 패초에 나가지 않은 것은 또한 의혹을 옮기는 단서를 보태기에 충분하니, 이와 같은 작태가 장차 어떠한 지경에 이르겠습니까.

여 '取'로 바로잡아 번역하였다.

77 잠이……합니다 : 근심과 걱정이 많아 차라리 모든 것을 잊고 죽고 싶다는 뜻이다. 《시경》 〈토원(兎爰)〉에 "내가 태어난 초기에는 아직 아무 일도 없었는데, 내가 태어난 뒤로 이렇게 온갖 재앙을 당하니 잠이 들어 깨어나지 말았으면 싶다.〔我生之初, 尙無爲, 我生之後, 逢此百罹, 尙寐無吪.〕"라고 한 데서 나온 말이다.

동춘당에게 올리다
上同春堂

신민(臣民)이 지난날을 참고 지냈으니 이 통렬한 슬픔[78]이 어찌 끝이 있겠습니까. 삼가 생각건대 고을 관아 뜰에서 연제(練祭)를 행하시겠지만 신하들이 배곡(陪哭)하는 반열에는 참여하지 못하시니 선왕을 잃은 애통한 심정을 어찌 견디시겠습니까. 인사(人事)의 변고에 또 참담한 부분이 있으니 지극히 애통한 심정을 어찌 다시 말할 수 있겠습니까. 편히 지내시는 날이 조금 오래됨에 체기(體氣)와 기거가 또 어떠한지 모르겠습니다. 그립고 답답한 심정을 실로 견딜 수 없습니다. 요즘 소식은 다 갖추어 아뢰고 싶지 않습니다. 다만 밝으신 성상께서 위에서 사정(邪正)과 시비(是非)를 통찰하시어 간사한 소인배들이 끝내 계책을 이루지 못하게 되었습니다. 진정시킨 효험이 음성과 낯빛을 크게 내세우지 않는 가운데서 이미 드러났으니, 괴이한 의론이 날마다 일어나도 조정의 걱정거리가 되기엔 부족할 듯합니다. 다만 그 조짐이 이미 이와 같으니 앞으로의 우려를 어찌 다 말할 수 있겠습니까. 이만 줄입니다.

78 통렬한 슬픔 : 1659년에 효종(孝宗)이 승하한 것을 가리킨다.

동춘당에게 올리다 임인년(1662, 현종3)

上同春堂 壬寅

서신이 갑자기 끊어져 안부를 듣지 못한 지가 지금 20여 일이 됩니다. 간절히 그리워하는 저의 마음을 어찌 견디겠습니까. 가을비가 재해가 되어 날씨가 몹시 음습하고 서늘한데 이러한 때에 체기(體氣)는 어떠하신지요? 평안하시기를 멀리서 기도합니다. 저는 지난 그믐날에 가솔을 배에 태우고 여주(驪州)로 향하였는데, 양근(楊根)에 도착했을 적에 제가 고향에 내려간 것에 수어사(守禦使)가 성을 내어 논죄하기를 계청(啓請)하고 남한산성(南漢山城)에 충군하고자 한다는 것을 들었습니다. 배를 돌려 내려오다가 처자식은 광주(廣州)의 시골집에 남겨두고 저만 홀로 서울에 들어와 죄를 기다렸습니다. 병조에서 아직 회계(回啓)하지 않아 결말이 지체될 듯하니 낭패스럽고 걱정스러움을 이루 다 말할 수 없습니다. 떠나기를 구했으나 뜻을 이루지 못하고 도리어 이러한 환난을 만났으니, 세상의 화복은 알기 어렵습니다. 직접 문하에 나아가 인사드리려던 계획이 허사가 되었으니 더욱 탄식할 만합니다. 이만 줄입니다. 임인년 8월 9일

동춘당에게 올리다
上同春堂

오늘 병조 판서가 출사했으니 저의 일은 며칠 안에 처분이 있을 듯합니다. 수어사(守禦使)가 후회하고 무안해 하여 제게 두 차례 편지를 쓰고 누차 사람을 보내 안부를 물었습니다. 사람을 만나면 늘 말하기를 "우연히 홧김에 이 일을 저질렀으니 자못 탈고신(奪告身)의 논의를 주장하고 있다."고 하니, 우스울 따름입니다. 이 일의 결말은 감히 알 수는 없지만, 무거우면 충군이 될 것이고 가벼우면 탈고신이 될 것인데, 병조 판서의 뜻은 몹시 느슨하다고 합니다. 임인년(1662, 현종 3) 8월 21일

동춘당에게 올리다

上同春堂

저는 오랫동안 연일 숙직하느라 소소한 질병이 나을 기약이 없습니다. 광릉(廣陵)의 옛 집으로 돌아가고 싶지만 벼슬을 그만두기가 이미 쉽지 않고 감히 맘대로 결정할 수 없는 점도 있습니다. 충무사(忠武祠)의 편액을 예조의 낭청이 아직 들고 내려가지 않았습니다. 이는 그대로 내버려 두고 시행에 옮기지 않아서이니 조만간 독촉해야 합니다. 문익공(文翼公 정광필(鄭光弼))의 헌호(軒號)[79]는 영상 대감의 집에서도 기억하지 못한다고 합니다. 생각건대 이 어른은 평생 별호(別號)를 사용하지 않은 듯합니다. 계묘년(1663, 현종4) 7월 25일

79 문익공(文翼公)의 헌호(軒號) : 이와 관련해서 송준길이 저자에게 보낸 편지가 있다. 송준길이 숭현서원(崇賢書院)에 문익공(文翼公 정광필(鄭光弼)), 충암(沖庵 김정(金淨)), 규암(圭庵 송인수(宋麟壽)), 사계(沙溪 김장생(金長生)) 네 선생의 위판(位版)에 모두 시호(諡號)와 별호(別號)를 쓰기로 하였는데, 유독 문익공에 대해서만은 별호를 알 수 없었다. 그래서 저자에게 편지를 보내 말하기를 "이 노인에게 평소 스스로를 표방한 별호가 없었거나, 아니면 별호가 있는데도 내가 고루하고 견문이 적어서 미처 듣지 못한 것이나 아닌지 모르겠네. 만약 일운(一運 정만화(鄭萬和)) 영감을 만나거든 이런 내용으로 물어보게나." 하였다.《同春堂集 卷13 與閔持叔》

동춘당에게 올리다 계묘년(1663, 현종4) 11월 6일

上同春堂 癸卯至月六日

근래 갑작스런 추위에 도체(道體)의 기거가 어떠하신지 모르겠습니다. 우러러 사모하는 간절한 심정을 가눌 수 없습니다. 저는 예전처럼 그럭저럭 지내고 있습니다. 오랫동안 언관의 직책에 있으면서 아무런 보탬이 없었으니 스스로 논핵하기를 참으로 그만둘 수 없지만, 이로 인해 결국 성상에게 허물이 돌아갈까 두려워 부끄럽고 원통한 마음에 자나 깨나 편하지 않습니다. 이만 줄입니다. 계묘년 11월 6일

동춘당에게 올리다 갑진년(1664, 현종5)

上同春堂 甲辰

저는 한결같이 두렵고 위축되어 근근이 몸뚱이만 보존하고 그저 시사(時事)를 걱정하는 일념만 마음속에 있습니다. 지금 또 함경도 관찰사가 상소를 올렸으니, 그가 패악하고 괴이한 짓을 자행함이 이에 이르러 남김이 없을까 도리어 두렵습니다. 이로 인해 끝없는 재앙이 양성되는 것은 실로 시운과 관계되니 말한들 무슨 소용이 있겠습니까. 저는 애초에 뵙기를 청하여 직접 아뢰고자 했으나, 벗들이 대부분 직접 뵙고 아뢰는 것이 도리어 상소를 올리는 것만 못하다고 말하기에 뵙기를 청하지 않았습니다. 그러나 지금에 와서 생각해 보니 직접 뵙고 아뢰는 것이 나았을 듯합니다. 근래에 두 재상은 모두 병을 앓고 있고 양사(兩司)에는 현 직임에 있는 인원이 없으며 옥당(玉堂)에서는 늘 숙직이 비고 이조(吏曹)에서는 낭관이 모자라 조정의 모양새를 갖추지 못하고 있습니다. 이와 같은 현상은 이전에 보지 못한 바이니 걱정하고 개탄하는 마음만 지극하고 만회할 계책을 알지 못하겠습니다. 이를 어찌하면 좋겠습니까.

상소에 대한 비답이 지금까지 내려오지 않았습니다. 그저께 석이(錫爾 이경억(李慶億)) 승지가 성상께서 침을 맞으실 때 비답이 지체되는 일을 아뢰었는데, 성상께서 아무런 대답이 없으시기에 -성상의 마음에 편치 않은 점이 있는 듯하다고 하였습니다.- 감히 다시 진달하지 못하고 물러났다고 하니, 황공한 심정이 어떠하겠습니까. 함경도 관찰사의 답간

(答簡)에 대해 제가 함부로 헤아려 보건대, 그는 제가 논핵한 일에 대해 크게 원한을 품고 정계(停啓)를 기다리지 않고 지레 상소를 올려 이렇게 제가 성상의 견책을 받은 뒤에 공격한 것입니다. 이 글을 전하는 것 또한 욕을 먹는 바탕이 되는 것에 불과합니다. 또 들으니 준엄한 논의가 일어나 선생이 상소에서 한 말이 계도하기에는 충분하지만 의리는 부족하다고 말했다고 합니다. 이러한 때에 이러한 글을 결코 전해서는 안 되기 때문에 우선 여기에 두었습니다. 삼가 바라건대 깊이 생각하시어 다시 가르침을 주시는 것이 어떻겠습니까.

미령(美令 이경휘(李慶徽))이 서(徐 서필원(徐必遠))의 패악스런 짓[80]을 어찌 알지 못했겠습니까. 함께 논의해 보니 저의 의견과 크게 다른 점이 없었습니다. 다만 애석하게 여기는 생각이 여전히 가슴속에 있어 그 말이 매번 구차하고 머뭇거렸으며 주의(注擬)하는 사이에 잘못 처리한 일이 많아 이 때문에 비방의 말이 날로 일어났던 것입니다. 이점은 비록 스스로 해명하고 싶어도 할 수 없을 것입니다. 다만 그가 했던 말에 사실보다 과도한 점이 있으니 내심 세도(世道)에 개탄스럽습니다. 여랑(呂郎 여성제(呂聖齊))과 서로 쟁론한 것은 실로 그 단초가 있었으나, 여랑이 인입(引入)한 것은 전적으로 윤형성(尹衡聖)의 일 때문입니다. 제가 미령(美令)를 만날 적마다

80 서(徐)의 패악스런 짓 : 김만균(金萬均)이 호란(胡亂)에 조모가 죽었다 하여 청나라 사신을 접견하지 않으려고 사직소를 올리자, 서필원(徐必遠)은 이때 승지로 있으면서 "이는 부모의 원수와는 다르다."고 하여 김만균의 사직소를 물리쳤으며, 김만균을 신구(伸救)한 송시열까지 배척하였다. 《顯宗實錄 4年 11月 6日, 5年 2月 3日》

끊임없이 경계하였는데, 제 말을 옳다고 여기면서도 얽매여 떨쳐내지 못하고 마침내 흔쾌히 따르는 실상이 없으니 몹시 근심하고 개탄스럽습니다. 유능(幼能 이단상(李端相))이 함부로 《주자어류(朱子語類)》의 설을 인용하고, 또 '만약 조정에서 제한을 정한다면 조손(祖孫)에만 그쳐야지 형제까지 미쳐서는 안 된다.'는 설을 꺼내어 몹시 공의(公議)에 배척을 받았다고 합니다. 미령(美令)과 유능(幼能) 두 공의 일[81]은 몹시 낭패스러워 지극히 염려가 됩니다. 선생의 상소에서 말단에 하신 말씀은 우리를 미워하는 자가 구실로 삼아 공격하기에 매우 좋으니, 저의 깊은 근심은 또한 여기에 있습니다.

81 미령(美令)과……일 : 이경억(李慶億)과 이경휘(李慶徽) 형제는 서필원(徐必遠)을 두둔하였고, 이단상(李端相)은 서필원을 논박하였다.

동춘당에게 올리다

上同春堂

얼마 전에 서령(徐令)이 제게 말하기를

"오는 길에 은진 송씨(恩津宋氏)의 선영처럼 보이는 곳을 지나왔는데, 두서너 기(基)의 옛 무덤들이 모두 파손되어 있었습니다. 마을 사람에게 물어보니, 송씨 집안에서 지석(誌石)을 찾으려고 무덤 곁을 파헤쳤다고 대답하였습니다. 보기에 몹시 편안하지 못하니 응당 속히 이전처럼 흙을 쌓아서 빗물에 해를 입는 일이 없도록 선생께 고해야 합니다."

라고 하였습니다.

동춘당에게 올리다 을사년(1665, 현종6)

上同春堂 乙巳

집안의 종이 돌아와 삼가 손수 쓰신 편지를 받고서 그리운 심정이 몹시 위안되었습니다. 이제 새해를 맞이하여 체기(體氣)의 기거가 신명의 도움으로 더욱 편안하시리라 생각하니 구구하게 기원하는 심정에 더욱 그리움이 간절합니다. 삼가 듣자니 산속의 생활이 영락하여 자주 끼니를 거르신다고 하는데 환곡을 꾸는 것도 때가 아니니 무슨 계책이 있겠습니까. 관가의 음식이 계속 이어지지 않는 것을 또한 상상할 수 있으니, 근심을 가눌 수 없습니다. 저는 성상의 비답을 받은 이후에 즉시 나아가 봉직하고 있습니다. 비록 편하지 못한 점이 있지만 이(李)와 조(趙) 두 간관(諫官)이 내직에 서용되어 처지가 조금 여유로워졌습니다. 선기옥형(璿璣玉衡)을 올려 보냈는데 이것은 몹시 조악하여 좌우(座右)에 두기에는 부족합니다. 송이영(宋以穎) 공이 떠날 적에 저에게 말하기를, "부임한 후에 응당 정밀하게 하나를 만들어 그 제도를 모두 제대로 갖추어 문하에 보내겠다."라고 하였습니다. 청암(青巖)으로 가시는 길에 인편을 빌려 편지를 보내신다면 빨리 만들 수 있을 것입니다. 어떠한지요? 이만 줄입니다.

동춘당에게 올리다
上同春堂

지난번에 보낸 두 통의 편지를 모두 열람하셨는지요? 삼가 생각건대 행재소(行在所)에 나가시어 이미 인대(引對)의 은총을 받고 성상의 용안을 보셨을 것인데 이전에 비해 어떠하였습니까? 소식을 들을 길이 없어 답답하니 직명이 있은들 장차 무엇을 하고자 하겠습니까. 제 생각에는 누차 상소를 올려 간절하게 사직하여 체직된 뒤에야 진퇴에 여유가 있을 것입니다. 그렇지 않으면 크게 낭패를 볼 듯합니다. 어가가 돌아가는 날에 직산(稷山)에 가서 상소를 올리고 뒤에 남는 것은 어떠할지 모르겠습니다. 미리 알려주신다면 천만다행이겠습니다. 우재(尤齋)께도 나아가지 않을 수 없는 뜻을 누차 진달하여 어제 답장에서 비로소 마음을 바꾸었으니, 과연 부름에 나아가겠습니까? 할 말은 많지만 이만 줄입니다.

밤사이 여관에서의 기거가 어떠하셨는지 모르겠습니다. 성상의 체후가 이틀 동안 목욕을 멈추고 조섭하시어 더욱 강녕하시리라 생각하니 구구한 저의 바람이 지극합니다. 마침 이날 가뭄 뒤 끝에 비가 내렸으니, 이는 모두 선대 조정의 남은 은택과 성상이 묵묵히 감응한 효험입니다. 슬픔과 다행스러움이 교차되어 마음을 가눌 수 없습니다. 이만 줄입니다. 을사년(1665, 현종6) 5월 4일

동춘당에게 답하다
答同春堂

어제 아침에 손수 쓰신 답장을 지금 받아보고서, 여관에서의 기거가 평안하심을 알았으니 이 그리운 마음이 위안되었습니다. 삼가 생각건대 오늘 성상께서 목욕을 다시 시작하셨을 것 같은데, 성상의 체후는 어떠하십니까? 효험을 본 이후에 목욕하는 횟수가 과다하면 혹여 원기를 상할까 걱정됩니다. 구구한 저의 근심과 염려는 이르지 않는 곳이 없습니다.

인대(引對)하여 아뢴 말은 참으로 약석(藥石)이니 분발하여 진작하는 일 외에 다시 어떤 계책이 있겠습니까. 근래 조정에서 지방에 명을 내려 환곡을 체납한 사람들 가운데 당사자가 이미 죽었거나 혹은 도망가서 징수할 곳이 없는 경우를 추려서 책자로 만들어 올려 보내도록 하였습니다. 이것이 참으로 좋은 뜻입니다만, 끝내는 필시 실질적인 혜택이 되지 못할 것입니다. 환곡을 체납한 사람들 가운데 당사자가 죽었거나 도망간 경우는 거의 없고 조금 있을 뿐이며, 가난하게 살며 걸식하느라 봉납(捧納)하지 못하는 경우가 대부분입니다. 죽었거나 도망간 것으로 한정한다면 이 또한 너무 협소하지 않겠습니까. 저는 이에 대해서 변통하기를 아뢰고자 했으나 아직 실행하지 못했습니다. 이렇게 제한을 두지 말고 지방으로 하여금 봉납하기 가장 어려운 경우를 근거로 해서 책자를 만들게 한다면, 지방에서는 또한 응당 정밀하게 구별하여 명단을 추릴 것이니 이것이 마땅할 듯합니다. 어떻게 생각하시는지요? 이만 줄입니다.

삼가 어제 보내신 편지를 받고서 행궁(行宮)의 기쁜 소식을 알게 되었으니 지극히 경하하는 심정을 가눌 수 없습니다. 또한 듣건대 여러 어르신들이 차례대로 성상의 부름에 나아가 정신이 한데 모이고 기상이 갑자기 새로워졌으니 삼가 조정을 위해 몹시 축하하면서도 한편으로는 성상의 행행(行幸)이 빨리 이루어지지 못한 것이 안타까울 뿐입니다. 진퇴의 의리는 이미 결정하셨으리라 생각합니다. 다만 저의 망령된 생각에는 충청도 경계를 이미 지난 상황에서 뒤에 남는 것은 편안치 않으니 직산(稷山)에서 상소를 올리고 물러나는 것이 마땅하지 않겠습니까. 저의 이 말은 사적인 뜻에서 나왔으니 더욱 송구할 따름입니다. 이만 줄입니다.

저보(邸報)를 통해서 성상의 체후가 늘 편안하시어 강연(講筵)이 자주 열린다고 들었습니다. 종묘사직의 경사가 이보다 더 큰 것이 없으니, 지극히 기쁘고 축하하는 심정을 금할 수 없습니다. 을사년(1665, 현종 6) 6월 10일

동춘당에게 답하다

答同春堂

7일과 13일에 손수 쓰신 2통의 편지를 받고서, 진정(陳情)하여 물러나기를 청했으나 받아들여지지 않아 지체하고 계신 것을 알았습니다. 이에 기쁨과 염려가 몹시 교차하니, 결국 어떻게 될지 모르겠습니다. 연석에서 나눈 말씀에 대해 삼가 읽고서 성학(聖學)의 뛰어남을 알았으니 실로 억만 년토록 무궁한 복입니다. 이와 같은 임금이 있으니 무슨 일이든 이루지 못하겠습니까. 다만 조정에 성상을 보좌할 인재가 없는 것이 안타까울 뿐이니, 이를 어찌겠습니까. 주서(朱書)는 고쳐 써서 간행하려고 하니 애써 구하지 마십시오. 이만 줄입니다.

강을 건너서 상소를 올리는 것은 온당하지 않은 일인 듯합니다. 만약 부득이하다면 여러 날에 걸쳐 계속 상소를 올린 뒤에 떠나는 것이 점진함이 있는 듯합니다. 완윤(完尹)의 거취는 어떻게 결정했다고 합니까? 연석에서의 일은 응당 부임하기를 재촉하는 글에서 언급해야 하는데, 해조(該曹)로 하여금 처리하게 하는 것은 사체(事體)가 아닌 듯하니 어떻게 하면 좋겠습니까? 다시 가르쳐주신다면 천만다행이겠습니다. 을사년(1665, 현종6) 9월 25일

동춘당에게 답하다 병오년(1666, 현종7)

答同春堂 丙午

어제 저녁에 보낸 편지를 오늘 아침에 받고서 몹시 위안되었습니다. 다만 과로하여 몸을 상한 뒤에 여러 증세가 보태졌다고 하시니, 걱정스런 심정을 어찌 이루다 말할 수 있겠습니까. 어가가 돌아갈 때의 거취는 어떻게 하실 생각이십니까? 지난해처럼 서울에 들어오신다면 상하의 기대를 크게 위로하지 않겠습니까마는, 제 생각에는 뒤에 남는 것이 마땅할 듯합니다. 어떻게 생각하시는지요? 깊이 헤아리신다면 천만다행이겠습니다. 이미 들어온 뒤에는 물러나 돌아가는 것이 몹시 어려운 일이기 때문에 감히 이렇게 아룁니다. 이만 줄입니다.

동춘당에게 올리다 정미년(1667, 현종8)

上同春堂 丁未

정 창녕(鄭昌寧)[82]의 죽음은 시간이 지날수록 더욱 슬프고 안타까우니 어찌합니까. 김(金)과 이(李)의 일은 제가 비록 눈으로 보진 않았지만 모두 벗들 사이에서 일어난 일이라 실상의 전말을 상세히 알기에 함부로 말한 것입니다. 일찍이 편지로 번거롭게 말씀드리고 싶지 않았으니, 조만간 직접 뵙고 상세히 말씀드리겠습니다.

82 정 창녕(鄭昌寧) : 정도응(鄭道應, 1618~1667)으로, 본관은 진주(晉州), 자는 봉휘(鳳輝), 호는 무첨(無忝)이다. 1663년(현종4)에 창녕 현감(昌寧縣監)에 제수되었다.

동춘당에게 답하다
答同春堂

별지에서 말씀하신 것과 상소의 내용은 삼가 이미 살펴보았습니다. 연평(延平 이동(李侗))[83]을 아직 종사(從祀)의 반열에 넣지 않은 것은 실로 천고의 큰 결점입니다. 이에 대한 논의가 비록 늦기는 하였지만 어찌 없어서야 되겠습니까. 그러나 그가 학문을 수수(授受)한 연원을 말하자면 양시(楊時)와 나종언(羅從彦) 두 선생 또한 함께 열거하지 않을 수 없는데, 상소 가운데 단지 연평만을 거론한 것은 생각건대 혹시 두루 열거하다보면 일이 커질까 염려하여 그러신 것입니까? 가르쳐 주시길 바랍니다. 상소에 대한 비답이 지금까지 내려오지 않고 있는데, 조정의 처분이 장차 어떠할지 모르겠습니다.

83 연평(延平) : 송(宋)나라 학자 이동(李侗, 1093~1163)으로, 자는 원중(愿中)이고 호가 연평이다. 평생을 관직에 나아가지 않고 학문에 전념하였는데, 양시(楊時)·나종언(羅從彦)과 함께 '남검삼선생(南劍三先生)'으로 불렸으며, 정호(程顥)와 정이(程頤)의 학문이 주희(朱熹)에게 이어지는 교량적 역할을 하였다.

동춘당에게 답하다
答同春堂

관가의 인편을 통해 보내신 편지를 받고서 그리운 심정이 위안되었습니다. 저는 지극히 낭패를 보다가 어제 다행히 직임을 벗어나게 되었으니, 모레 사이에 경기의 집으로 나갔다가 형세를 살펴 골짜기로 들어가고자 합니다. 계획은 우선 이와 같은데 과연 그렇게 될지는 모르겠습니다. 벗 최세경(崔世慶)이 갑자기 대신(臺臣) 신경윤(愼景尹)의 탄핵을 받아[84] 장차 큰 옥사가 생기려고 하니, 이것은 틀림없이 윤씨(尹氏) 부인의 얘기만 전적으로 듣고 말한 데서 기인합니다. 그런데 애매하여 밝히기 어려운 사건을 서로 신임하는 벗에게 억지로 죄를 씌우면서도 조금도 안타까워하지 않으니 몹시 놀랄 만합니다. 일찍이 생각하지 못한 일이니 이를 어쩌겠습니까. 최 해주(崔海州 최기(崔沂))의 남은 재앙[85]이 지금까지 끝나지 않아서 그러한 것이 아니

84 최세경(崔世慶)이……받아 : 지평 신경윤(愼景尹)이 최세경(崔世慶)을 잡아서 국문하기를 청하였는데, 현종(顯宗)이 허락하였다. 신경윤이 아뢴 최세경의 사건은 다음과 같다. 최세경은 고(故) 현감 이유청(李惟淸)의 외손자인데, 이유청의 양자(養子)인 이정(李楨)이 장가들어 윤씨(尹氏)를 며느리로 삼았다. 어느 날 제사를 지낼 때 이유청과 이정이 함께 집 밖에서 잠을 잤는데, 어떤 사내가 밤을 틈타 윤씨의 방에 들어가 몰래 간통하려 하자, 윤씨가 남편이 아니라는 의심이 들어 물어보니 대답하는 목소리가 바로 최세경이었다는 것이다. 《顯宗實錄 8年 7月 29日》

85 최해주(崔海州)의 남은 재앙 : 최기(崔沂)가 해주 목사(海州牧使)로 있으면서, 이이첨(李爾瞻)의 일파인 박희일(朴希一)·박이빈(朴以彬)을 무고죄로 처형하였다. 이로 인해 이이첨의 미움을 받아 남형죄(濫刑罪)로 투옥되어 고문을 받다가 옥사하고

겠습니 까. 몹시 참담합니다. 제(濟)의 일[86]은 영상이 나온 이후로도 별다른 논의가 없다고 하니, 뼛속까지 애통합니다. 재황(災荒)이 이처럼 극도로 심하여 국가의 존망이 달려있으니 절박한 근심을 어찌 형용할 수 있겠습니까. 듣건대 숭현서원(崇賢書院)의 비석을 세우는 일이 이미 끝났다고 하니, 삼가 바라건대 탁본 한 본(本)을 인편을 통해 보내주신다면 매우 다행이겠습니다. 이만 줄입니다.

성상의 행차가 어제 미시(未時)에 온천(溫泉)에 당도하여 무사히 배위(陪衛)하였으니 몹시 다행입니다. 그제 보내신 편지를 받으니 몹시 위안이 됩니다. 제 생각에는, 상소에 대한 비답이 내려온 뒤에 병을 무릅쓰고 나아가 한번 성상을 뵙는 것은 의리상 그만둘 수 없으니, 직명에 대해 중도에 사직을 청하는 것 또한 괜찮을 것입니다. 어떻게 생각하십니까? 이만 줄입니다.

저는 어제 수영(水營)에서 이동하여 결성(結城)에 이르렀는데, 부득이 야밤에 원산(元山)을 출입하느라 한기를 쐰 것이 가볍지 않아 지금 이곳에 머물면서 앓아누웠으니 몹시 걱정스럽습니다. 그러나 병을 무릅쓰고 길을 떠나 가야산(伽倻山)에 보사제(報祀祭)[87]를 지낸 다음 수영으로 돌아와 조섭하려고 합니다. 무신년(1668, 현종9) 10월 3일

뒤에 또다시 대역죄로 몰려 부관참시 되었다.

86 제(濟)의 일 : 표류해 온 중국인을 제주(濟州)에서 홍제원(弘濟院)으로 압송한 일을 말하는 듯하다. 《顯宗實錄 8年 10月 2日》

87 보사제(報祀祭) : 기우제를 지낸 뒤 비가 오면 그뒤 3일 안에 수퇘지를 잡아 천신의 은혜에 감사드리던 제사를 가리킨다.

동춘당에게 올리다 무신년(1668, 현종9)

上同春堂 戊申

듣건대 성상께서 연일 경연을 여신다고 하니, 이러한 뜻을 게을리하지 않으신다면 국가의 큰 다행이겠습니다. 선생의 진퇴는 비록 우옹(尤翁)과 조금 다르지만, 그대로 머물면서 성상을 보좌하는 것이 마땅할 듯합니다. 어떻게 생각하십니까?

동춘당에게 올리다 기유년(1669, 현종10) 5월 14일

上同春堂 己酉五月十四日

어제 익질(翼姪 송병익(宋炳翼))이 떠날 적에 안부 편지를 부쳤으니, 이 인편이 도착한 이후에야 살펴보실 수 있을 것입니다. 저는 아픈 곳을 알지 못한 채 날마다 신음하고 있습니다. 추위에 행역(行役)을 다니면서 병의 근원이 생겼는데, 극심한 공무에 심신(心神)이 손상되고 관가의 밥만 먹다가 비위(脾胃)가 손상되었습니다. 차츰 증상이 쌓여 이 지경에 이르렀으니 피로하고 나른함이 극심합니다. 근래에 보는 자들이 두 직임[88]은 함께 수행하기 어려우니 응당 본직은 사직해야 한다고 하였습니다. 그래서 이러한 사정으로 상소를 올리고자 하였으나 불행하게도 형적(形迹)의 혐의가 있으니 괴로운 정황이 이에 다시 배가 되었습니다. 태안(泰安)에 창고를 설치하는 일은 대신의 건의에서 나왔지만 그것이 피해만 있고 무익하다는 것을 잘 알기에 부득이 장계를 올려 중지하기를 청하였습니다. 설시(設始)하는 초기에 저에게 저지되었으니 이 또한 불행입니다. 두렵고 한탄스러움이 그치지 않습니다. 이만 줄입니다. 기유년 5월 14일

88 두 직임 : 1669년(현종10) 4월에 저자는 평안도 관찰사 겸 양서 관향사(兩西管餉使)에 제수되었다.

동춘당에게 올리다 기유년(1669, 현종10) 3월 27일

上同春堂 己酉三月卄七日

가형(家兄)이 보여준 덕분에 삼가 쓰신 차자(箚子)를 보았습니다. 말이 절실하고 뜻이 지극하여 남김없이 환히 진달하였으니, 부디 위로 성상의 마음을 감동시켜 잘못된 거조를 뒤늦게라도 고칠 수 있기를 묵묵히 바랄 뿐입니다. 공주 목사(公州牧使) 영공(令公)이 두증(痘症)을 앓다가 5일 만에 세상을 떠났으니 애통하고 참담한 심정을 또한 차마 말하겠습니까. 제가 직접 습(襲)과 소렴(小殮)을 집례하고 관구(棺具)를 갖추어 모든 일을 지시하였습니다. 어제 청주(淸州)에 도착하였는데, 청주의 양전(量田)에 대해서 백성이 처음에는 원망하다가 지금은 크게 기뻐하고 있으니 공평하게 되었음을 알 수 있습니다. 다만 약간의 세력가들이 그 욕심에 만족하지 못하니 이를 어쩌겠습니까. 기유년 3월 27일

동춘당에게 올리다 기유년(1669, 현종10) 4월 6일

上同春堂 己酉四月六日

듣건대 백헌(白軒 이경석) 상공(相公)이 차자(箚子)를 올려 초야에 있으면서 성상께 달려가 문안하지 않은 사람들을 공격했다고 하니,[89] 그 뜻을 알 만합니다. 몹시 놀라울 따름입니다. 기유년 4월 6일

89 백헌(白軒)……하니 : 영부사 이경석(李景奭)이, 현종(顯宗)이 속히 서울에 올라갈 것과 행궁(行宮)에 문안을 하지 않는 일로 차자(箚子)를 올렸는데, 그 가운데 "지난날 조정에는 급히 물러나려는 신하들이 이어지더니, 오늘날 행궁에는 달려가 문안한 신하가 하나도 없다고 합니다. 군부가 병이 있어 궁을 떠나 멀리 초야에 있으면 사고가 있거나 늙고 병들었거나 먼 곳에 있는 자가 아니라면 도리에 있어서 이와 같을 수는 없는 것입니다."라고 한 말이 보인다. 《顯宗實錄 10年 4月 3日》

동춘당에게 올리다 기유년(1669, 현종10) 12월 13일

上同春堂 己酉四月六日

전후로 인편을 통해 보내신 편지를 일일이 받아보았습니다. 저는 8일에야 비로소 감영으로 돌아왔습니다.[90] 몸에 아무런 질병이 없고 권속(眷屬)이 모두 평안하니 이는 다행입니다만, 멀리 요동 벌판을 가고 있을 가형(家兄)[91] 생각에 자나 깨나 잊지 못하고 있습니다. 《평양지(平壤誌)》는 이미 찾아서 가져왔으니 봄을 기다려 간행하려고 합니다. 동래(東萊)의 비전(碑篆)[92]은 응당 말씀하신 대로 따르겠습니다. 다만 크고 작은 행례(行禮)에 관해서는 가르쳐 주시길 바랍니다. 이만 줄입니다. 기유년 12월 13일

90 감영으로 돌아왔습니다 : 430쪽 주88 참조.

91 멀리……가형(家兄) : 저자의 형 민정중(閔鼎重)이 이때 동지정사(冬至正使)로 연경에 사신을 떠났다.

92 동래(東萊)의 비전(碑篆) : 미상이지만, 다음을 참고할 만하다. 1669년(현종10)에 송준길이 김징(金澄)에게 보낸 편지의 내용 가운데 "동래(東萊) 남문(南門)에 비석을 세우기 위해 바야흐로 돌을 다듬어 비문(碑文)을 새기려 하는데, 조공(趙公 조영규(趙英圭)) 부자의 사적을 첨가해 보충하고자 하네."라는 내용이 보인다. 《同春堂集 卷13 與金元會》

동춘당에게 올리다 경술년(1670, 현종11) 2월 28일

上同春堂 庚戌二月廿八日

조 정(趙正)을 통해 14일에 쓰신 편지를 전해 받고서, 날씨가 따뜻해진 요즘에 도체(道體)의 기거가 평안하심을 알았으니 제 마음이 위안되었습니다. 천식(喘息)은 대번에 뿌리째 없애기 어려우니 계속해서 약물을 복용하여 항상 조섭하시는 것이 마땅할 듯합니다. 선묘(先墓)의 문자를 진실로 누차 번거롭게 부탁드려 송구할 따름입니다. 절박한 정리(情理)를 굽어 살펴 때에 맞춰 글을 완성하여 불후의 은택을 베풀어 주셨으니, 유명(幽明) 간에 감격스러움을 이루 다 말할 수 없습니다. 응당 가형(家兄)과 상의한 뒤에 다시 편지를 올려 글씨를 써 주시기를 번거롭게 청하여 마침내 무덤을 빛내어 후손에게 전하는 것이 구구한 저의 바람입니다.

저는 포악한 손님[93]을 전송하기 위해 막 용천(龍川)에 도착하였는데, 응대하는 와중에 다행히 아무런 질병이 생기지 않았습니다. 그렇지만 저는 어지러운 세상에 태어나 출처를 헤아리지 못하고 20년간 내외직을 역임하면서 하나의 일도 보탬이 되지 못하고 결국은 부끄러움을 참아가며 서쪽 지방 사이에서 내달리고 있습니다.[94] 한밤에 생각해 보

93 포악한 손님 : 청(淸)나라 칙사를 말한다. 당시 민유중은 평안도 관찰사로 재직 중이었다.

94 서쪽……있습니다 : 평안도 관찰사로서 청나라 칙사를 응대하는 등 분주하게 지내는 것을 뜻한다.

면 분개한 심정이 그치질 않습니다. 집의 중형(仲兄)을 도중에 만났다가 바삐 작별했기에 마음이 울적합니다. 할 말은 많지만 길 위에 있는지라 이만 줄입니다. 경술년 2월 28일

찹쌀〔糯米〕은 말씀하신 대로 떡으로 찌거나 가루로 만들었습니다. 꿀을 섞어 알로 만들어 먹어보니 그 맛이 매우 좋아 유과(油果)보다 나았습니다. 조금 먼저 올립니다.

동춘당에게 올리다 경술년(1670, 현종11)

上同春堂 庚戌

《논어》의 '삼월불위인장(三月不違仁章)'[95]의 주(註) 가운데 "이 경지를 지나면 거의 자신에 있는 것이 아니다〔過此幾非在我者〕"[96]의 '기(幾)' 자는 '서기(庶幾 거의)'의 뜻으로 쓰인 '기(幾)'입니까? 가르쳐 주시길 바랍니다.

며칠 동안 편지를 받지 못하여 그리워하는 마음을 가눌 수 없습니다. 가뭄과 더위가 이렇게 극심한데 여관에서 수일을 보내시니 체기(體氣)는 어떠하신지요? 우러러 사모하는 심정이 간절합니다. 저는 산천에게 빌었지만 비가 내릴 조짐은 아득하기만 합니다. 새벽에는 단군(檀君)에게 제사를 지냈고[97] 이제 숭인전(崇仁殿)[98]에 나아가 내일

95 삼월불위인장(三月不違仁章) : 《논어》 〈옹야(雍也)〉에 공자(孔子)가 "안회(顔回)는 그 마음이 3개월 동안 인(仁)을 떠나지 않았고, 그 나머지 사람들은 하루나 한 달에 한 번 인(仁)에 이를 뿐이다.〔回也其心三月不違仁, 其餘則日月至焉而已矣.〕"라고 한 곳을 가리킨다.

96 이……아니다 : '삼월불위인장(三月不違仁章)'에 대해서 장자(張子)가 말하기를 "처음 배우는 자의 요점은 마땅히 3개월 동안 인(仁)을 떠나지 않음과 하루나 한 달에 한 번 인(仁)에 이름의 내외(內外)와 빈주(賓主)의 구별을 알아야 한다. 그리하여 마음으로 하여금 힘쓰고 힘쓰며 순서에 따라 그치지 말게 해야 할 것이다. 이 경지를 지나면 거의 자신에게 있는 것이 아니다."라고 하였다.

97 단군(檀君)에게 제사를 지냈고 : 평양 성내에 단군(檀君)을 모신 사당인 단군사(檀君祀)가 있었다.

제사를 지내려고 합니다. 그러나 미약한 저의 정성으로는 신령을 감동시키지 어려울 것이니 애타고 근심스러운 마음이 어찌 끝이 있겠습니까. 전해줄 인편이 몹시 급한지라 이만 줄입니다. 경술년 4월 7일

98 숭인전(崇仁殿) : 평양에 있는 기자묘(箕子廟)를 가리킨다.

동춘당에게 올리다 경술년(1670, 현종11) 4월 26일

上同春堂 庚戌四月卄六日

21일에 손수 써서 보내신 편지를 받고서, 명을 받들어 서울에 들어가 성상께 하직인사를 하고 물러나신 것을 알았습니다. 24일에 남쪽으로 길을 떠나셨을 터인데, 무더위에 힘들게 길을 가시느라 몸이 손상되지는 않으셨습니까? 걱정스런 마음이 몹시 간절합니다. 고본환(固本丸)과 생맥전(生脈煎)이 이미 완성되었기에 따로 사람을 보내 올립니다. 경옥고(瓊玉膏)는 남은 3되〔升〕 정도를 아내에게 복용시키려고 했는데, 진귀한 약이라고 하면서 먹으려고 하지 않습니다. 이것도 형세를 보아 올리겠습니다. 이만 줄입니다. 경술년 4월 26일

흰색의 비단 26폭을 보내 올립니다. 부디 거기에 생각하는 대로 붓을 휘둘러 집안에 대대로 전할 보배로 삼도록 해 주시는 것이 어떻겠습니까?

동춘당에게 올리다
上同春堂

평양의 사인(士人) 가운데 부친이 죽고 조부가 살아있는 자가 있는데, 지난해에 모친상을 당하여 거의 일 년이 되었습니다. 모르겠습니다만 조부가 살아있고 모친상을 당한 자는 또한 부친이 살아있고 모친상을 당한 제도와 같이 해야 합니까? 《상례비요(喪禮備要)》의 〈복제(服制)〉 조목에는 다시 상세히 살펴야 한다는 말만 있습니다. 민가에서 이러한 상을 당한 경우가 한두 번이 아닐 듯한데 일찍이 본 적이 없기 때문에 그 사람의 물음에 감히 대답하지 못하였습니다. 바라건대 속히 대답을 주시는 것이 어떠하십니까?

동춘당에게 올리다
上同春堂

원회(元會 김징(金澄)) 영공(令公)이 또 본도(本道)에서의 일[99]로 무함을 받았습니다. 세도가 날로 위태로워지고 강직한 절의가 용납되기 어려움을 오늘에 와서 더욱 증험하였으니, 한탄한들 어찌하겠습니까.

99 본도(本道)에서의 일 : 1669년(현종10) 가을에 전라도 관찰사로 있던 김징(金澄)이 그의 모친을 위해 회갑연을 베풀었는데, 이때 감영의 재력을 마음대로 사용한 것과 도내 수령들로부터 선물을 과도하게 받은 일로 인하여 1670년 2월에 문제가 되었다. 헌납 김석주(金錫胄) 등이 실상을 아뢰면서 파직을 요청하였고 이로 인해 의금부에 하옥되어 형추(刑推)를 받았다.《顯宗實錄 11年 2月 13日, 3月 5日》

동춘당에게 올리다 경술년(1670, 현종11) 7월 16일

上同春堂 庚戌七月十六日

어제 감영의 관노가 떠가는 길에 편지 한 통을 부쳤으니 필시 늦게 도착할 것입니다. 저는 예전처럼 그럭저럭 지내고 있는데 북쪽 사신이 돌아갈 날이 멀지 않았으니 곱절로 분하고 고통스럽습니다. 몹시도 돌아가고 싶은 생각을 스스로 억누를 수 없으니, 의림(義臨 의림지(義林池))의 물가로 가서 순채(蓴菜)를 캘까[100] 합니다. 선친의 묘도문자를 문하에 부탁드리지 않으면 장차 누구에게 청하겠습니까. 경영한 지 몇 년이 지났는데 아직도 일을 완수하지 못해 늘 미치지 못할 듯이 하는 마음이 있습니다. 만약 지극한 저의 정성을 굽어 살피시어 속히 부탁을 들어주신다면, 유명(幽明) 간의 다행스러움을 이루 다 말할 수 있겠습니까. 거듭 바라건대 처음부터 끝까지 곡진하게 이루어주십시오.

철산(鐵山)의 비문[101]은 이미 새겨서 한창 찍어내고 있으니 다음 인

100 순채(蓴菜)를 캘까 : 벼슬을 그만두고 고향에 돌아가고 싶은 생각이 간절하다는 뜻이다. 진(晉)나라 강동(江東)의 오중(吳中) 사람 장한(張翰)이 낙양(洛陽)에서 벼슬살이를 하던 중에, 어느 날 갑자기 가을바람이 일어나자 자기 고향의 순채(蓴菜)와 농어회가 생각나서 벼슬을 버리고 고향으로 돌아갔다. 《晉書 卷92 張翰列傳》

101 철산(鐵山)의 비문 : 〈철산구황비기(鐵山救荒碑記)〉를 가리킨다. 1608년(선조41)에 관서(關西)에 크게 기근이 들어 백성들이 거의 다 굶어 죽을 지경이었는데, 이때 조익(趙翼)이 진휼하여 관서의 백성이 목숨을 보전하였다. 백성이 서로 의논하여 조익의 은덕을 기리는 비석을 여러 고을에 세웠는데, 세월이 오래되어 비석들이 모두 넘어져 풀 속에 묻혔다. 그러다가 비석을 세운 지 60년 만에 철산의 비석이 우연히 발견되어

편을 통해 보내드리겠습니다. 모인 일에 대해서는 아직 처분을 듣지 못했고 중형(仲兄)의 인책하는 상소도 오랫동안 비답이 내리지 않으니, 걱정스럽고 답답한 심정이 어찌 끝이 있겠습니까. 이만 줄입니다.

경술년 7월 16일

근래에 오랫동안 외직에 있어 집안 제사에 참여하지 못하였고, 지금 또 기제(忌祭)를 하루 앞두고 있으니 서글픈 마음이 끝이 없습니다.

다시 세워졌는데, 송준길이 조익의 아들 조복양(趙復陽)의 부탁으로 비석에 대한 기문(記文)을 지었다. 《同春堂集 卷17 浦渚趙相公鐵山救荒碑記》

동춘당에게 올리다 신해년(1671, 현종12) 4월 6일

上同春堂 辛亥四月六日

인편이 돌아와 보내신 편지를 받아보고서, 요즘 체기(體氣)가 평안하심을 알았으니 기쁘고 위안되는 마음을 가눌 수 없습니다. 고향의 전염병은 지금은 어떻습니까? 멀리서 염려하는 마음이 간절합니다. 저는 임기가 찼는데도 교대하지 못하여 고생스러움이 날로 곱절이 됩니다만, 보리와 밀이 말라가는 때에 비가 흡족하게 내려 굶주린 백성이 거의 부지할 가망이 생겼으니 이것만은 다행입니다. 본도(本道)는 지난겨울부터 진휼청(賑恤廳)을 설치하여 환곡도 두루 주고 있어서 우선 굶어 죽는 일은 없습니다. 다만 강계(江界) 등의 고을은 너무 멀어서 곡식을 수령하는데 5, 6일의 일정이 필요하니 민력(民力)이 지탱하기 어렵고, 엄동설한에 추위와 굶주림에 몸이 상하여 죽는 자들이 매우 많으니 그 참혹함을 이루다 말할 수 없습니다. 서울, 충청도, 경상도에 시체가 쌓여간다는 얘기를 들을 때마다 그래도 이곳이 조금 낫다는 것을 알겠습니다. "기자묘(箕子墓)"와 "기자정(箕子井)" 두 글씨에 대해 전하는 자가 석봉(石峯 한호(韓濩))의 글씨라고 합니다.[102] 이 사람이 아니면 그렇게 쓸 수 없을 듯한데 과연 그러합

102 기자묘(箕子墓)와……합니다 : 1671년(현종12)에 송준길이 저자에게 보낸 편지에 이와 관련된 내용이 보인다. "기자묘(箕子墓) 세 자는 분명히 한석봉(韓石峯 한호(韓濩))의 글씨이지만 소자(小字)는 그의 글씨가 아닌 듯하며, 기자정(箕子井) 세 자도 분명 한석봉의 글씨가 아니니 의아스럽네. 두 장의 글씨를 도로 보내니 모두 작은 족자로 만들어 보내 주시게."《同春堂集 卷13 答閔持叔》

니까? 이랑(李郎)[103]의 과시(科詩) 4편을 올리니, 남 영(南令 남이성(南二星))에게 보내 비평을 하고 돌려보내게 하는 것이 좋을 듯합니다. 관성(觀成)이 지은 것도 보냅니다. 이만 줄입니다. 신해년 4월 6일

103 이랑(李郎) : 저자의 사위 이만창(李晚昌, 1654~1684)이다.

동춘당에게 올리다 신해년(1671, 현종12) 4월 11일

上同春堂 辛亥四月十一日

지난번에 말씀하신 《주역구결(周易口訣)》을 막 하나 인출(印出)하여 원본과 함께 보냅니다. 부디 한가로이 쉬시는 여가에 다시 검토하여 잘못된 곳을 집어내어 적어 보내시어 개정(改正)할 수 있도록 해 주시는 것이 어떻겠습니까? 신해년 4월 11일

동춘당에게 올리다 신해년(1671, 현종12) 10월 11일

上同春堂 辛亥十月十一日

근래 오랫동안 인편이 없어 초겨울에 도체(道體)의 기거가 어떠하신지 알 수가 없으니, 그립고 답답한 심정을 가눌 수 없습니다. 저는 청천강 이북의 강변을 모두 순시하고 8일에야 평양 감영으로 돌아왔습니다. 그런데 길에서 경보(京報)를 보니 전혀 생각지도 못하게 저를 승진시켜 새로 임명한지라[104] 놀랍고 송구하여 몸 둘 바를 모르겠습니다. 저의 재주와 분수로 감당할 수 없는 것은 말할 것도 없거니와, 집안의 번창함이 여기에 이르렀으니 마치 깊은 못에 임하고 얇은 얼음을 밟은 것처럼 두려워 지극히 걱정스럽고 두려운 마음을 더욱 금할 수 없습니다. 새로 부임하는 관찰사가 이미 임명되었으니 인수인계는 다음 달 초가 될 듯합니다. 서울로 돌아간 뒤에 응당 성묘하러 갈 적에 길을 돌아서 문하에 나아가 직접 얼굴을 뵐 생각입니다. 이만 줄입니다. 신해년 10월 11일

104 새로 임명한지라 : 저자가 형조 판서(刑曹判書)에 제수된 것을 가리킨다.

동춘당에게 올리다 임자년(1672, 현종13) 7월 6일

上同春堂 壬子七月六日

4년 동안 관서(關西)에 있으면서 고생만 실컷 맛보아 돌아가고 싶은 생각이 저도 모르게 날마다 간절하였지만, 근래에 매일 새로운 사건이 터지는 서울의 광경이 근심스럽고 두렵습니다. 이 몸은 서울에 돌아가 친척들과 정답게 이야기하는 것 외에 어찌 털끝만큼이라도 다른 생각이 있겠습니까. 한가롭게 물러나고 싶은 생각이 지극히 간절하지만 또한 가능하지 않을 듯하니, 그저 걱정스러워 길게 탄식할 따름입니다. 임자년 7월 6일

동춘당에게 올리다 임자년(1672, 현종13) 윤7월 26일

上同春堂 壬子閏七月卄六日

온종일 번다한 공무에 매달려 잠깐 동안의 여가도 없습니다. 국사에 아무런 보탬이 되지도 못하면서 여전히 이처럼 고달프니 스스로 부끄럽고 우스울 따름입니다. 주연(胄筵)에서 보익하는 직임[105]은 더욱 제게 알맞지 않은데, 사직을 청해도 허락받지 못하여 염치를 무릅쓰고 명을 받들고 있으니 그저 낭패를 당하기를 기다릴 뿐입니다. 임자년 윤7월 26일

105 주연(胄筵)에서 보익하는 직임 : 저자가 세자좌부빈객(世子左副賓客)에 제수된 것을 가리킨다.

동춘당에게 올리다 임자년(1672, 현종13) 11월 25일
上同春堂 壬子十一月廿五日

지난번에 감기가 심해지셨다는 얘기를 듣고 밤낮으로 걱정하였는데, 19일에 보내신 편지를 어제 받고서 번열(煩熱)의 증세가 오랫동안 차도가 없음을 알았습니다. 이는 실로 감기의 일반적인 증상인데, 조카들의 편지를 보니 열이 조금 내리고 목이 쉰 것도 조금 나아졌다고 하니 은연중에 치료된 결과인 듯합니다. 임 중승(任中丞)이 또 와서 말하기를, "선생의 모습이 평소와 변함이 없고 일시적으로 감기가 심한 것일 뿐 원래의 증상과는 다르니 조금도 걱정할 게 없다."라고 하였으니 너무도 위안이 되고 다행스럽습니다. 편지를 보낸 뒤로 이미 5, 6일이 지났는데 여러 증세들과 식사하시는 일은 또 어떠하신지요? 답답하고 염려되는 마음이 어찌 끝이 있겠습니까.

저는 또 사헌부의 직임을 맡아[106] 계복(啓覆)하는 일로 출사하였습니다. 시대의 걱정은 날로 심해지는데 직분을 다할 길이 없으니 근심스러우면서도 어찌할 바를 모르겠습니다. 관아(觀兒)[107]의 관례(冠禮) 때 계주(季周 이단하(李端夏))가 오기로 약속하였으나 죄를 입어 오지 못하였고,[108] 석(錫) 대감이 관빈(冠賓)[109]이 되어 정능(靜能)이라는 자(字)

106 사헌부의……맡아 : 1672년(현종13)에 저자는 대사헌에 제수되었다.

107 관아(觀兒) : 저자의 장남인 민진후(閔鎭厚, 1659~1720)를 말한다.

108 계주(季周)가……못하였고 : 이단하(李端夏)가 영안위(永安尉) 홍주원(洪柱元)의 치제문(致祭文)을 지어 올렸는데, 그 내용에 홍주원을 찬미한 내용과 죽은 조석윤

를 지어주었습니다. 오랫동안 논의해서 결정한 자(字)인데 그 뜻이 과연 어떠한지요? 관아는 제법 자라서 보기에 그다지 작은 체구는 아니니, 익질(翼姪 송병익(宋秉翼))의 관례 때보다는 훨씬 큽니다. 이만 줄입니다. 임자년 11월 25일

(趙錫胤)과 박장원(朴長遠)에 대한 내용이 당론을 부식(扶植)하려는 의도에서 나왔다고 하여, 현종(顯宗)이 이단하를 엄히 국문하여 죄를 정하라는 명령을 내렸다.《顯宗實錄 13年 11月 1日》

109 관빈(冠賓) : 관례(冠禮)를 주관하는 빈(賓)으로, 초청받고 가서 경계하는 말을 해 주는 사람을 가리킨다. 보통 학덕이 높은 이성(異姓)의 사람 중에서 선택한다.

송희장[110]에게 답하다

答宋希張

지방의 불사(佛寺)에 신위(神位)를 설치할 곳과 관련하여 각 도 관찰사의 이문(移文)이 들어온 지 몹시 오래되었는데, 하리(下吏)에게 물어보니, 판서가 서울에 있을 적에 이 문제가 처리하기 어렵다고 우선 두고 기다리라고 했다고 합니다. 결국은 올바르게 처리했는지 모르겠습니다만, 세속에 이와 같은 일이 많으니 우스울 따름입니다. 무술년(1658, 효종9)

110 송희장(宋希張) : 송광식(宋光栻, 1625~1664)으로, 본관은 은진(恩津)이고 자가 희장이다. 송준길의 장남으로 김집(金集)의 문하에서 수학하였다.

송자화[111]에게 주다

寄宋子華

생각지도 못하게 한미하고 비천한 가문에 갑자기 감당하지 못할 명이 내렸으니,[112] 두렵고 놀라서 어찌할 바를 모르겠다. 삼간(三揀) 날짜를 이미 4월 2일에 잡았다고 한다. 내외의 친족들이 필시 모이려고 하는 것은 정리(情理)에 마땅한 일이지만, 제대로 주선하지 못할까 염려가 된다. 신유년(1681, 숙종7)

111 송자화(宋子華) : 송병하(宋炳夏, 1646~1697)로, 본관은 은진(恩津), 호는 수오재(守迕齋)이고, 자가 자화이다. 송준길의 장남인 송광식(宋光栻)의 차남이다.

112 비천한……내렸으니 : 저자의 차녀가 숙종(肅宗)의 계비(繼妃 인현왕후(仁顯王后))로 뽑힌 것을 가리킨다.

이중익[113] 숙(翻) 에게 주다 ○신해년(1671, 현종12)

與李仲羽 翻○辛亥

아침에 인편을 통해 보낸 편지를 필시 이 편지보다 먼저 받으셨을 것입니다. 이전에 보내신 흰 비단은 이용면(李龍眠)[114]의 그림을 그려 넣어서 족자로 만들어 보내니, 부디 살펴보고 받으시길 바랍니다. 그림 속의 늙은 신선이 자못 핍진하여 보는 이로 하여금 세상을 버리고 홀로 서는[115] 뜻이 생기게 하니 훌륭합니다. 이만 줄입니다.

113 이중익(李仲羽) : 이숙(李翻, 1626~1688)으로, 본관은 우봉(牛峯), 호는 일휴(逸休)이고 자는 중익이다. 저자의 사위인 이만창(李晩昌)의 아버지이다.

114 이용면(李龍眠) : 송(宋)나라 때의 유명한 화가 이공린(李公麟)이다. 그는 벼슬을 그만두고 용면산(龍眠山)에 들어가서 지내며 용면거사(龍眠居士)라 자호(自號)하였다.

115 세상을……서는 : 소식(蘇軾)의 〈적벽부(赤壁賦)〉에 "표표히 세상을 버리고 홀로 서서 날개가 돋아 신선이 되어 하늘로 오른다.〔飄飄乎如遺世獨立, 羽化而登仙.〕"라고 하였다.

이중익에게 주다 임자년(1672, 현종13)

與李仲羽 壬子

영형(令兄)이 성상께 하직 인사를 올린[116] 것이 열흘밖에 안 되었습니다. 천 리 멀리서 바라보며 전별할 길이 없으니 서글픈 마음을 금할 수 없습니다. 이에 약간의 변변찮은 음식을 따로 사람을 시켜 보내드립니다. 바라건대 여식을 시켜 물고기를 삶고 꿩고기를 굽게 하여 추로백(秋露白)[117]을 마시면서 멀리서 음식을 보낸 정을 맛보시는 것이 어떻겠습니까. 영남은 기근이 가장 심하고 공무가 매우 바쁘니, 부임한 이후에는 비록 한 잔 마시고 싶어도 할 수 없을 듯합니다.

116 영형(令兄)이……올린 : 1672년(현종13)에 이숙(李䎘)은 경상도 관찰사로 부임하였다.

117 추로백(秋露白) : 가을철에 내리는 이슬을 받아 빚은 청주(淸酒)를 말한다.

이중익에게 주다 기미년(1679, 숙종5)

與李仲羽 己未

삼가 이번에 당하신 일[118]을 보건대 자처하는 도에 미진한 점이 있습니다. 사람을 시켜 규례에 따라 맞이하여 대접하고 자신은 병을 핑계로 만나보지 않는 것은 자신에게 문제될 게 없으니 이것이 마땅한 일입니다. 만약 하인을 보내지 않고 또 음식을 대접하지 않아서 저 사람이 노하여 와서는 이방(吏房)을 잡아간다면, 잡아가서 곤장을 맞도록 내버려 두고 이 일로 사식하는 상소를 올리면서 심하게 핍박 받았다는 말을 아울러 언급하는 것은 불가하지 않습니다. 고을에서 서울의 관리를 접대하는 것이 어찌 그 사람의 현불초(賢不肖)에 따라서 선택하는 일이겠습니까. 이미 그 직임에 있고 갑자기 그만둘 수 없다면 다만 그 사람을 만나보지 않는 것이 합당합니다. 이번에 하신 일은 깊이 생각하지 않으신 듯한데, 어떻게 생각하실지 모르겠습니다. 모든 일을 직접 뵙고서 논의하지 못하니 몹시 한스럽습니다.

118 이번에 당하신 일 : 이원정(李元禎)이 정승의 신분으로 휴가를 받아 영남을 다니던 중 인동(仁同)에 도착하였다. 규례에 따르면 정승이 지방에 오면 각 고을에서 맞이하여 음식을 대접해야 하는데, 당시 인동 부사(仁同府使)로 있던 이숙(李翻)이 사람을 보내 이원정을 맞이하지 않고 음식도 대접하지 않았다. 이원정이 그 이유가 궁금하여 따로 사람을 보냈는데, 이숙이 그 사람의 머리채를 잡고 밖으로 쫓아내면서 "그와 같은 무리를 어찌 재상으로 여겨서 접대하겠는가."라고 말하였다. 이원정이 이 일을 숙종(肅宗)에게 보고하자, 숙종은 이숙을 국문하여 죄를 정하라고 명을 내렸다. 《承政院日記 肅宗 4年 12月 23日》

이중익에게 답하다 기미년(1679, 숙종5) 7월 7일

答李仲羽 己未七月七日

성상의 견책을 받아 출발하면서[119] 편지를 보내어 이별을 고하시니, 그 정성스러운 뜻에 감격하고 한탄합니다. 삼가 이동하는 일정을 계산해 보니 어제나 오늘 이미 명원(明原 명천(明川))에 도착하셨을 것인데, 길을 가면서 쌓인 피로에 몸이 상하지는 않으셨습니까? 그립고 걱정스러운 마음이 지극합니다. 저는 무거운 죄를 지어 변방에 유배되었으니 황공함이 어찌 끝이 있겠습니까. 이미 지난달 24일에 유배지에 도착하여 근근이 목숨만 보전하고 있습니다. 중형(仲兄)[120]과 길에서 갈라져 이별한 이후로 아득히 소식을 들을 수 없으니 아침저녁으로 우러러 바라보며 그저 척강(陟崗)의 그리움[121]만 간절합니다. 함께 유배된 현인들이 모두 경뇌(瓊雷)의 탄식[122]을 품고 있는데, 형

119 성상의……출발하면서 : 이숙(李翻)은 송상민(宋尙敏)의 상소에 연루되어 1679년(숙종5)에 명천(明川)으로 유배되고, 저자는 홍해(興海)로 유배되었다.

120 중형(仲兄) : 저자의 둘째 형 민정중(閔鼎重)을 가리키는데, 그 역시 장흥(長興)으로 유배되었다.

121 척강(陟崗)의 그리움 : 멀리 떨어져 있는 형을 그리워하는 뜻이다. 《시경》 〈척호(陟岵)〉는 멀리 부역을 나가서 고향의 가족을 잊지 못하는 심정을 노래한 것인데, 그 셋째 장에 "저 산등성이에 올라가서, 형이 계신 곳을 바라보네.〔陟彼岡兮, 瞻望兄兮.〕"라는 말이 나온다.

122 경뇌(瓊雷)의 탄식 : 형제들이 함께 유배당하는 탄식을 뜻한다. 송(宋)나라 신종(神宗) 때 소식(蘇軾)은 왕안석(王安石)의 신법(新法)을 비판하는 상소를 올렸다가 왕안석의 뜻을 거슬러서 경주(瓊州)로 쫓겨났고, 동생 소철(蘇轍) 역시 왕안석의 일에

의 집안 형제들은 세 곳으로 나누어 떨어져 있으니[123] 생각건대 그 심정이 더욱 견디기 힘들 것이나 또한 어찌할 도리가 없습니다. 중씨(仲氏) 중승(中丞) 어른이 어제 안부 편지를 보내셨는데, 비록 직접 만나서 말한 것은 아니지만 조금 위안이 되었습니다. 경성(鏡城)의 선비들은 모두 저와 예전에 잘 알던 사이이니 찾아오는 이가 있으면 후하게 대우해 주십시오. 할 말은 많지만 이만 줄입니다. 기미년(1679, 숙종5) 7월 7일

연루되어 뇌주(雷州)로 귀양 갔다.

123 형의……있으니 : 이숙의 셋째 형 이상(李翔)은 영해(寧海)로, 이숙의 아우 이익(李翊)은 양덕(陽德)으로 각각 유배되었다.

이중익에게 답하다 갑자년(1684, 숙종10) 7월 20일

答李仲翊 甲子七月二十日

윤랑(胤郎)의 부고[124]를 듣고서 놀랍고 애통하여 멍하니 바보가 된 듯 꿈을 꾸는 듯하니 어떻게 이런 지경에 이르렀는지 모르겠습니다. 근래 병으로 몹시 쇠약해지고 또 달려가 곡을 하지 못하는 형편이라 마음이 찢어집니다. 아이가 돌아와서 이미 염을 마치고 빈소를 차렸다고 하니 모든 일이 끝나고 말았습니다. 다시 무슨 말을 하겠습니까. 생각건대 대감의 깊은 사랑에 지극한 슬픔을 더욱 어떻게 견디겠습니까. 너무도 애통합니다. 응당 심신(心神)이 조금 안정되길 기다렸다가 직접 궤연(几筵)에 나아가 뵙고서 한번 곡하여 저의 마음을 풀 수 있기를 몹시 바랍니다. 슬픔을 억누르고 스스로를 보살피시어 대감을 아끼는 저의 마음에 부응해 주십시오. 편지를 쓰려 하니 목이 메어 눈물만 흐릅니다. 이만 줄입니다. 갑자년 7월 20일

124 윤랑(胤郎)의 부고 : 윤랑은 저자의 사위이자 이숙(李䎘)의 장남인 이만창(李晩昌)으로, 1684년(숙종10) 7월 17일에 세상을 떠났다.

이중익에게 답하다

答李仲翊

근래 대감의 기거가 평안하시리라 생각합니다. 대감의 중씨(仲氏) 시랑(侍郞) 어른은 상소를 남기고 곧장 돌아가셨습니다. 일찍이 생각지도 못한 일이라 사람을 놀라게 하니 그 연유를 모르겠습니다. 사관(史官)이 이미 성상의 유지(諭旨)를 받들고 가는 길을 뒤쫓아 갔으니, 생각건대 그대로 멀리 떠날 수는 없으실 것입니다. 장차 어떻게 하실지요? 듣는 대로 알려주시길 바랍니다. 나머지는 이만 줄입니다.

이중익에게 답하다

答李仲翊

보내주신 편지를 받고서 십분 위안되었습니다. 근래 태형(台兄)의 진퇴가 낭패스러운 것은 제가 곁에서 바라보며 걱정하는 것이었습니다. 다만 좌의정이 비록 저와 예전에 종유하던 사이지만 조정의 사체(事體)가 절로 구별되니 제가 어찌 감히 이러한 일에 대하여 입을 놀리겠습니까. 비록 간절히 말씀하시는 것을 들었지만 제가 함부로 관여하기 어려울 듯합니다. 또 박(朴)의 상소 내용을 들으니 태형을 옹호하는 부분이 많았습니다. 이러한 명분을 얻었으니 태형의 자처가 느긋하여 여유가 있을 것입니다. 응당 이 일을 인혐하여 날마다 상소를 올리고, 그 상소에 대한 비답이 내리기를 기다려 또 상소하여 반드시 해임된 뒤에 그만두어야 할 것입니다. 어떻게 생각하시는지요? 병든 몸으로 편지를 쓰느라 결례를 범하니 몹시 송구합니다. 삼가 살펴주시기 바랍니다.

이중익에게 주다

與李仲翊

심양(瀋陽)에서 의(義)를 위해 죽은 강효원(姜孝元)[125]의 손자 차석(次碩)은 일찍이 선대 조정에서 특명으로 면천(免賤)되었으니, 몹시 성대한 일입니다. 그는 항상 제각사(諸各司)에서는 항상 청(淸)나라 사람을 접대해야 하니, 서리(胥吏) 자리에 있으면서 차마 할 수 없는 일을 억지로 하는 것에 대하여 의리상 불가하다고 생각하였습니다. 이 때문에 그는 소속될 곳이 없었습니다. 우옹(尤翁)이 그의 지조를 매우 가상하게 여겨, 영제(令弟)[126]로 하여금 주선하여 군문(軍門)에 배속시켜서 그의 지조를 지키게 해주려고 하였는데, 이 또한 쉽지 않은 일이라 지금까지 성사되지 않고 있습니다. 마침 금위(禁衛)의 이속(吏屬)에 자리가 비었다는 소식을 들었으니, 그를 특별히 그 자리에 차임할 수 있겠습니까?

125 강효원(姜孝元) : ?~1639. 본관은 진주(晉州)이다. 1637년(인조15) 소현세자(昭顯世子)가 청나라에 볼모로 잡혀갔을 때 시강원 서리로 배종하였다. 정뇌경(鄭雷卿)이 당시 조선인으로서 후금(後金)의 통역관이 되어 온갖 횡포를 자행하던 정명수(鄭命壽)를 제거하려 할 때 강효원도 적극 참가하였는데, 일이 누설되어 정뇌경과 함께 처형당하였다.

126 영제(令弟) : 이숙(李翻)의 동생 이익(李翊)으로, 1683년(숙종9)에 이조 판서에 제수되었다.

이사하[127]에게 주다 신해년(1671, 현종12) 2월 15일

與李士夏 辛亥二月望日

송도(松都)에서 부친 편지를 받고서 잘 읽어보았네. 경계하는 말을 잘 받아들여 주었는데, 이전의 일을 잊지 않는 것이 뒤에 생길 일의 스승이 되니 매우 다행이네. 이만 줄이네. 신해년 2월 15일

이사하에게 주다 신해년(1671, 현종12) 4월 6일

與李士夏 辛亥四月六日

보여준 네 편의 시는 모두 훌륭하여 따질 만한 결점을 찾지 못했네. 마침 회덕(懷德)으로 가는 인편이 있어 동춘(同春) 어른께 전해 올렸네. 백척간두(百尺竿頭)에서 한 걸음 더 나가길 바라네. 신해년 4월 6일

127 이사하(李士夏) : 저자의 사위 이만창(李晩昌, 1654~1684)으로, 본관은 우봉(牛峯)이고 자는 사하이다.

이사하에게 주다 신해년(1671, 현종12) 5월 23일

與李士夏 辛亥五月廿三日

무더위가 이처럼 심하니 과거 공부에 각고의 노력을 기울일 수 있겠는가. 단지 독서를 그만두지 않기를 바랄 뿐이네. 그러나 이것도 여사(餘事)이니, 날씨가 이상할 때는 더욱 조심하고 자애하여 몸에 탈이 나지 않도록 해야 하네. 이것이 나의 간절한 바람이네. 신해년 5월 23일

이사하에게 주다 신해년(1671, 현종12) 6월 26일

與李士夏 辛亥六月廿六日

과거 시험은 이미 연기되었으니 글 짓는 공부는 더 이상 할 필요 없네. 혼정신성(昏定晨省)하는 여가에는 전심으로 독서하는 게 마땅하니, 어떻게 생각하는가? 신해년 6월 26일

이사하에게 주다 임자년(1672, 현종13) 6월 22일

與李士夏 壬子六月廿二日

근래 오랫동안 소식이 끊겨 무더운 날씨에 어버이 모시고 어떻게 지내는지 알지 못하니, 그리운 마음이 더욱 간절하네. 나는 직임에서는 벗어났지만 인수인계가 쉽지 않아서 일 많은 땅에 눌러앉아 하루를 일 년처럼 보내고 있네. 걱정하고 탄식한들 어찌할 수 있겠는가. 어제 회덕(懷德)에서 보낸 편지를 읽어보니, 동춘(同春) 어른이 그대를 만나보고자 일부러 사람과 말을 보냈다고 하던데, 이미 길을 떠났는가? 아직 떠나지 않았다면 장자(長者)의 간절한 뜻을 감히 저버려서는 안 되니, 부친에게 여쭙고 여가를 얻어 나아가 인사드리는 것이 정리(情理)와 예의에 합당할 듯하네. 부디 잘 헤아리시게. 근래의 일이 차츰 커져서 결국 이 지경까지 이르러, 그대의 중부(仲父) 어른이 최고로 엄한 견책을 받았네.[128] 앞으로 혹 죄가 가해지진 않더라도 끝없는 걱정이 어찌 다함이 있겠는가. 혀를 차고 길게 탄식한다네. 인편을 통해 편지를 부치니 바빠서 이만 줄이네. 임자년 6월 22일

128 그대의……받았네 : 1672년(현종13)에 이상(李翔)은 집의의 신분으로 상소를 올렸는데, 그 내용은 송준길을 찬양하고 허적(許積)을 역적에 비유한 것이었다. 이 일로 인해 이상은 삭탈관직되었다.《顯宗實錄 13年 5月 11日, 5月 19日》

이사하에게 주다 무오년(1678, 숙종4) 7월 11일

與李士夏 戊午七月十一日

나는 어버이 잃은 외로운 몸으로 아무 의지할 데가 없었고 오직 막내 고모님[129]이 많은 연세에도 무탈하신 것을 다행으로 여겼는데, 갑자기 부고를 받았으니 애통한 마음이 어찌 끝이 있겠는가. 죄를 짓고 칩거하고서부터 오랫동안 막내 고모님을 보살피지 못했는데, 다시 얼굴을 뵙지도 못하고서 마침내 영원한 이별을 할 줄 어찌 생각이나 했겠는가. 이승과 저승에서 한이 맺혀 가슴이 찢어지는데, 특별히 그대의 위문을 받으니 서글픈 마음이 더욱 깊어지네.

늦더위에 평안히 지내고 있으리라 생각하네. 나는 상사(喪事)의 슬픔과 병의 고달픔으로 인해 다시 살고자 하는 마음이 없다네. 중형(仲兄)이 사직 상소를 올려 스스로 논열한 것[130]은 사석인 분의상 당연한 일인데, 저들이 제멋대로 중형을 욕보이면서 끝을 보지 않고는 그만두지 않는다네. 또 듣건대 유배 가는 선비들이 길에 이어진다니,[131] 걱정과 한탄을 어찌 말로 다하겠는가.

막내 고모님 집의 장사 때는 서울에 머물 것이니 금천으로 가는 길에 만날 수 있을 것이네. 이만 줄이네. 무오년 7월 11일

129 막내 고모님 : 조석윤(趙錫胤)의 부인이다.

130 중형(仲兄)이……것 : 1678년(숙종4) 6월 12일에 민정중(閔鼎重)이 판중추부사를 사직하는 상소를 올려 윤휴(尹鑴)를 비난하며, 그를 천거한 자신에게 죄가 있다고 말한 일을 가리킨다.《肅宗實錄 4年 6月 12日》

131 유배……이어진다니 : 진사 이동형(李東亨), 생원 채하징(蔡河徵) 등이 송시열(宋時烈)을 옹호하는 상소를 올렸다가 유배를 당하였다.

조카 진주[132]에게 부치다 기미년(1679, 숙종5) 12월

寄姪子鎭周 己未十二月

담제(禫祭) 이후로는 선대의 기제(忌祭)에 응당 삼헌(三獻) 예법을 갖추어야 하고, 길제(吉祭)를 지내지 않았더라도 그대로 복중(服中)의 의식을 써서는 안 된다. 모르겠다만, 박 장령(朴掌令)의 대답은 어떠했느냐? 기미년 12월

조카 진주에게 부치다 경신년(1680, 숙종6) 2월 15일

寄姪子鎭周 庚申二月十五日

듣자니 네가 음주를 좋아하여 때때로 과도하게 취한다고 하더구나. 기력이 쇠약한 너의 몸에는 응당 술을 끊어야 한다. 더군다나 우리 집안은 불행하여 종가(宗家)의 일을 거행하지 못하고 우리 형제들은 또 죄를 지은 몸이니, 이를 생각하면 어찌 더욱 평소와 똑같이 처신할 수가 있겠느냐. 이후로 술을 경계해야 할 것이다. 경신년 2월 15일

132 진주(鎭周) : 민진주(閔鎭周, 1646~1700)로, 민시중(閔蓍重)의 차남이다.

조카 진주에게 부치다 경신년(1680, 숙종6) 5월 24일 밤

寄姪子鎭周 庚申五月廿四日夜

이번의 심리(審理)에 우재(尤齋 송시열)께서 특별히 석방되는 은총을 입었으니, 사림(士林)의 경사스러움을 어떻게 다 말하겠느냐. 황주경(黃周卿), 신계징(申啓澄), 김익렴(金益廉), 최신(崔愼), 이담(李橝) 등에게도 모두 사면하는 명령이 내렸다. 연석에서 하교하시어, 이달 27일에 특별히 승지를 보내어 성균관에서 시제(試製)하여 두세 명을 선발하여 이전에 응시하지 않은 수백 명의 유생들을 위로한다고 하였으니, 이 일은 또 성대한 거사이다. 네가 아직 멀리 가지 않아 뒤따라 잡을 수 있기에 따로 사람을 보내 급히 알린다. 경신년 5월 24일 밤

조카 진주에게 부치다 임술년(1682, 숙종8) 3월 17일

寄姪子鎭周 壬戌三月十七日

손수 쓴 중씨(仲氏)의 편지를 받으니, 일행이 이미 14일에 봉황성(鳳凰城)에 이르렀고,[133] 15일에는 의주(義州)에 머문다고 하는구나. 기쁘고 다행스러움이 어찌 끝이 있겠느냐. 일정을 계산하니 26일과 27일 사이에 응당 송도(松都)에 도착하겠구나. 나는 23일에 송도로 출발하려고 하는데, 너를 장단(長湍)에서 만날 수 있겠느냐? 임술년 3월 17일

조카 진주에게 부치다 임술년(1682, 숙종8) 6월 18일

寄姪子鎭周 壬戌六月十八日

지난해 하사받은 백마(白馬)가 여전히 병을 앓고 있어 사려고 하는 사람이 없다. 집에서 키우자니 꼴을 먹이기 몹시 어려워 어쩔 수 없이 따로 사람을 시켜 백마를 보낸다. 마구간 노복을 시켜 잘 먹여서 죽지 않도록 관리하는 것이 좋겠다. 백마를 타고자 하는 마을 사람이 있으면 사려고 하는 대로 파는 것도 불가하지는 않을 듯하나, 마을 안의 사람은 불편하고 이웃 마을 사람은 괜찮다. 임술년 6월 18일

133 일행이……이르렀고 : 1682년(숙종8)에 2월 18일에 민정중(閔鼎重)은 문안사(問安使)에 차출되어 심양(瀋陽)에 갔다가, 4월 1일에 돌아와 복명(復命)하였다.

조카 진주에게 부치다 임술년(1682, 숙종8) 7월 1일

寄姪子鎭周 壬戌七月一日

질녀 한실(韓室)[134]이 세상을 떠났으니 애통함을 어찌 말하겠느냐. 누이가 평생 의지한 사람이 오직 이 딸뿐이었는데 늘그막에 이러한 참담한 슬픔을 만났으니, 끔찍이 사랑한 이를 잃은 애통함이 어찌 끝이 있겠느냐. 몹시 슬프구나.

인편을 통해 연이어 편지를 받고서 온 집안이 모두 평안함을 알았으니 매우 위안이 되는구나. 후아(厚兒 민진후(閔鎭厚))의 혼례 날짜를 8월 3일로 당겨 잡았으니, 이번 달 그믐 전에 응당 고을의 관아로 보낼 것이니 그를 데리고 김화(金化)로 가서 예를 행하는 것이 좋을 것이다. 나는 날이 무더워 길을 나서기 어렵기 때문에 네게 부탁한다. 이만 줄인다. 임술년 7월 1일

134 질녀 한실(韓室) : 저자 누이와 이연년(李延年)의 딸이자, 한후상(韓後相)의 아내이다.

조카 진주에게 부치다 임술년(1682, 숙종8) 7월 26일

寄姪子鎭周 壬戌七月廿六日

후아(厚兒)가 오늘 출발하였다. 고을의 관아에 도착하면 머물러 쉬다가 1일에 그를 데리고 김화(金化)로 가고, 납폐(納幣)는 2일에 먼저 행하는 것이 좋을 것이다. 임술년 7월 26일

조카 진주에게 부치다 임술년(1682, 숙종8) 8월 11일

寄姪子鎭周 壬戌八月十一日

인편이 돌아와 편지를 받고서, 후아(厚兒)의 혼사를 옛 예법에 따라 잘 치렀고 신부도 훌륭하다는 것을 잘 알았으니, 기쁘고 다행스러움을 어찌 말로 다할 수 있겠느냐. 임술년 8월 11일

조카 진주에게 부치다
寄姪子鎭周

쓸모없는 휴지(休紙)를 파쇄하여 자루에 넣어 단단히 봉해서 보낸다. 이것들을 승려들에게 주어서 환지(還紙)로 개조하여라. 그런데 그들에게 대가를 지급하지 않으면 원망을 살 수 있으니 그들에게 절반을 나눠주기를 바란다. 관직에 처하는 도(道)는 비록 자잘한 일이라도 신중하지 않아서는 안 된다. 불편할 것 같으면 휴지를 도로 보내는 것이 또한 마땅하다.

조카 진주에게 부치다
寄姪鎭周

시제(時祭) 날짜가 이미 정해졌으니, 비록 종손(宗孫)이 병을 앓아 제사를 주관하지 못한다 하더라도 제사를 폐하는 것은 실로 온당치 못하다. 네가 마땅히 대신 제사를 주관해야 할 것이다. 오늘 속히 고례(告禮)를 행하는 것이 어떠하냐? 또한 이러한 뜻을 삼청동(三淸洞)에 물어보아라.

> "종손 승수(承洙)가 병을 앓아 손자 진주(鎭周)가 이번 달 19일에 조고(祖考)에게 세사(歲事)를 대신 올리며 감히 고합니다."

조카 진주에게 부치다 계해년(1683, 숙종9) 7월 22일

寄姪鎭周 癸亥七月卄二日

편지를 받고 몹시 위안이 되었다. 나 또한 여전한데 아이의 병은 특별히 차도가 없다. 그 주된 원인이 어떤 병 때문에 이렇게 되었는지 모르겠지만, 함부로 침약(鍼藥)을 시험해서는 안 되고 단지 그대로 두고 증세가 어떠한지를 지켜보아야 할 것이다. 설령 이 병이 낫지 않더라도 걷는 것에 무슨 문제가 있겠느냐. 그저 복과 장수를 온전히 누리기를 기도하는 것이 최선이니, 지나치게 염려하지 마라. 나는 오늘 차자(箚子)를 올려 휴가를 청했다. 그믐 사이에 부여(扶餘)로 출발하여 선묘(先廟)에 배알하고, 이어서 분황(焚黃)하고 개제(改題)하는 의식을 행할 생각이다. 이만 줄인다. 계해년 7월 22일

조카 진주에게 부치다 계해년(1683, 숙종9) 8월 17일

寄姪鎭周 癸亥八月十七日

종가(宗家)의 시제(時祭)는 18일이 국기(國忌)이기 때문에 -원문 1자 판독 불가- 19일로 물려서 지내라. -원문 2자 판독 불가- 계해년 8월 17일

조카 진주에게 부치다 계해년(1683, 숙종9) 12월 27일

寄姪鎭周 癸亥臘月廿七日

선묘(先墓)의 절사(節祀)는 국휼(國恤)의 졸곡(卒哭) 이전에는 감히 지내서는 안 된다. 보내온 제물(祭物)은 종가에 말하여 그대로 두어도 괜찮은 것은 그냥 두라고 해라. 계해년 12월 27일

조카 진주에게 부치다 갑자년(1684, 숙종10) 9월 28일

寄姪鎭周 甲子九月廿八日

방방(放榜) 날짜가 오는 11일에 정해졌으니, 반드시 그 날짜보다 며칠 전에 서울에 들어가야 시간에 쫓길 염려가 없을 것이다. 중기(重記)는 서울에 올라가서 마무리해도 조금도 문제될 게 없다. 갑자년 9월 28일

조카 진주에게 부치다 을축년(1685, 숙종11) 12월 23일

寄姪鎭周 乙丑十二月卄三日

나문(拿問)하라는 계청(啓請)에 대해 이미 성상의 윤허가 내리고 도로 거두어들이는 하교가 없으니, 본 일〔本事〕가 사실이긴 하지만 하나만큼은 착오가 있다. 이 때문에 연계(連啓)한 대관(臺官)을 체직하도록 청하는 것은 너무 지나친 일이니, 근래의 규례를 따라 출사하기를 청하는 것이 마땅할 듯하다.

상소의 초고가 비록 애매모호한 듯하지만 문제될 곳은 없다. 내일 다시 올리고 들어가지 않은 뒤에 곧장 사직 상소를 올리는 것이 마땅하다. 이 일로 인해 며칠 동안 쓰러져 누워만 있으면 어찌 좋은 일이 아니겠느냐. 네가 말한 뜻은 잘 알겠으니, 어찌 연일 소명을 어길 수 있겠느냐. 거동할 수만 있다면 나아가 사은숙배하는 것이 지극히 마땅하다. 어제의 질병이 오늘 나았으니,[135] 맹자(孟子)도 그러하였다. 새로 임명한 자리는 이미 감당할 수 없는 일이고 게다가 멀리 행역

135 어제의……나았으니 : 《맹자》 〈공손추 하(公孫丑下)〉에 다음과 같은 내용이 보인다. 맹자(孟子)가 본래 제(齊)나라 왕에게 조회하려고 했는데, 왕이 이것을 모르고 병을 핑계로 맹자를 불러들이니, 맹자 또한 병으로 사양하였다. 다음 날 맹자가 밖으로 나가 동곽씨(東郭氏)에게 조문하려고 하였는데, 공손추(公孫丑)가 말하길 "어제 병으로 사양하고 오늘 조문함이 어쩌면 불가한 듯합니다."라고 하였다. 그러자 맹자가 대답하길 "어제 병이 오늘 나았으니 어찌 조문하지 않겠는가.〔昔者疾, 今日愈, 如之何不弔?〕'라고 하였다.

(行役)을 다녀온 터라 질병을 얻어 억지로 나아가기 어려우면, 편복(便服) 차림으로 대궐에 나아가 상소를 올리고 나오는 것이 마땅할 듯하다. 어떻게 생각하느냐?

양산(楊山)의 신도비(神道碑)와 농대석(籠臺石)은 지금 석공(石工)에게 보내어 다듬고 있는데 수락산(水落山) 근처에서 파낸 것이다. 1월 그믐에 맞추어 옮기고자 하여 이미 수령에게 승락을 받았다. 을축년 12월 23일

조카 진주에게 부치다
寄姪鎭周

평안도에서 마침 사신의 행차를 만났으니, 군기(軍器)를 점검하는 일을 이때에 같이 거행할 필요는 없다. 염문(廉問)을 마친[136] 뒤에 즉시 돌아오고, 이를 서계(書啓) 가운데 진술하는 게 마땅하다. 또한 돌아올 적에 직로(直路)에 머무르며 문서를 수정하기 어려운 형편이면, 후미진 곳에 머무르며 문서를 수정하는 것도 좋을 듯하다. 그렇지 않으면 도중에 밤에 숙박하며 초본(草本)을 수정하고, 고양(高陽)에 도착한 뒤에 그대로 서산(西山)[137]에 아이들이 독서하는 곳에 들어가서 하루 이틀 머무르며 윤색하고 정서(淨書)하는 것도 괜찮다. 사수(寫手)는 응당 여기에서 보낼 것이다. 양식은 고양 군수(高陽郡守)에게 간략하게 실어 보내게 하고 관청의 대접을 없애면 공사 간에 모두 편할 것이다. 곰곰이 생각하여 실행에 옮기고 또 날짜에 앞서서 알려주어라. 내가 예전에 이 직임을 맡았을 적에[138] 돌아올 때에 초본을 수정하고 고양에 도착하여 너의 형을 불러다 글을 점검하여 고치게 했더니 일이 몹시 편하였다. 이 때문에 말해준다.

136 염문(廉問)을 마친 : 민진주(閔鎭周)는 1685년(숙종11)에 평안도 암행어사가 되었다.

137 서산(西山) : 경기도 고양(高陽)과 양주(楊州) 경계 지역에 위치했던 서산(西山)을 가리키는 듯하다.

138 내가……적에 : 저자는 1664년(현종5)에 청북 어사(淸北御史)로 평안도에 다녀온 적이 있다.

서계의 일을 승정원, 이조와 병조에게 물었더니, 본인이 직접 정서하는 경우도 있고 사람을 시켜 대신 쓰게 하는 경우도 있어 일정한 원칙이 없다고 한다. 내 생각에는 서계는 직접 정서하고 별단(別單)은 남을 시켜 대신 쓰게 하는 것이 마땅할 듯하다.

동춘 선생에게 올리다 신축년(1661, 현종2)[139] 9월 21일

上同春先生 辛丑九月卄一日

오랫동안 안부를 듣지 못하여 답답한 마음을 견디기 어렵습니다. 가을이 다 지나고 겨울이 시작되었는데, 이러한 때에 체후가 평안하신지요? 우러러 사모하는 마음이 더욱 지극합니다. 저는 아무 보탬도 되지 못한 채 시위소찬(尸位素餐)하며 숙직소에 틀어박혀 있으니 부끄럽고 민망한 마음이 교차합니다. 근래의 소식은 모두 조보(朝報)에 실려 있으니 다시 번거롭게 말씀드리지 않겠습니다. 다만 이 대간(李臺諫)이 없는 일을 꾸며대어 반드시 자신의 주장을 실증하려고 합니다. 그가 두 번에 걸쳐 피혐한 말을 살펴보니 참담하여 차마 보지 못할 정도이니, 무함을 받은 자가 또한 몹시 원통하지 않겠습니까. 몹시 불행합니다. 우선 결과가 어떻게 될지 기다리고 있지만 사방의 의혹을 모두 없애기는 어려울 듯하니 몹시 애석합니다. 몇 해 전 조정의 잘못된 처치로 인해 점점 일이 커져서 이 지경까지 이르렀습니다. 이만 줄입니다. 신축년 9월 21일

139 신축년 : 원문은 '乙丑'인데, 을축년(1685, 숙종11)은 송준길(宋浚吉, 1606~1672)의 몰년과 맞지 않는다. 아래에 수록된 글이 계묘년(1663, 현종4)이기 때문에 '辛丑'으로 바로잡아 번역하였다.

동춘 선생에게 올리다 계묘년(1663, 현종4)

上同春先生 癸卯

연평(延平 이동(李侗))을 종사(從祀)하는 일[140]에 대한 대신의 논의는 주목(周木)이 주청한[141] 뒤에 황조(皇朝)에서 어떻게 시행했는지를 고찰한 다음 시행하고자 하는데, 황조의 사서(史書)에 고찰할 만한 글이 없어 예조에서 미처 복계하지 못했다고 합니다.

140 연평(延平)을……일 : 426쪽 주83 참조.

141 주목(周木)이 주청한 : 송준길이 상소를 올려 이동(李侗)을 종사(從祀)하도록 청하였는데, 그 상소 내용에 "신이 마침 《명사(明史)》를 상고해 보건대, 성화(成化) 연간에 좌사부(左史副) 주목(周木)이 상주(上奏)하여 이동에게 봉작(封爵)을 가하고 공자묘(孔子廟)에 올려 제사할 것을 청했습니다."라는 내용이 나온다. 《顯宗實錄 4年 4月 2日》

동춘 선생에게 올리다 갑진년(1664, 현종5)

上同春先生 甲辰

제가 사명(使命)을 받든 지 겨우 몇 개월이 지났는데 그 사이 풍랑이 겹겹이 쌓였습니다. 근원으로 거슬러 올라가 말하자면, 제가 실로 가장 중한 죄를 지었으니 두려워 편안하지 못한 심정이 이전보다 곱절이 됩니다. 그러나 이 일로 인해 인책하고 떠나는 것도 의리가 아닌 듯합니다. 장차 소란이 조금 진정되는 것을 보고서 여름에 접한 성상의 지엄한 뜻에 대하여 상소하여 스스로 밝힐 작정인데, 만약 체직되지 않는다면 그대로 출사하려고 합니다. 이 계획이 구차함을 면치 못할지 모르겠습니다. 복명(復命)하는 날[142]에 청대하고 입시하여 평안도의 폐단과 관방(關防)의 우려할 만한 일들을 모두 아뢰고 힘써 변통하기를 청하였는데, 대신이 틀어막아 다만 자잘한 몇 가지 일만을 허락 받았으니 앞으로 공무를 행한다면 다시 아뢰어 청하려고 합니다.

사도시 정에 제수되어 사은숙배한 뒤에 즉시 제조인 청풍부원군(淸風府院君 김석주(金錫胄)) 집에 명함을 전하여 만나고자 하니, 저를 맞아들여 이야기를 나누었습니다. 그는 이전의 일을 모두 말하기를,

"우리 집안에서 이미 잘못한 바가 있으니 오직 죄를 받아 자책하기에 겨를이 없어야 하지만, 개장(改葬)하는 일[143]이 몹시 절박합니다.

142 복명(復命)하는 날 : 1664년(현종5)에 저자는 어사의 신분으로 관서(關西)와 청북(淸北) 11개 고을을 염찰(廉察)한 뒤 복명(復命)하였다.

그대의 주장이 비록 옳지만 어찌 인정을 살피지 않음이 이처럼 심합니까."

라고 하였습니다. 제가 대답하기를,

"저의 소견으로는 개장하는 것이 옳다고 생각했기 때문에 이것을 성상께 아뢴 것입니다."

라고 하였습니다. 그가 또 말하기를,

"존형(尊兄)이 지금도 소견을 바꾸질 않으니 어찌할 방도가 없습니다만, 나와 존형은 대대로 교분이 두텁고 평소의 정의(情意)도 친합니다. 이런 일이 생긴 뒤로 비록 유감이 없을 수는 없지만 이것은 사적인 일이 아니기 때문에 감히 털끝만큼도 존형을 증오하여 원수로 여기는 마음이 없습니다. 오늘 서로 만났으니 몹시 다행입니다."

라고 하였습니다. 제가 이어서 묻기를,

"유감이 있는 것은 응당 저에게 있을 것인데, 또 송 이상(宋二相 송시열)에게까지 유감을 돌리는 것은 무슨 이유입니까?"

라고 하니, 그가 대답하기를,

"조(曺 조한영(曺漢英))의 상소에 남을 위협하고 권력자에 기댄다는 등의 말이 있었기 때문에 유감이 없을 수 없었습니다. 얼마 전 호중(湖中)에 갔을 적에 원망하는 마음을 숨긴 채 가서 만날 수가 없어서 이러한 말들을 많이 하였는데 지금 생각하니 몹시 후회가 됩니다."

143 개장(改葬)하는 일 : 저자가 헌납의 신분으로 김육(金堉)의 무덤을 개장(改葬)하기를 청한 일이다. 김석주(金錫胄)의 부친 김좌명(金佐明)이 부모의 장사(葬事)를 지내면서 모두 수도(隧道)를 만들었는데, 저자가 참람한 예법을 행하였다고 김좌명을 논죄하고 무덤을 개장하기를 청하였다.

라고 하였습니다. 제가 대답하기를,

"당시에 간통(簡通)[144]으로 논의한 것은 수령이 그대 외에 이조 판서와 서로 의론한 말이었는데, 조공(曺公)이 이 한 가지 일을 가지고 수도(隧道)[145]의 일에 억지로 끌어다 붙여서 사실무근의 얘기를 만든 것입니다. 그 후에 그 간통을 조공에게 보여주었더니 조공이 답장을 보내 부끄럽다고 말하였습니다."

라고 하였습니다. 대답하기를,

"항상 의구심을 지울 수 없었는데, 이제서야 이 일의 곡절을 듣게 되었습니다. 내가 잘못한 일을 가지고 만약 조금이라도 미워하는 마음을 두어 국사를 해친다면 어찌 이러한 이치가 있겠습니까. 저는 일찍이 존형을 찾아가서 꾸지람을 듣고자 했으나 그렇게 하지 못했는데, 오늘 이렇게 만났으니 어찌 다행이 아니겠습니까."

라고 하였습니다. 이어서 하늘을 가리키며 말하기를,

"이러한 저의 마음을 하늘은 필시 알 것이니, 이제부터는 의심하여 멀리하지 마십시오."

라고 하였습니다. 그 사이에 나눈 얘기는 매우 많지만, 마침 손님을 접대하고 있어 다 말씀드리지 못합니다.

144 간통(簡通) : 사헌부나 사간원의 관원이 편지로 서로의 의견을 교환하는 것을 말한다.

145 수도(隧道) : 천자(天子)의 무덤에 설치하는 묘도(墓道)를 말한다. 하관(下棺)할 때 관을 위에서 바로 내리기 어렵기 때문에 그 옆에 경사지게 길을 내어 묘혈(墓穴)로 들어갈 수 있게 하였으니, 이를 수도(隧道)라고 하며 오직 천자의 능에만 설치할 수 있었다.

동춘당에게 올리다 무신년(1668, 현종9) 12월 17일

上同春堂 戊申十二月十七日

14일에 손수 쓰신 편지를 받고서, 날마다 경연에서 성상을 모시는 와중에 체후가 평안하심을 알았으니 공사 간에 큰 다행입니다. 우러러 축복하는 심정을 가눌 수 없습니다. 저는 병이 들어 일처리가 지체되니 응당 오래 전에 떠났어야 했는데, 양전(量田)의 일[146]에 구애되어 몹시 심란합니다. 올봄에 함부로 나아가 명을 받들어 끝없는 낭패를 스스로 초래한 것이 그저 후회될 뿐입니다. 익질(翼姪 송병익(宋炳翼))은 여기에 머물게 하여 독서를 시키고 있는데, 설을 쇤 뒤에 배를 태워 서울의 집으로 보낼 계획입니다. 편지를 통해 매번 성상의 학문이 진일보하시고 세자의 자질이 더욱 훈도된 것을 알고서 북쪽을 바라보며 기뻐하며 시대를 걱정하는 마음을 싹 잊었으니, 힘써 머물면서 더욱 권면하시기를 바랄 뿐입니다. 이만 줄입니다. 무신년 12월 17일

146 양전(量田)의 일 : 1668년(현종9)에 저자는 충청도 관찰사(忠清道觀察使)에 제수되고 그해 겨울에 호서 균전사(湖西 均田使)를 겸임하였다.

동춘당에게 올리다
上同春堂

홍 의령(洪宜寧)[147]의 효행에 대해선 제가 일찍이 연석에서 포상을 청하고자 했으나, 감히 함부로 아뢰지 못했습니다. 그런데 이제 선생께서 드러나지 않았던 그 훌륭한 덕을 밝히셨으니 듣는 사람들이 몹시 다행으로 여깁니다. 그의 손자 익경(益慶)이 여기에 와서 끝없이 송축하였습니다. 그 정문(旌門)은 이곳에서 새겨 만들어서 보내어 세우게 하고자 감히 이렇게 종이를 갖추어 올립니다. 부디 한가로운 날에 써주시어 속히 저의 바람에 부응해주시는 것이 어떻겠습니까?

147 홍 의령(洪宜寧) : 인조(仁祖) 때 의령 현감(宜寧縣監)을 지낸 홍백순(洪百順)을 가리키는 듯하다.

동춘당에게 올리다 기유년(1669, 현종10)
上同春堂 己酉

어제 편지를 올렸는데 아직 받아보지 못하셨으리라 생각합니다. 정비장(鄭裨將)을 통해 우복 선생(愚伏先生 정경세(鄭經世))의 묘도(墓道)에 표석(表石)이 없다는 사실을 들었습니다. 그의 후손들이 점차 더욱 쇠미해지니 천곡(泉谷)의 일[148]처럼 조정에서 마련하여 세워주지 않는다면 어려울 듯합니다. 모르겠습니다만 벼슬아치들 가운데 이 일을 아뢴 자가 있습니까? 우연히 생각이 여기에 이르렀으니 생각해 보시라고 갖추어 아룁니다. 이만 줄입니다.

148 천곡(泉谷)의 일 : 천곡(泉谷)은 송상현(宋象賢, 1551~1592)을 가리킨다. 응교 조복양(趙復陽)이 효종(孝宗)에게 "송상현의 충절에 대해 왜놈들도 감복하여 염(斂)을 하고 관에 넣어 묻고는 표시하기까지 하였습니다. 그런데 지금 그의 자손들이 미약하여 아직까지 작은 표석(表石)조차 세우지 못하여 거의 알아보기 어렵게까지 되었으니 국가에서 절의를 장려하는 도리가 아닌 듯합니다. 특별히 표석을 만들어 주도록 하소서." 라고 아뢰었는데, 효종이 허락하였다.《孝宗實錄 9年 6月 2日》

동춘당에게 올리다 기유년(1669, 현종10) 6월 12일

上同春堂 己酉六月十二日

조(趙) 어르신의 경계를 또 이렇게 거듭 말씀하시니 감히 가슴에 새고 잊지 않겠습니다. 다만 본디 각박하게 처리하기를 좋아해서가 아니라, 단지 사적인 청탁을 들어주지 않고 흔들림 없이 법을 집행한 것일 뿐입니다. 이것은 평소의 소신을 바꾸기에도 어렵고, 더군다나 근래 예리한 기운이 소진되어 일을 처리함에 구차하게 인순하는 것이 많으니, 이것을 경계해야 하는 데까지 이르진 않을 듯합니다. 기유년 6월 12일

편지에서 깨우쳐 주신 말씀은 어찌 감히 가슴에 새기지 않겠습니까. 다만 항상 스스로 괴이하게 여긴 것은, 남들에 대해 평소 사랑하는 마음이 있어 조금도 박대하거나 경시하지 않았는데도 남들은 대부분 싫어하고 괴롭게 여기면서 질책하기까지 하니 실로 그 연유를 모르겠습니다. 그러나 스스로 돌이켜보면 크게 잘못한 점이 없으니, 평소 남에게 빈 말로 다정하게 하지 않고, 마음에 흡족하지 않은 일이 있으면 그때마다 대놓고 꾸짖어서 이 때문에 남의 미움을 산 것이 아니겠습니까. 몹시 의아스럽습니다. 삼가 바라건대 다시 한번 꾸짖어 주시어 그 병통의 근원이 어디에 있는지 알게 하는 것이 어떻겠습니까? 또 호서 사람들은 지금도 저에 대한 원망을 그치지 않고 있습니까? 시비의 진실은 일이 지나간 뒤에야 비로소 드러나는 법이니 감히 이것을 우러러 여쭙니다. 삼가 생각건대 선생의 생신이 임박하였으니,

잔을 올려 축수하고 싶은 마음이 어찌 끝이 있겠습니까. 다만 멀리 서쪽 변방에 체류하고 있어[149] 달려갈 수 없으니 우러러 사모하는 심정만 끝이 없습니다. 이에 신침(神枕)[150] 하나를 보내어 감히 교송(喬松)[151]처럼 장수하시길 축수하니, 받아주시길 바랍니다.

149 멀리……있어 : 1669년(현종10)에 저자는 평안도 관찰사(平安道觀察使)를 지내고 있었다.

150 신침(神枕) : 섭생(攝生)을 위해 특별히 제작하는 베개이다. 5월 5일, 7월 1일에 산중의 잣나무를 베어다 목침(木枕)을 만들되, 길이는 1척 2촌, 높이는 4촌으로 하는 등 제작 방법이 구체적이다.

151 교송(喬松) : 교송(喬松)은 주(周)나라 영왕(靈王)의 태자 왕자교(王子喬)와 선인(仙人)인 적송자(赤松子)를 가리키는데, 둘 다 불로장수하였다고 한다.

동춘당에게 올리다 경술년(1670, 현종11) 3월 10일

上同春堂 庚戌三月十日

원회(元會 김징(金澄))의 일[152]에 대해 또 마귀의 짓인 듯한 괴이한 상소가 올라왔으니 놀랍습니다. 이 영공(令公)이 죄를 받는다면 강직한 기운이 부지될 수 없어서 사람들이 모두 이 일을 경계로 삼을 것이니 크게 국가의 복이 아닙니다. 더군다나 모친을 위해 베푼 연회를 가지고 뇌물죄로 따지는 경우는 고금에 들어본 적이 없습니다. 국체(國體)를 손상시키고 효도를 해치는 것은 작은 일이 아닙니다. 대각에서 올린 상소는 날조한 자취를 숨기기 어렵겠지만, 세도와 놀란 민심은 장차 어떻게 될지 모르겠으니 몹시 한탄스럽습니다. 이러한 때에 오로지 선생께서 서울에 들어오시어 조정에 대단히 잘못된 거조가 없게 되기를 바랄 뿐입니다.

7일에 손수 쓰신 편지를 받고서, 조정에 들어가 성상을 뵙고 차분하게 말씀을 나누었으며 또한 힘들게 거동한 뒤에 몸도 평안하시다는 알았으니, 기쁘고 다행스런 마음을 금치 못하겠습니다. 다만 여관에서 지내는 일들이 맞지 않아 불편하리라 생각되니 이것이 염려가 됩니다. 원회(元會) 영공(令公)의 일이 마침내 어떻게 결론이 날지 모르겠지만, 한마디 말로 억울함을 풀어주시어[153] 크게 국체(國體)에

152 원회(元會)의 일 : 440쪽 주99 참조.

153 한마디……풀어주시어 : 송준길이 좌참찬의 신분으로 입대하여 김징(金澄)의 억

보탬이 되었으니 몹시 기쁩니다. 이만 줄입니다. 경술년 3월 10일

울한 사정을 하소연한 일을 가리킨다.《顯宗實錄 11年 3月 5日》

동춘당에게 올리다 경술년(1670, 현종11) 6월 25일

上同春堂 庚戌六月二十五日

딸의 혼사는 지난봄 점쟁이의 불순한 말로 인해 망설였습니다. 그 뒤에 여러 점쟁이들한테 물어보니 모두 길하다고 하고, 게다가 집안의 며느리와 논의하니 "점쟁이의 말이 어떠한가를 막론하고, 사대부 집안에서 이미 혼사를 정했으니 결단코 다시 다른 의견을 용납해서는 안 됩니다."라고 하였습니다. 이 말이 매우 옳았습니다. 그래서 더 이상 다른 생각은 하지 않고 올해에 혼례를 치르자는 뜻을 저쪽 집안에 알렸습니다. 근래에 비로소 혼례 날짜를 골랐는데 9월 29일이 길일이라고 합니다. 그래서 이 날에 혼례를 행하고자 감히 이렇게 아룁니다. 새로 지은 정자의 아름다운 풍치는 상상만 해도 마음이 내달려갑니다. 상소가 들어간 뒤 오랫동안 성상의 비답이 없으니 걱정스럽고 답답한 심정이 어찌 끝이 있겠습니까. 경술년 6월 25일

동춘당에게 올리다 경술년(1670, 현종11) 9월 13일 미시
上同春堂 庚戌九月十三日未時

평안도로 온 본래의 뜻은 뽕나무 뿌리를 얽어매고[154] 풍속을 격려하여 위급한 때에 효험을 발휘할 수 있는 바탕으로 만들려는 것이었습니다. 그런데 이 지역은 이미 오래전에 오랑캐에게 물들어 몰래 빌붙어 사는 자들이 이미 많은지라 크고 작은 모든 일에 서로 내통하지 않음이 없었습니다. 올봄에 오랑캐가 왔을 때에 각별히 엄중히 방비하여 몰래 들어온 사에 대해서는 그 자리에서 숙였습니다. 이 때문에 오랑캐 사신이 유감을 품고 떠났는데, 이번에 매번 이전의 일을 끌어와 침탈하고 위협하기를 그치지 않았습니다. 그러나 또한 처리하기 대단히 어려운 일은 없었습니다. 국가의 기강이 엄중하지 못함이 이에 이르렀으니 개탄한들 어찌하겠습니까. 듣자니 조정의 논의들이 애초에 지나치게 엄히 단속한 것이 잘못되었다고 하고, 또 터무니없는 말을 조작하여 교자(轎子)를 탈 수 없었다는 역관의 말을 구실 삼아 헐뜯었다고 하니, 몹시 놀랍고 분합니다.

삼가 서울의 서신을 보고서야 생각지도 못한 망측한 변고가 있었음

154 뽕나무 뿌리를 얽어매고 : 환란을 당하지 않도록 미리 대비하는 것을 뜻한다. 《시경》 〈치효(鴟鴞)〉에 "하늘이 아직 비를 내리지 않을 때에 저 뽕나무 뿌리를 거두어다가 문을 튼튼히 얽어맨다면, 지금 너희 아래에 있는 사람들이 혹여 감히 나를 업신여길 수 있겠는가."라고 한 데서 나온 말이다.

을 알게 되었으니, 놀랍고 두려워 마음과 뼛속까지 모두 싸늘해집니다. 성명하신 성상께서 재위하시어 작은 일까지 모두 통촉하시니, 필시 성상께서 통찰하여 밝게 풀어주시어 그 흉악한 계책이 성공하지 못하도록 하실 것이지만, 사람의 요망하고 괴상함이 이와 같은 지경에 이르렀으니, 몹시 애통합니다. 삼가 생각건대 선생의 자처하는 의리로 보아, 교외로 나아가 명을 기다리지 않을 수 없어 틀림없이 이미 길을 떠나 서울로 향하셨을 것입니다. 갑자기 수고롭게 거동하는 일은 필시 기력을 크게 손상시킬 것이니 몹시 염려가 됩니다. 이 때문에 따로 사람을 보내 가시는 도중에 안부를 여쭙니다. 할 말은 많지만 다 언급할 겨를이 없습니다. 경술년 9월 13일 미시

동춘당에게 올리다 경술년(1670, 현종11) 10월 28일

上同春堂 庚戌十月二十八日

딸아이의 혼사를 9월 29일로 날을 잡았는데, 제가 대공복(大功服)의 상중에 아직 장사를 지내지 못한 연유로 12월로 혼사를 미루고자 합니다. 지난달 이중익(李仲羽 이숙(李翿)) 영공(令公)의 서제(庶弟)가 세상을 떠나 이 영공과 그의 장남이 모두 기년복(朞年服)을 입고 있습니다. 예법을 살펴보건대 혼사의 당사자와 혼주(婚主)는 응당 상복을 벗기 전에는 감히 혼례를 거행하지 못합니다. 그런데 양가에서 날짜를 잡은 지 몇 달 되지도 않아 각자 생각지도 못한 상을 만났으니 앞으로 어떤 일이 생길지 또 알 수 없습니다. 게다가 이아(李兒)의 나이가 이미 17세이니 한 해를 더 미루는 것은 몹시 편하지 않기 때문에 저와 이 영공의 뜻은 모두 장사를 지낸 뒤에 혼례를 거행하고자 하는데, 어떠할지 모르겠습니다. 이미 기년복을 입는 상이라고 하였으니 경중의 구별이 없지만, 이번의 상은 조부모를 위해 입는 기년복과는 차이가 있기 때문에 일의 형편에 쫓기어 감히 이러한 계획을 내었습니다. 과연 크게 온당하지 못한 일인지요? 생각해 보시고 가르침을 주시기 바랍니다. 듣자니 이 영공 서제의 장사는 이번 달에 있다고 합니다. 장사를 지낸 뒤에 혼사를 치를 것 같으면 12월과 1월 사이에 날을 잡으려고 합니다.

혼사에 대한 논의는 참으로 말씀하신 것과 같으니, 온당하지 못한 일임을 잘 알겠습니다. 그러나 지금 이영(李令)에게 다시 편지를 보내

물어보아 저쪽에서 미루지 않고 꼭 거행하고자 한다면 그 의견을 따르고자 합니다. 중형(仲兄)은 이전의 일을 감계로 삼아 가부를 논하지 않으려고 하니, 어찌하겠습니까. 경술년 10월 28일

동춘당에게 올리다 신해년(1671, 현종12) 6월 16일

上同春堂 辛亥六月十六日

혼사에 대한 이 영공(李令公)의 뜻은 꼭 치르자는 쪽으로, 이 얘기를 들은 사람도 필시 이상하게 여기지 않을 것이라고 말합니다. 지금 다시 편지를 보내어 그에게 깊이 생각해 보라고 하였습니다. 정리와 예법을 참작하면 본디 크게 온당하지 못한 정도는 아니라는 것을 알고 있지만, 제가 망설이는 이유는 남들이 선생을 헐뜯게 될까 걱정해서입니다.

우옹(尤翁)께서 보내신 편지[155]를 받아보니, 주자(朱子)가 천주(泉州)와 장주(漳州)에 경계법(經界法)[156]이 시행되지 않는다는 이유로 호남 운사(湖南運使)를 힘써 사양하고 사관(祠官)[157]을 청하며 돌아갔다는 얘기를 인용하여 결단코 떠나려는 저의 뜻을 면려하셨습니다. 장차 다시 상소를 올려 해직을 청하고자 하지만 체직되기가 쉽지 않으니 몹시 염려가 됩니다.

《주역구결(周易口訣)》은 말씀하신 대로 교정한 다음 다시 한 본(本)

155 우옹(尤翁)께서 보내신 편지 : 《송자대전(宋子大全)》 권62에 〈민지숙에게 주다 경술년 10월〔與閔持叔 庚戌十月〕〉라는 제목으로 수록되어 있다.

156 경계법(經界法) : 농지의 구획을 정리하는 제도를 가리킨다.

157 사관(祠官) : 송대(宋代)에 설치한 관직으로, 실직(實職)을 그만두는 사람으로 하여금 도교 궁관(道敎宮觀)을 맡되 실제의 업무는 보지 않고 직명(職名)만 지닌 채 관료의 봉록을 받게 했다.

을 찍어서 구본(舊本)과 함께 보내드립니다. 모르겠습니다만 이 후로 다시 고쳐야 할 부분은 없겠습니까? 신해년 6월 16일

동춘당에게 올리다
上同春堂

조부의 묘표 문자를 매번 번거롭게 부탁드려 송구합니다. 지금 듣자니 경상도 관찰사(慶尙道觀察使)로 있는 형님[158]이 이미 돌을 마련하여 기다리고 있다고 합니다. 삼가 바라건대 특별히 유념하여 속히 글을 지으셔서 유명(幽明) 간의 지극한 바람에 부응해 주시는 게 어떻겠습니까? 저의 형제들이 비록 넘치는 명성과 지위를 지녔으나, 매번 직무에 바쁜 관계로 이와 같은 일에 전적으로 힘쓰지 못하여 할 수 있는 힘이 있는데도 세월을 그냥 보내버린 지 오래되었습니다. 고요한 밤에 이를 생각하니 두렵고 마음이 편치 못합니다. 아마도 큰형님이 이보다 먼저 부탁을 드렸을 것인데, 이번의 기회를 놓칠까 걱정되는 마음에 감히 이렇게 아뢰어 분부를 기다립니다.

검은 비단 열두 소폭(小幅)과 이금(泥金)[159]을 함께 보내드립니다. 바라건대 강가누각에서 한가롭게 계실 적에 옛사람의 훈계하는 말을 써서 보내주시어 저희 집안의 보배로 삼게 하는 어떻겠습니까? 이금의 사용법은 아교(阿膠)나 녹교(鹿膠)를 탁하지 않도록 묽게 삶아서 이금을 거기에 섞어 잠시 동안 고르게 저은 다음 붓을 적셔서 글씨를

158 경상도 관찰사(慶尙道觀察使)로 있는 형님 : 저자의 큰형 민시중(閔蓍重)은 1689년(현종10)에 경상도 관찰사에 제수되었다.

159 이금(泥金) : 아교로 갠 금가루를 말한다.

쓰시면 됩니다. 글씨를 쓸 적에 이금이 빡빡한 듯하면 물을 첨가해서 묽게 만드는 것이 좋습니다. 세 푼〔分〕을 동시에 모두 섞는다면 마른 뒤에 다시 고르게 젓기가 불편하니 매일 글씨를 쓸 적에만 고르게 섞어서 사용하는 것이 마땅할 듯합니다. 또한 이금으로 글씨를 쓴 뒤에 마르기를 기다렸다가 사슴의 뿔로 그 자획 위를 무두질하면 이내 천연의 색이 드러나 참으로 순금(純金)과 같아질 것입니다.

《평양지(平壤誌)》는 사방으로 찾았지만 구하지 못하였습니다. 듣자니 판본(板本)이 병화에 훼손되었고 옛날의 인본(印本)도 보관되어 있는 곳이 없다고 합니다. 근년에 서윤(庶尹) 황위(黃暐)가 평양에 부임했을 때 우연히 완질을 얻어서 남원(南原)으로 싣고 갔다고 합니다. 삼가 바라건대 전라도 관찰사에게 편지를 보내시어 그로 하여금 찾아서 이곳으로 보내게 하여 재간(再刊)하도록 하는 것이 어떻겠습니까?

송문재[160]에게 답하다 을사년(1665, 현종6) 4월 23일

答宋文哉 乙巳四月二十三日

그대 아우의 필법은 서체를 뒤섞어 쓰는 병통이 있으니 몹시 안타깝다. 이후로 반드시 나의 말을 잊지 말고 〈필진도(筆陣圖)〉[161]를 정사(精寫)해 보는 것이 좋겠다. 을사년 4월 23일

송문재에게 답하다 신유년(1681, 숙종7) 11월 17일

答宋文哉 辛酉十一月十七日

후아(厚兒 민진후(閔鎭厚))가 도착하여 또 그대의 정성어린 편지를 받아보고서, 요즘 어버이를 모시고 지내는 형편이 평안함을 알았으니 너무도 위안이 되고 다행스럽다. 이번에 길을 떠났다가 돌아올 적에 필마로 화양(華陽)으로 들어가 한번 선생을 뵙고 떠나려고 하는데, 다만 내 근력이 미치지 못할까 걱정이다. 이만 줄인다. 신유년 11월 17일

160 송문재(宋文哉) : 송병문(宋炳文, 1640~1682)으로, 송준길의 장손이다. 문재는 그의 자이다.

161 필진도(筆陣圖) : 글씨 쓰는 방법을 풀이한 도해(圖解)인데, 진(晉)나라 왕희지(王羲之)의 작품이라고도 하고 왕희지의 스승인 위부인(衛夫人)의 작품이라고도 한다.

송문재에게 답하다 임술년(1682, 숙종8) 6월 2일

答宋文哉 壬戌六月二日

어제 아침에 보낸 편지를 받고서 근래 병증이 여전히 차도가 없음을 알았으니 걱정하고 염려되는 마음을 어찌 다 말하겠는가. 사직 상소가 처음 올라가면 이조에서는 제조사(除朝辭)[162]를 핑계로 허락하지 않을 것이니 사리가 그러하다. 반드시 감영에 사직상소를 덧붙여 올려서 어떻게 받아들일지를 기다려야 할 것이다. 다만 여러 논의들을 듣건대, 그대의 병세가 이와 같음을 믿지 않고 그대가 작은 고을 수령 자리를 싫어하는 것으로 의심하고 있다니, 세도가 참으로 탄식할 만하다. 여러 날 조섭하여 조금이라도 거동할 수 있게 되면 억지로 임소에 부임하여 차분하게 진퇴를 결정하는 게 마땅할 듯하다. 그러나 일의 형편에 쫓겨서 근력을 헤아리지 않고 출발했다가 낭패를 본다면 마땅한 계책이 아니니, 오직 깊이 생각하여 처신하는 데 달려있다. 이만 줄인다. 임술년 6월 2일

162 제조사(除朝辭) : 관리의 임지 부임을 재촉하기 위해 특별히 왕에게 숙배(肅拜)하는 것을 면하여 줌을 말한다.

송문재 4형제에게 주다 경신년(1680, 숙종6) 5월 11일

與宋文哉四難 庚申五月二十日

어버이를 모시며 화락하고 평안하리라 생각한다. 문재(文哉)와 자화(子華)[163]가 함께 멀리까지 나를 찾아주어 몹시 고마웠다. 다만 시간이 촉박하고 마음이 어지러워 토론할 겨를이 없었던 게 안타까웠다. 또한 병을 무릅쓰고 길을 오가느라 혹여 몸이 더욱 상하지나 않았을까 염려가 된다. 며칠 전에 삼가 들으니 동춘 선생(同春先生)에게 관작을 추복(追復)하라는 성상의 명이 내렸다고 한다. 성상께서 잘못을 깨달아 은혜가 지하에 미쳤으니 감격하여 눈물을 쏟으며 마음을 가눌 수 없었다. 다만 성상의 하교를 보니 선생이 남을 따라 예론(禮論)에 참여하였다고 말씀하여[164] 마치 구별하는 바가 있는 듯하니, 이는 몹시 서글프고 마음이 편치 않다. 신주(神主)의 개제(改題)를 언제쯤 하려는지 모르겠다. 꼭 인편을 통해 내게 알려주게.

나는 공조의 벼슬을 사직하는 상소를 올리자마자 또 호조의 벼슬에 새로 제수되었다. 역마를 타고 빨리 올라오라는 재촉을 받은 터라, 감히 전야로 물러나 엎드려 누차 번거롭게 사직을 청할 수 없으니, 내일 서울 근교로 나아가 다시 사정을 아뢸 작정이다. 만일 성상의

163 자화(子華) : 송병하(宋炳夏, 1646~1697)로, 송준길의 장남인 송광식(宋光栻)의 차남이다. 자화는 그의 자이다.

164 남을……말씀하여 : 《숙종실록(肅宗實錄)》 6년 5월 1일에 내린 숙종(肅宗)의 전교에 "송준길은 남을 따라서 예론(禮論)에 참여했을 뿐인데 거듭 추삭(追削)의 벌을 받았으니 어찌 너무 심하지 않은가."라고 하였다.

허락을 받지 못한다면 형세상 필시 들어가서 사은숙배해야 하니 그 낭패를 알 만하다. 사생과 영욕에 대한 옛사람의 말[165]을 외우노라니, 그 의리가 환하여 끝내 염치를 무릅쓰고 나아가기 어렵지만, 어떻게 처리될지 모르겠다. 중형(仲兄)이 새로 정승에 제수되어[166] 맡은 책임이 중대하니 걱정과 두려움이 교차한다. 이미 8일에 사은숙배했다고 한다. 집의 이운거(李雲擧 이상(李翔))는 이미 사면을 받았는데, 유배지에 있는 그 사람에 대해서만 은택이 내려지지 않으니, 끝내 성상의 뜻이 과연 어떠할지 모르겠다. 걱정스럽고 답답한 심정이다. 할 말은 많지만 시간이 촉박하고 마음이 어지러워 이만 줄인다. 경신년 5월 11일

165 사생과……말 : 사생과 영욕에 달관한 소옹(邵雍)의 말인 듯하다. 소옹의 〈이천격양집서(伊川擊壤集序)〉에 "비록 사생과 영욕이 눈앞에 전개되어 싸움을 벌인다 할지라도, 마음이 그 속에 개입되지 않는다면, 사시에 따라 바람과 꽃과 눈과 달이 우리 눈앞에 한번 스쳐 지나가는 것과 무엇이 다르겠는가.〔雖死生榮辱, 轉戰於前, 曾未入于胸中, 則何異四時風花雪月一過乎眼也?〕"라고 하였다.

166 중형(仲兄)이……제수되어 : 저자의 둘째 형인 민정중(閔鼎重)이 우의정에 제수된 것을 가리킨다.

송문재, 자화, 치거[167]에게 주다 경신년(1680, 숙종6) 5월 20일

與宋文哉子華稚擧 庚申五月二十日

어버이를 모시고 지내는 형편이 평안하리라 멀리서 생각한다. 노선생(老先生)의 관작(官爵)을 추복(追復)한 일에서 이미 성상께서 잘못을 깨달으신 단초를 보았는데, 이달 18일에 또 사제(賜祭)의 명이 내렸으니 감격하여 눈물이 쏟아져 말로 다 표현할 수가 없다. 태산(泰山)이 무너지는 아픔[168]을 품고부터 끝없는 변고를 두루 겪었으니, 어찌 오늘날 억울함을 통쾌하게 씻어내어 이러한 은전이 있을 줄 생각했겠느냐. 사문(斯文)이 이에 의지하여 국운을 부지할 수 있게 되었으니 몹시 다행이다. 나와 같은 자는 연로하고 병이 많아 정신과 기력이 이미 소진된지라, 직임을 다하여 국운이 새로워지는 교화를 우러러 도울 수 없으니 몹시 부끄럽고 두렵다. 자징(子徵)[169]이 며칠 뒤에 돌아갈 것이지만, 먼저 심부름꾼을 보내 따로 알린다. 할 말은 많지만 이만 줄인다. 경신년 5월 20일

167 치거(稚擧) : 송병익(宋炳翼, 1655~1718)으로, 송준길이 장남인 송광식(宋光栻)의 4남이다. 치거는 그의 자이다.

168 태산(泰山)이 무너지는 아픔 : 스승의 죽음을 뜻한다.

169 자징(子徵) : 송병원(宋炳遠, 1651~1690)으로, 송준길의 장남인 송광식(宋光栻)의 3남이다. 자징은 그의 자이다.

송치거에게 주다 병인년(1686, 숙종12) 9월 3일
與宋稚擧 丙寅九月三日

병들고 나태함이 차츰 심해져 비록 마을의 인편이 있어도 오랫동안 안부를 묻지 못했으니 몹시 한스럽다. 추워지는 날씨에 어떻게 지내는지 모르겠으니 그리운 마음 더욱 간절하다. 나는 병을 앓고 신음하느라 하루도 상쾌한 날이 없으니 걱정스럽다. 우리 아이가 생각지도 못하게 과거에 급제하여[170] 기쁨과 걱정이 몹시 교차한다. 내일쯤 그 아이가 선영에 성묘하러 길을 떠나는데, 충원(忠原)에서 길을 돌아 회천(懷川)으로 향할 것이다. 동춘당(同春堂)의 문집 교정은 매번 우재(尤齋) 선생을 직접 뵙고 여쭙지 못해 안타까웠는데, 이번에 아이가 가서 선생의 분부를 받을 수 있다면 몹시 다행이겠다. 이만 줄인다. 병인년 9월 3일

170 우리……급제하여 : 1686년(숙종12)에 저자의 장남 민진후(閔鎭厚)가 문과에 급제하였다.

송치거에게 주다 병인년(1686, 숙종12) 11월 11일

與宋稚擧 丙寅復月十一日

동춘 선생(同春先生)의 유고(遺稿)는 이미 판교(板橋) 선생[171]에게 교정을 받았으니, 이제 선사(繕寫)한 다음 도로 운각(芸閣)으로 부칠 것이다. 다만 아이가 돌아온 뒤로 연이어 승문원의 회자(回刺)[172]와 승정원 가주서의 임무로 겨를 없이 바빠서 아직 마주하여 여러 번 검토하지 못했으니 이것이 걱정이다. 이만 줄인다. 병인년 11월 11일

171 판교(板橋) 선생 : 송시열(宋時烈, 1607~1689)을 가리킨다.

172 승문원의 회자(回刺) : 승문원에 새로 제수된 사람이 밤에 귀복(鬼服)을 입고 선배들을 찾아다니며 사진(仕進)의 허락을 얻는 일이다.

지은이 **민유중(閔維重)**

본관은 여흥(驪興), 자는 지숙(持叔), 호는 둔촌(屯村)으로 숙종비 인현왕후(仁顯王后)의 부친이다. 1630년(인조8) 민광훈(閔光勳)과 이광정(李光庭)의 딸 사이에서 태어났다. 1648년 진사시에 합격하고 1650년(효종1) 문과에 급제하여 병조 판서를 역임하였다. 1681년(숙종7) 장녀가 숙종비로 간택되자 여흥부원군(驪興府院君)에 봉해졌다. 이때부터 실직(實職)에서 물러났으나 선혜청, 진휼청의 업무를 수행하였다. 1687년 6월 29일 병으로 세상을 떠났다. 이후 1689년 인현왕후가 폐위되어 관직을 추탈당하였다가 1694년 인현왕후가 복위하면서 관직이 회복되었다. 시호는 문정(文貞)이다.

옮긴이

최예심(崔禮心)

1967년 충북 제천 출생. 민족문화추진회 국역연수원 연수부 및 상임연구부를 졸업하였다. 민족문화추진회를 거쳐 단국대학교 동양학연구원 연구교수로 재직 중이다. 《승정원일기》(공역), 《월정집》(공역), 《용주유고》(공역), 《어우집》(공역) 등을 번역하였다.

권진옥(權津鈺)

1979년 경북 영천 출생. 고려대학교 한문학과를 졸업하고, 동 대학교 국어국문학과에서 〈택당 이식의 변문·고문 연찬과 산문 창작의 실제〉로 석사학위를 받고 〈귤산 이유원의 학문 성향과 유서·필기 편찬에 관한 연구〉로 박사학위를 받았다. 고려대학교 민족문화연구원과 단국대학교 동양학연구원 연구원을 거쳐, 현재 단국대학교 국어국문학과 조교수로 재직 중이다. 《낙전당집》(공역), 《어우집》(공역), 《한비자집해》(공역), 《오천집》 등을 번역하였다.

권역별거점연구소협동번역사업 연구진

연구책임자 김문식(단국대학교 사학과)
공동연구원 윤재환(단국대학교 국어국문학과)
김우정(단국대학교 한문교육과)
책임연구원 허호구(단국대학교 동양학연구원)
최예심(단국대학교 동양학연구원)
선임연구원 이라나(단국대학교 동양학연구원)
이승용(단국대학교 동양학연구원)
연구보조원 유명석(단국대학교 동양학연구원)

문정공유고 3
민유중 지음 | 최예심 · 권진옥 옮김
2022년 12월 31일 초판 1쇄 발행
편집 · 발행 학자원
등록 2011.4.6 제2011-14호
주소 (05355) 서울시 강동구 천호대로 1121
전화 02-6403-1000 | 팩스 02-6338-1001 | 이메일 hakjaone@daum.net

값 40,000원
ISBN 979-11-6247-281-1 94810
979-11-6247-244-6 (세트)